生活綴方実践史研究

北岡　清道

溪水社

序文

北岡清道氏（元鳥取大学助教授、群馬大学名誉教授）は、このたび、宿願であった「生活綴方実践史研究」を刊行されることになった。北岡清道氏は、広島県の生まれ、昭和三一（一九五六）年三月、広島大学教育学部（高校教育課程、国語科）を卒業して、大学院修士課程、博士課程（共に第一期生）に進まれた。博士課程（国語教育学）に進み、単位取得後、退学し、昭和四三年四月、鳥取大学教育学部講師に採用され、昭和四八（一九七三）年、同大学助教授、昭和五〇（一九七五）年には、群馬大学教育学部に移られ、講師、助教授、教授を務め、一九九五年、定年退職された。

北岡清道氏の生活綴方実践史研究は、昭和四四（一九六九）年から昭和四七（一九七二）年にかけて、鳥取県における生活綴方運動の考察がなされ、峰地光重氏の「調べる綴方」についても考究がなされた。

中国地区の広島県・岡山県・山口県・島根県における生活綴方運動については、主として中国四国教育学会において報告がなされた。広島県については三つ、岡山県については二つ、山口県・島根県についてはそれぞれ一つずつ、生活綴方運動についての考究が進められた。

さらに、[1]生活綴方実践における社会意識の問題、[2]生活綴方と時局綴方の接点の問題（山口県）、[3]昭和初期の綴方教育運動――「長野県小学校　児童綴方」を中心に、[4]生活綴方の方法の源流としての、鈴木三重吉の綴方教育論、[5]「赤い鳥」綴方の実践記録――「綴方の書」（木村不二男著〈昭和一三年〉を中心に――）など、五編の論考が収録される。これらは昭和三〇年代から昭和四〇年代、昭和五〇年代に、それぞれ報告されてきた。これらの論考は生活綴方の実践史・思潮史研究として、掘り下げて、まとめがなされていて注目される。

本書の「あとがき」の中で、北岡清道氏は「一つの忘れられない思い出」として、「岡山県の生活綴方運動（一）――「岡山県初等教育録第一輯」を中心に――」について述べられた。

「昭和三八年一一月一六日、第一五回中国四国教育学会、会場は鳥取大学教育学部であった。当時、私は、大下学園祇園高校に在職中であったが、学校の仕事や、雑事に追われて、研究発表の準備がほとんどできていなかった。発表資料も発表原稿もできていなかった。やむを得ず、私は、研究発表の前夜に、鳥取の宿舎で発表資料を作ることを思いついた。広島大学の前の店で、謄写用の道具一式（謄写版、インク、ローラー、など）を買い求め、ガリ板、鉄筆も揃えて、鳥取の宿舎へ持ち込むことを考えたのである。私は、大きな風呂敷にそれらを包み込んで、鳥取までかついで行った。鳥取の宿舎（白兎荘）で、夕食後、ガリを切り、印刷し、ホチキスで綴じた時には夜が明けていた。発表原稿を書く時間はなかった。当然のことながら、研究発表はメロメロであった。その大失敗の研究発表のことを、私は、今でも昨日のことのように、はっきりと思い出すのである。その四年五ヶ月後、私は鳥取大学教育学部に赴任した。奇しき因縁である。」

北岡清道氏の多年の精励を多とし、労作「生活綴方実践史研究」のご刊行を心から祝福したい。

平成二一年四月二一日

広島大学名誉教授
鳴門教育大学名誉教授　野地潤家

はじめに

私の生活綴方研究の契機となったのは、昭和三一年三月提出の、広島大学教育学部国語科の卒業論文である。昭和三〇年四月、四年生となった私は、当初、卒業論文では、漱石の「三四郎」をテーマとするつもりで、準備を進めていたのであるが、同年一〇月、大学院（教育学研究科）進学の方向が決まったことにともない、野地潤家先生のご指導で、テーマを生活綴方研究に切り替えることとなったのである。卒業論文の題目は、「言語教育の研究——生活綴方の教育的意義について」であった。

当時、生活綴方についてはほとんど知識もなく、「生活綴方と作文教育」（昭和二七年、金子書房）、西原慶一著「日本児童文章史」（昭和二七年、東海出版社）、日本作文の会編「生活綴方の伝統」（昭和二八年、百合出版）、国分一太郎著「生活綴方ノート　1・2」（昭和三〇年、新評論社）などの基礎的文献から読み始め、生活綴方研究を少しずつ進めて行ったのである。

昭和三三年四月、広島大学大学院修士課程（教育学研究科・教科教育）に進んだ私は、引きつづき生活綴方研究を深めることに力を注いだ。修士論文の題目は、「生活綴方教育史研究——発生期の問題を中心に」というものであった。その「まえがき」の中で、私は次のように述べている。

生活綴方運動は、「赤い鳥」（主宰　鈴木三重吉、大正七年六月創刊）綴方をその源流とし、雑誌「綴方生活」（主宰　小砂丘忠義）の創刊（昭和四年一〇月）によってその実践的な活動の契機を与えられた生活教育運動である。はじめは、秋田の「北方教育」誌（主宰　成田忠久、昭和五年二月創刊）を中心とする東北地方の青年教師たちを主体として展開されていたが、昭和八、九年ころからは、鳥取、長崎、宮崎、さらには北海道と、ほとんど全国的な規模（ただし、かならずしも組織的、系統的なものではなかった。）において展開されることになる。そして、この間、この運動は、それが上からの指令によるものではなく、下からのもりあがりによる民間教育運動という性格をもち、必然的に、上からの文部省的なおしつけ教育には抵抗的な姿勢を示すものであったために、常に当局の監視と弾圧の対象とされるという不運を背負わなければならなかった。そしてついに、昭和一五年二月の、村山俊太郎の検挙をはじめとする全国一斉検挙によって、この運動は終わりを告げるのである。

かなり目のあらい述べ方であるが、これが、生活綴方運動の概観である。

修士論文では、生活綴方運動を、発生期の問題を中心に扱ったのであるが、その後、大下学園祇園高校在職中、博士課程在学中の一〇年間（昭和三三年～四三年）は、広島県、岡山県、山口県、島根県などの中国地方の生活綴方運動を研究の対象とした。これが、本書では、Ⅱの七編の論考である。昭和四三年四月、鳥取大学へ赴任して以降の七年間は、鳥取県の生活綴方運動を中心に考察を進めた。Ⅰに所載した六編がそれである。

本書のⅢには、生活綴方と社会意識、生活綴方と時局綴方の問題を考察したものと、「赤い鳥」綴方の教育理論と実践記録について考察した論考を置いた。

本書には、私にとって最初の学会誌発表論文である「鈴木三重吉の綴方教育論――生活綴方の方法の源流としての」（昭和三三年五月）から、「『赤い鳥』綴方の実践記録――『綴方の書』（木村不二男著、昭和一三年）」（昭和五五年一一月）まで、ほぼ二〇年間にわたる生活綴方研究の論考一八編が収められている。二〇年余の歳月を経ながら、その間、どれほどの研究の進展、深化があったかを考えると、恥じ入るほかはないのであるが、今は、ともかく、一八編の論考を一冊の書としてまとめることができたことに安堵の念を抱いているところである。本書が、昭和二九年の学部進学以来、半世紀以上の長きにわたって、叱り、励まし、懇切なご指導をいただいてきた恩師の野地潤家先生へのささやかなご恩返しの書となることができれば、これにまさる喜びはない。

平成二一年三月一五日

生活綴方実践史研究　目次

Ⅲ　生活綴方実践・思潮史研究

生活綴方実践史研究

Ⅰ

生活綴方実践史研究（その一）——鳥取県のばあい——

一　鳥取県の生活綴方運動（一）

――谷口友好氏の文集活動を中心に――

はじめに

戦前における鳥取県の生活綴方運動は、機関誌「国語人」（昭和八年七月創刊・佐々井秀緒主宰・季刊）の同人を中心として展開された。同人の中で全国的によくその名を知られているのは、佐々井秀緒、稲村謙一、妹尾輝雄の三氏であるが、このほかにも、福永晶爾、長田敬、川本健朗、小林正義、植田亮三、大谷芳美（以上、西部地区）、玉井碧、大田須賀雄（以上、中部地区）、谷口徹美、谷口友好（以上、東部地区）など、多くのすぐれた実践家があった。鳥取県の生活綴方運動においては、県西部地区が最も多くの人材を擁していたが、中部地区、東部地区にもそれぞれ意欲的な実践家があり、県下の層の厚さを示している。

「国語人」同人のひとりである谷口友好氏（現在山田姓）は、県東部の岩美郡にあって精力的な実践活動をした人で、学校文集「あじろ丸」（昭一二・三・二四刊、岩美郡網代小学校）を頂点とするいくつかのすぐれた文集活動は、佐々井秀緒、稲村謙一氏などのそれとともに、県下でも最も意欲的な質の高いものである。本稿は、この谷口友好氏の文集活動のありようをさぐることによって、戦前における鳥取県の生活綴方運動の一端を明らかにしようとするものである。

一

谷口友好氏の略歴は次のようである。

昭和四年三月　鳥取一中卒業。
昭和五年三月　鳥取師範第二部卒業。
昭和五年四月　鳥取市扶桑小学校へ赴任。文集発行。
昭和六年四月　鳥取師範専攻科入学。
昭和七年四月　岩美郡三徳小学校へ赴任。
昭和八年四月　岩美郡網代小学校へ転任。文集「漁り火」「分れ道」「緑の風」「モーター」「あじろ丸」発行。
　この間、昭和九年一〇月、「国語人」第六号から同誌の同人となる。
昭和一二年四月　岩美郡三徳小学校へ転任。文集「三徳行進」発行。
昭和一六年四月　鳥取市久松小学校へ転任。文集「爆音」発行。
昭和二一年四月　鳥取市日進小学校へ転任。
昭和二一年八月　同校退職。
現在、鳥取市在住、山田金庫店経営。
（谷口友好氏は、現在山田姓であるが、本稿では文集活動時代の谷口姓によることとする。）

谷口氏の文集活動はほとんどすべての勤務先でおこなわれているが、とくに、網代小学校の四年間は、氏が最も情熱的な活動を示した時期であった。

網代小学校時代の文集のうち、現存しているもの（谷口徹美氏所蔵）は、次のとおりである。

学校文集「漁り火　第一輯」　（昭九・一・九）
学級文集「分れ道」　（昭一〇・五・一五）
学級文集「緑の風」　（昭一〇・六・五）
学級文集「モーター」　（昭一一・三・一三）
学校文集「あじろ丸１」　（昭一二・三・二四）

これらは、谷口氏の文集活動のうち、主要なもののほとんどすべてを示すものである（谷口友好氏談）。

（谷口友好氏自身は、たいせつに保存していた資料のすべてを、昭和二七年の鳥取大火で焼失されたとのことである。）

ちなみに、昭和一〇年前後における鳥取県下の文集のおもなものをあげると次のようになる。

地区	編集者	文集名	種別	学校名	発行月日	備考
西部地区	佐々井秀緒	学校文集	学校文集	日野郡旭小学校	大一四・一〇～昭二・三	年三回発行
	〃	黒土	学級文集	西伯郡渡小学校・四女	昭四・七～昭六・三	詩集
	〃	地ひゞき	〃	〃	昭五・一一	詩集
	〃	啓西文集	学校文集	米子市啓成小学校	昭六～昭一九	年刊
	〃	西伯児童文選	地域文集	米子市・西伯郡	昭七～昭一一	年刊・学年別
	妹尾輝雄	木の実	郡文集	日野郡	昭八・九（創刊）	
	〃	（西伯児童文選）	地域文集	米子市・西伯郡	昭七～昭一一	
	長田敬	山の子	郡文集	日野郡	？	
	川本健朗	朝の風	学級文集	米子市外成実小学校・三年	昭一〇・三	詩集
中部地区	玉井碧	いかり	学校文集	東伯郡赤碕小学校	昭四・九～現在	昭四五・三第三九号
	〃	おほそら	地域文集	東伯教育会第十支部会	昭八（？）～昭一三（？）	年刊
	大田須賀雄	翠峰義勇隊	学級文集	東伯郡穴鴨小学校・五年	昭九～昭一〇	
部地区	稲村謙一	ひな鳥	学級文集	気高郡吉岡小学校	昭四～昭八	
	〃	綴方町	〃	気高郡青谷小学校	昭八（？）	三〇号まで発行
	〃	綴り方道	〃	鳥取市美保小学校	昭九・四～	
	谷口徹美	児童文集	学校文集	岩美郡成器小学校	昭六・一〇・二四	
	〃	かげ	学級文集	〃〃・高二	昭一〇・三	
	谷口友好	漁り火 第一輯	学校文集	岩美郡網代小学校	昭九・一・九	
	〃	分れ道	学級文集	〃〃・六年	昭一〇・五・一五	
	〃	緑の風	〃	〃〃・六年	昭一〇・六・五	
	〃	モーター	〃	〃〃・六年	昭一一・三・一三	
		あじろ丸1	学校文集		昭一二・三・二四	

東					
	三徳行進	〃	岩美郡三徳小学校	昭一三・秋	
有田　葉二	みすみ	〃	八頭郡用瀬小学校	昭一一・一二・一五	
森本　直蔵	ひこばえ	学級文集	岩美郡成器小学校・高一	昭一三・一二・一四	
不　　明	扇山の友Ⅰ・Ⅱ	〃	岩美郡大茅小学校・五年	不　明	奥付なし
	児童文集	学校文集	岩美郡洗井小学校		
	文集　第一輯	〃	岩美郡大岩小学校		
漣仏　重寿	文鳥1	県文集	鳥取国語会	昭一〇・七・三〇	

（注）1．この表は次の資料にもとづいて作成したものである。
①　谷口徹美氏（岩美郡岩美町在住）所蔵の文集。
②　篠村昭二「鳥取県における生活綴方運動(Ⅰ)——『国語人』を中心として——」（鳥取県教育研究所『研究紀要・第一〇集』昭三三・三・三一、所収）。
③　稲村謙一「鳥取県生活綴方教育運動史」（雑誌「作文と教育」・昭四一・三、所収）。
④　佐々井秀緒著「わたしの教育野帖」昭四三・六・二〇。
2．この表で、東部地区、とくに岩美郡のものが多くなっているのは、この表の作成が、谷口徹美氏所蔵の文集に負うところが多かったためである。
3．この表の中の文集「いかり」については、「北岡清道「鳥取県の生活綴方運動(2)——学校文集『いかり』（東伯郡赤碕小学校）を中心に——」（中国四国教育学会編「教育学研究紀要」第一五巻、昭四五・三、所収）を参照されたい。

この表はまだ完全なものではないが、これによってみる限りにおいても、谷口友好氏の文集動活は、佐々井秀緒・稲村謙一氏らとともに、県下でもきわだっていたということができよう。

谷口氏の文集活動の考察にはいる前に、氏と機関誌「国語人」とのかかわりについて一瞥しておくことにする。氏の文集活動が生活綴方として実践される上で、「国語人」は重要な役割を果たしていると思われるからである。

二

谷口氏が「国語人」の同人となったのは、第六号（昭九・一〇・一五刊）からであるが、すでにそれ以前、第四号、五号にも寄稿しており、以後は、終刊の第一五号（昭一五・八）まで、第八号を除く毎号に論稿を寄せている。その題目は次のとおりである。

批評と文章観の問題㈠	四号
昼河港	五号
○批評と文章観の問題㈡	六号
○漁村綴り方開拓工作	七号
○環境と文材	九号
○指導過程における文章観の役割	一〇号
○黄昏の思慕（詩）	一〇号
○日記取材の多面的考察	一一号
中学年の綴り方	一二号
詩の模索㈠	一三号

○詩の模索㈡　一四号
○東京講習会　一四号
○詩の模索㈢　一五号
僕とラジオ　一六号
「詩」にかへれ　一七号
○語る喜びに出発する綴り方　一八号
○谷口徹美訪問記　一九号
綴方指導系統案（高二詩）　二〇号
日本語に参ずる国語教育　二一号
池田英明訪問記　二二号
綴り方学年別指導指針　二二号
児童文化開拓の教室経営　二三号
児童作品合同研究（指導者のことば）　二四号
北海道紀行　二四号
国語読本に現われた詩教材を観る　二五号
（篠村昭二「鳥取県における生活綴方運動(I)『国語人』を中心として――」による。○印以外は未見。）

谷口友好氏は、「国語人」同人としても、佐々井秀緒（主宰者）、稲村謙一、妹尾輝雄、谷口徹美、川本健朗、長田敬などの各氏とならんで、最も熱心な寄稿者のひとりであった。

未見のものも多いが、谷口氏の網代小学校時代（昭八・四〜昭一二・三）の論稿は、おおむね第六号（昭九・一〇）から第一九号（昭一三・二）までにふくまれている。この中では、「漁村綴り方開拓工作」（七号）、「語る喜びに出発する綴り方」（一八号）の二つが注目すべきものである。

「漁村綴り方開拓工作」（七号）は、〝調べた綴り方を中心にして〟という副題をもつもので、当時、生活綴方運動の中に大きな問題であった「調べる綴り方」の影響をここにも見ることができる。

この論稿は、「現在に於ける綴り方に於て、より多く開拓の鍬を振わねばならぬ部面は調査的科学的な取材分野であろう。」として、氏自身の「調査的取材分野に於ける実践工作」を、『我が郷土網代を見る――文題の調査――』という形で記述したものである。ここであげられている文題は、高等科の生徒を対象としたものであるが、実際に作品化された文題には△印が、相当優秀な作品と認められたものには○印がつけられており、これらの文題が、机上の空論でなく、実践的な意味をもつものであることを示している。また、調査的科学的取材分野の必要性を認めつつも、それは、「所謂科学的綴り方のみに偏していいという意味でもない」、「調べる為の調べた文にならない」よう注意しているのも妥当な見解といえよう。網代という漁村に根をおく谷口氏の実践論の一つをここにみることができるわけである。

「語る喜びに出発する綴り方」（一八号）（本文での題目は、「『語る喜び』に出発する綴り方への念願」となっている。）は、

一、追いつめられた教育
二、語る喜びを持たぬ児童
三、悩みの教壇に微笑みを以て立ちたい
四、語る喜びに出発した綴り方への念願

五、茨棘の道は遠くとも
の五節からなっている。追いつめられた教育の中で、語る喜びを持たぬこどもたちを前にした教師の悩みと念願が誠心誠意書きつづられており、その真摯な姿に頭のさがる思いがすがる。こどもたちのための誠実な教師、谷口友好氏のおもかげをほうふつさせる文章である。（文末に、「一二・九・一九」と執筆の日付が入れてある。文集「あじろ丸1」（昭一二・三・二四）を出したあと、三徳小学校へ赴任して半年の文章である。）

また、これら二つの論稿とともに、みずからの詩作（一〇号）をふくめて、詩に関する論稿が七つに及ぶことにも注目しておきたい。これは、氏の実践ないし、文集活動の中で児童詩が重視されていることと関連がある。

谷口氏が「国語人」にはじめて寄稿したのは第四号（昭九・四）で、これは、氏が網代校に赴任して一年、「漁り火第一輯」（昭九・一・九）を出して三か月あとにあたる。そして、同人となった第六号（昭九・一〇）ごろからしだいに生活綴方への志向が明確になり、「漁村綴り方開拓工作」（第七号、昭一〇・一）等があって、実践面では、「分れ道」（昭一〇・五・一五）、「緑の風」（昭一〇・六・五）、「モーター」（昭一一・三・一三）などの文集活動となるのである。

「国語人」に寄せられた二五編の中には、随筆、紀行文などの小文もふくまれているが、これらの論稿を通じて、谷口氏が、「国語人」とともに歩みつつ、教室での実践を深めていっているさまをうかがうことができるのである。

三

学校文集「漁り火第一輯」（岩美郡網代小学校、昭九・一・九、謄写刷り、B5、七八ページ）は、網代小学校赴任後はじめての文集である。谷口氏は、昭和五年、扶桑小学校においてすでに文集を発行しているが、文集らしい文集の発行は氏にとってこれがはじめてであった。氏は、「編輯後記」の中で、この文集を完成したときの喜びとあわい失望感の交錯を語ったあと、この文集の作品やねらいなどについて次のように述べている。

「印刷製本の体裁からいっても、編輯振りからいっても、且又その中に盛られた作品そのものからみても、決して之は完成されたる何物でもなくして発展への最初の段階である。私はこの文集を完成されたる作品の記念塔として企てたのではない。何処までも綴り方伸展の一つの土台石として、いやまだ表面にあらわれない埋め石にと思ったのである。」

この網代での最初の文集が、単なる記念文集としてではなく、綴方伸展のための「土台石」「埋め石」として企図されているところに、谷口氏の文集作成の基本的姿勢がうかがえるのである。

氏が文集らしい文集の最初の仕事として、学校文集からはじめたということも、この基本的姿勢との関連において注目すべき事柄である。氏は綴方教育の重要性を思うにつけ、一部の熱心な教師だけによる綴方教育にあきたりず、全校的な営みとしての綴方教育を志向して、学級文集に先んじて学校文集をとりあげたのであった。

（谷口氏談、昭四三・一一・一二）

「私は、求められれば、他の先生の教室へ出向いて綴り方の授業もしました。綴り方について相談にのったり、綴り方の研究授業もおこなったりして、校内に綴り方教育への関心が高まるように、いろいろやってみました。（谷口氏談、同上）

「漁り火第一輯」は、このような実践の姿勢の中から生まれたものであった。

文集の〝とびらのことば〟には、「皇太子殿下御誕生記念　創刊　漁り火」と三行に横書きされた下に、次のような詩がおかれている。

漁り火――
漁村の生き行く姿、漁り火
生活の――その日その日の生活の
歓喜に燃え　苦悩に燃え
奮闘に　努力に
希望に　感激に……
赤く、青く、黄に、紫に……
夢のごと　吐息のごと
訴ふるがごと　ほゝ笑むがごと
八潮路の闇にぬれつつ
淋しくも亦美はしく
夜もすがら燃ゆる漁り火

ここには、網代とともに生きる多感な青年教師谷口氏の面目が躍如としている。

この文集に収録された作品は、綴方五二編、自由詩四二編などで、次のように分類されている。

▽ありのままを書きうつした文　　九

▽心情（こころもち）を表わした文　九
▽感じを中心としてまとめた文　四
▽ことがらを述べた文　八
▽人物・動物を題材にした文　六
▽説明する文・調べた文　一一
▽道行き文・見聞記　五
▽詩と歌と句　自由詩　四二
　　　　　　短　歌　一三
　　　　　　俳　句　四六

分類項目の中に、当時の新しい課題であった「調べた文」と、「道行き文」のような伝統的なものが混在しているのは興味深いが、同時に、この項目の立て方の中には、「心情」「感じ」を表わしたものと、「ことがらを述べた文」「説明する文」「調べた文」とを、ともに手落ちなく盛りこもうと苦心しているさまがうかがえる。

これとともに注目すべきは、「自由詩四二編」であろう。谷口氏には、すべてのこどもに詩を作らせ、それを情操教育、人間教育の有力な手がかりにしようとする意図があった。

「詩は、とかく特定の子に限られやすいが、私の組では全部のこどもが作りました。むしろ、劣生といわれるこどもがいいものを作りました。」（谷口氏談。）

このあとの文集「分れ道」「緑の風」にも、それぞれ九編、一〇編の詩がのせられており、六年生の卒業文集となった「モーター」は、全編詩からなる学級詩集である。児童詩の尊重は、氏の実践を貫く重要なモメントであったのである。

四

学級文集「分れ道」（岩美郡網代小学校六年綴り方研究部編、昭一〇・五・一五、謄写刷り、A5、一五ページ）は、綴り方研究部のこどもたちによって編集・印刷・製本されているところに特色がある。謄写刷り、一五ページという小さな文集ながら、一つ一つのページの、稚拙ともいえる鉄筆の文字が可憐である。

一四ページから一五ページにかけて、大きめの、おどるような文字で書かれた「後記」がある。

我々研究部有志は授業が終るとたいていな日にのこり苦心に苦心を重ねて書いた結果こうゆう文集が出来ました。まだしんまいで字もへたではあるがあまりくささんように……。これからは大いに努力しりっぱな綴り方研究部をつくり上げるかくごである。

奥書きのところにあげられている綴り方研究部員は、次の六名である。

鍵井広幸　博田剛　浜部栄　小谷たけ　舛井房子　酒根房子

収録作品は、

文（心をみつめた文）　九

詩　　　　　　　　九
歌と句　　　　　一四
となっている。

谷口氏は、巻頭に「文話『四月の綴方』」をのせ、その中で、四月の努力点として「心を表わす文」「心をみつめた文」の二つをあげ、この二つの努力点にてらして、四月の綴方のよい所を三つ、努力すべき所を四つとりだして指導している。

自分の組としての綴り方の指導上の行き方は、六年のこの行き方にあったと思う。こども自身にガリを切らせ、印刷させる、ということで、こどもらも非常に喜びを感じ、自分らでもこういうことができるんだと自信をもった。他の先生が、これが生徒が書いたのかとびっくりしていた。（谷口友好氏談。）

文集「分れ道」は、小冊子ながら、こどもたちと教師の息の合った教室経営を感じさせる好ましい文集である。

五

「分れ道」につづいて出された文集「緑の風」（昭一〇・六・五、謄写刷り、A5、二二ページ）も、こども自身の編集・印刷になるものであるが、「分れ道」にくらべると、教師の指導・助言の姿勢がやや強くうちだされている。表紙を綴方研究部員の博田剛というこどもが書いているが、「後記」はない。作品の数も少しふえ、ページ数も、「分れ道」より七ページ多い二二ページとなっている。

文集「緑の風」は、「描写」をテーマとしている。巻頭の谷口氏の文話「五月の綴方」では、五月の努力点を「描写」とし、四項からなる文話も、すべて「描写」に焦点が合わされている。それが、実践の上では、野外に出ての描写スナップとなり、文集には、「五月の光―描写スナップ―合作」という形でのせられている。

谷口氏は、文話の中で、「描写スナップ（絵でいえばスケッチのように、手がるに写生したような短い文をスナップという。）はそれ自身詩でもある。スナップ集を作ってみるととても面白いものだ。」と書いているが、この文集では、ページの上欄に「描写スナップ」、下段に綴方という形で編集されており、全体を通じて「描写スナップ」が大きなウエイトを占めている。

「描写スナップ」については、のちに、谷口氏が、

○「描写」を体得する一つの手段としてやらせた。これが非常によかったと思う。
○心に自然をながめ、心にピカッとひらめいたものを残す。ととのった形としてでなく、心にひらめいたままを、断片の形で書きつける。その結果、非常にいいものが（ときにはそのまま詩になる。）でてくる。そこから文としての描写がひき出せる。（谷口氏談、昭四三・一一・一二）

と述べているが、このことばは、詩人タイプの谷口氏の、「緑の風」における指導法をよく示している。

努力点（描写）→描写スナップ→詩／文

という図式が実践され、この文集に記録されているのである。

「緑の風」の「描写スナップ」の中から三編ほど作品をあげておく。

×

松の芽が長くのびて居る
はいがとまってすーとに
げた。
きれいな色をしてやわら
かそうだ。いろって見た
い。（山根美智夫）

×

すてられたぞうりがかな
しそうにひっくりかえっ
ている。其のはなをはき
れそうになっている。
向ふの方から鳴く夏むし、
葉をぬけてきこえて来る。
（浜部栄）

×

かれたささの葉の中、若
葉が二つ三つ見える。風
にゆられてさらさらと音
を立てている。
（橋本周治）

もう少しくふうすればかなり詩らしくなると思われる行かえも、欄のスペースによって極めて単純に、機械的におこなわれている。描写スナップの、この無雑作なつくり方、書き方が、谷口氏の指導の意図にかなうものであったのであろう。

谷口氏は、文話「五月の綴方」の中で、

▽描写しようと思えば、物をよく注意して観察（見ること）しなければならぬ。物をこまかく見るといふ態度も進んできた。

▽自然、人物などの描写に大分元気を出してくれた。したがって大分うまくなったように思う。中には自分の深い心持や、ことばではとても言いつくすことの出来ない気分などを、しみじみと描き出してくれた人もあって、大へんうれしく思った。

描写は物事の表面をあらわすことではなくて、ほんとうは自分の心のおく底を描き出すことなのである。

と述べ、こどもたちの描写スナップの成果を認めている。これらのことばの中に、描写のもつ本質的な意味が鋭く指摘されているのは、綴方教師としての谷口氏の姿勢のたしかさを示すものといってよいであろう。

六

学級詩集「モーター」（昭一一・三・一三、謄写刷り、A5、二五ページ）は、「分れ道」「緑の風」と出してきた六年生の卒業文集である。

この文集の特色としては、
1、収められている三九編すべてが詩であること。
2、詩の研究読本となるように編集されていること。
3、働く詩、科学性に目覚めた詩、考える詩などが積極的にとり入れられていること。
の三つをあげることができる。

谷口氏が実践上でも、文集活動の上でも、児童詩を重視してきたことはこれまでにも述べてきたところであるが、卒業文集においても、それが集約した形で表現されているわけである。

次に、特色としてあげることができるのは、この文集が単なる卒業記念文集としてではなく、詩の研究読本として編集されていることである。

谷口氏は、〈分類的編輯〉について次のように述べている。


便宜上いろいろに分類して編輯した。これは皆が詩材を取る上に参考になろうと思ったからである。又題材のみ方の上にいろいろ暗示される所があろうと思ったからである。八頁までは、上は上、下は下で続く様にし、而も上と下を比較（くらべあわせる）して読む時一層得る所があるように編輯したつもりである。それ以後は頁を追うて進む様にした。又この詩集は唯皆の作品を集めたというだけの普通の詩集ではなく、詩の研究読本となり得る様にと思って、出来るだけ批評や詩話をさしはさみ、他の学校の優秀作品をのせて研究上の参考とした。（編輯後記）

文集を、単なる記念文集や作品集に終わらせまいとする配慮は、すでに「漁り火第一輯」（昭九・一・九）のときにも見られたものであり、のちの「あじろ丸　1」（昭一二・三・二四）では、この研究読本的性格はいっそう明確にうちだされてくるのであるが、文集「モーター」においても、氏のこの姿勢は貫かれているのである。詩話や評語のたんねんな書き入れ、参考詩の適切な配置、文集の中の作品・評語（または詩話）を参考にしての課題（そのための空欄が用意されている。）など、研究読本としての編集ぶりを随所に見ることができる。

しかし、「モーター」において、最も注目すべきは、この文集に、働く詩、科学性に目覚めた詩、考える詩などが積極的にとり入れられていることであろう。

この文集の「とびらのことば」には、

我々は社会進展のモーターでなくてはならぬ
我々の詩はそのモーターのうなりでなくてはならぬ

と書かれており、収められた三九編の詩は、次のように分類されている。

働く詩	一三	科学性に目覚めた詩	二
職場の詩	七	考える詩	五
機械の詩	六	会話の詩	六

このような、働く詩や科学性に目覚めた詩への志向について、谷口氏は、「編輯後記」の中に〈努力点〉という

項を設けて、次のように述べている。

一学期までの皆の詩は、ほんの一寸した思いつきや、自然や、生活の一寸した面白味をねらった短い詩が多かった。二学期からはそんな詩から一歩を進めて、働く詩、動く詩、力の詩、機械の詩、進歩的な詩、職場の詩、会話の詩、大きな詩、荒けずりでもいい力強い詩へと努力した。こうした指導に好都合であったのは岩美鉱山の見学であった。従ってこの詩集には岩美鉱山見学の詩が大へん多くを占めている。そしてこれまでの皆の詩から新しく一歩を進めていることは確かである。

氏がこのような新しいジャンルの詩をめざした背景には、いわゆる「調べる綴り方」があったであろうと思われる。当時、「調べる綴り方」の文献としては、

佐々井秀緒著「科学的綴り方教育の設営」（昭八・三　厚生閣）
上田庄三郎著「調べた綴方とその実践」（昭八・一二・二九、厚生閣）
千葉春雄編「調べる綴り方の理論と指導実践工作」（昭九・九・五、東宛書房）
村山俊太郎稿「調べた綴り方の再構築」（雑誌「実践国語教育」第一巻、第一・二号、昭九、四〜五）

などがあり、谷口氏が直接、間接に影響を受けたであろうことはじゅうぶんに考えられるところである。

すでに、前述したように、谷口氏自身も、「国語人」第七号（昭一〇・一・一）において、漁村綴方に調査的科学的分野を開拓すべきことを述べており、この中で、「四、産業的方面」の文題として、「網代の水産業」「手繰あみ

漁業に就て」「海藻の研究」「するめの出来るまで」など、三五文題があげられているが、この文集「モーター」は、その方面をさらに積極的に押し進めたものといえよう。

次に、「モーター」の中から、一、二、三の作品例と、それに対する谷口氏の評語をあげてみよう。

索　道　　　　　　博田　剛

上の方をわたしてあるサクドウ
うなりを立てて走って行く
競走のように走っている
サイレンがなったらピシャッと止った
昼の休だな〔機械の詩〕

評　サクドウのうなり、動き、スピード、規律、休止、そこには胸のすくような気持よさ、身の引きしまるような感動がある。短い詩の中にそうしたいろいろのものをよくふくめている。勢よく走っているものが、急にピシャッと止って、微動だにもしない静止状態に入る。その規律正しい活動には非常な美がある。昼の休みを思った所もよい。

モーター　　　　　　鯉口　匠

大きなモーター室
中には大きな機械が
室一っぱいにすえつけてある
車輪のようなわがまわる

いろいろなものが動く
電気の音しらべ皮の音
この大きなモーターが
鉱山全体を動かすのだ

これから先、キカイの発達
文明の進歩はどうなるだろう〔科学性に目覚めた詩〕
〝モーター〟に就て

△〝この大きなモーターが　鉱山全体を動かすのだ〟という発見は非常に尊い。そのキカイが如何なる役目を果しているかを知らないでは、ほんとのキカイの詩は作れないだろう。之に同じ様に自分の仕事がどんな意味を持ち、自分というものが自分の一家に取ってどんな役割を果しているかを見きわめないでは、本当の働く詩は生れないだろう。

△〝キカイの発達、文明の進歩〟にまで考え及んだ所はこれまでの皆の詩に見られない一大発展である。然しこのままでは何だか木に竹をついだ様で、この感じが詩の中に生かされていない。今一いきの工夫がほしい。大体この詩としては後の二行は取った方がよい。

撰鉱場　　　　　浜部　栄

撰鉱場の中に入った
中は涼しい
女の人が手ぬぐいをかぶって働いている
足や手は、あかぎれで、赤くなっている
一生けんめい、石と戦う女の人たち（荒金鉱山見学の詩）〔働く詩〕

撰鉱夫　　　　　　　　　居組　兼子

銅をよっている女
冬はとても苦しいだろう
エプロンをかけた女
手早くよる
若い女も居れば
年をとった女もゐる
みんな元気で働いている（同上）〔働く詩〕

「撰鉱場」と「撰鉱夫」に就て

△二つとものみ方がするどく、いきいきとした力強さがある。然しどちらも小さい所で満足している。もっと広く見深く考えて、大きなものにまでそだて上げる熱心さがなくてはならぬ。

△「冬はとても苦しいだろう」と言っただけでなく、そのほんとに苦しいだろうと思われる事実をあげなければ実感がなく、又「元気で働いている」という言葉にも力がない。

△あかぎれで赤くなっているのを見て何も考えなかったのか。又たったそれだけ見て「一生けんめい石と戦う」と言っても、このことばはどうもからっぽのようでほんとにみのあるものとして人の心をうたない。その石と戦っている実際の有様をよくみて、それを描写することによってこそ、はじめて石と戦う女の人たちのけなげなさまを表現する事が出来る。

△二人のみた所を一所（ママ）にし、更に深く考えてみたならば、ほんとに実感のみちみちた深みのある大きな詩が生れるだろう。作ってみなさい。

以上の作品例は、それぞれ、「機械の詩」「科学性に目覚めた詩」「働く詩」の中からとったものである。「索道」は、当時の他の生活詩の中においてみてもあまり遜色のない作品である。「モーター」もほぼこれに準ずる作品といってよいであろう。谷口氏は、これらの詩について、作者以上の感動をもって評語を書いている。「身の引きしまるような感動」「非常な美」「非常に尊い」「一大進展」などの強調した述べ方の中に、谷口氏の、文集「モーター」へのうちこみようが端的に示されているといえよう。ただ、文集全体としては、氏の努力にもかかわらず、平板な作品もかなりふくまれており、谷口氏は、くりかえして、その見方のあまさ、書きぶりのものたりなさを指摘している。「撰鉱場」「撰鉱夫」はその例である。

谷口氏にとっても、こどもたちにとっても、働く詩、科学性に目覚めた詩、考える詩などは新しいジャンルであった。それだけに、谷口氏の意欲は十分なものがあったが、一方で、こどもたちはそれを完全にはこなしきれていない感がある。「機械の詩」や、「職場の詩」として分類されたものの中に、また、「考える詩」の中にも、むしろ、写生詩・叙情詩として味わい深いものがある。こどもたちが「描写スナップ」で身につけたものが、ここにもあらわれているのである。

「何にしても今の所ではほんの最初の第一歩をふみ出したというだけであって、これからここを土台としてほんとにしっかりしたものを打立てて行かねばならぬという所なのである。だからこの詩集はほんの次に来るべきものへの踏み台にしかすぎないのである。にもかかわらずもう皆は卒業前であって、結局この詩集が今卒業せんとする皆への最後の贈り物となってしまったことは、非常に落着かない感じがするのである。」（編輯後記）

卒業文集に対する感慨とともに、みずからの文集活動を、常に「最初の第一歩」「土台」「踏み台」とみる誠実さがここにもある。たしかに、文集「モーター」は、新しい試みに全面的に成功しているとはいいがたい。しかし、たとえば、「索道」や「モーター」にもみられるように、機械の詩や、科学性に目覚めた詩が、徐々にではあるにしても、こどもたちの中に新しい視点を開きつつあるのはたしかである。教師自身が持つ、そして、こどもたちもそれになれてしまっているある種の甘さから脱皮し、新しい、力強い詩を生み出そうとしたこの文集は、こどもとともに不断の前進をめざす谷口氏の実践活動のあらわれとして高く評価されてよいであろう。

〈付記〉

1、文集「漁り火第一輯」（昭九・一・九）については、北岡清道「鳥取県の生活綴方運動―文集『漁り火第一輯』（谷口友好氏指導）を中心に―」（中国四国教育学会編「教育学研究紀要」第一四巻、一九六九・三、所収）を参照していただきたい。本稿も一部それによったところがある。

2、文集「あじろ丸1」（昭一二・三・二四）についての考察は、次号の「研究報告」に報告を予定している。

二　鳥取県の生活綴方運動（二）
――文集「漁り火　第一輯」を中心に――

はじめに

機関誌「国語人」（昭和八年七月創刊、佐々井秀緒主宰、季刊）同人のひとりである谷口友好氏（現在山田姓、昭和九年一〇月、「国語人」六号から同人となる。）は、県東部の岩美郡にあって、精力的な実践活動をした人で、学校文集「あじろ丸」（昭一二・三・二四。岩美郡網代小学校）を頂点とするいくつかのすぐれた文集活動は、佐々井秀緒・稲村謙一氏などのそれとともに、県下でも、最も意欲的な、質の高いものであった。本稿は、この谷口友好氏の文集活動のうち、氏の実践の出発点を示す文集「漁り火第一輯」を中心に、その実践のありようを考察していこうとするものである。

一

谷口友好氏の略歴は次のようである。

昭和四年三月　　鳥取一中卒業。
昭和五年三月　　鳥取師範第二部卒業。

昭和五年四月　鳥取市扶桑小学校へ赴任。文集発行。
昭和六年四月　鳥取師範専攻科入学。
昭和七年四月　岩美郡三徳小学校へ赴任。
昭和八年四月　岩美郡網代小学校へ転任。文集「漁り火」「分れ道」「緑の風」「モーター」「あじろ丸」
昭和一二年四月　岩美郡三徳小学校へ転任。文集「三徳行進」
昭和一六年四月　鳥取市久松小学校へ転任。文集「爆音」
昭和二一年四月　鳥取市日進小学校へ転任。
昭和二二年八月　同　退職。現在鳥取市在住、山田金庫店経営。

（山田〈旧姓谷口〉友好氏談、昭四三・一一・一二による。以下、旧姓にしたがい、谷口氏とする。）

谷口氏の文集活動は、ほとんどすべての勤務先でおこなわれている。とくに、網代小学校の四年間は、氏が、最も情熱的な活動を示した時期であった。

網代小学校時代における文集のうち、現存しているもの（岩美郡岩美町在住、谷口徹美氏所蔵）は、次のとおりである。

学校文集「漁り火　第一輯」　（昭九・一・九）
学級文集「分れ道」　（昭一〇・五・一五）
〃　「緑の風」　（昭一〇・六・一五）
〃　「モーター」　（昭一一・三・一三）
学校文集「あじろ丸　1」　（昭一二・三・二四）

これらは、谷口氏の文集活動のうち、主要なもののほとんどすべてを示すものであり（谷口氏談）、その意味で極めて貴重な資料である。
（谷口友好氏自身は、たいせつに保存していた資料のすべてを、昭和二七年の鳥取大火で焼失されたとのことである。）

二

学校文集「漁り火第一輯」（昭九・一・九謄写刷り、A5、七八ページ）は、網代小学校赴任後はじめての文集である。谷口氏は、昭和五年、扶桑小学校においてすでに文集を発行している（文集名不詳）が、文集らしい文集の発行は、氏にとってこれがはじめてであった。それだけに、氏の情熱のかけ方も喜びも、大きなものがあったらしい。

「文集を作成したいとのかねてからの宿望を兎も角も実現し得たことは嬉しい。然し出来てしまってみれば『こんなものか』といった感じが深く、労した割にその出来栄えのかんばしくないのを物足りなく感ずる。（中略）結果そのものよりもその過程として苦心と努力の何程かに対して、綴方伸展の念願が幾らかでも報いられるであろう事を心ひそかに期待して、ささやかな心の愉悦を感じもする。

印刷製本の体裁からいっても、編輯振りからいっても、且又その中に盛られた作品そのものからみても、決して之は完成されたる何物でもなくして発展への最初の段階である。私はこの文集を完成されたる作品の記念塔として企てたのではない。何処までも綴方伸展の一つの土台として、いやまだ表面にあらわれない埋め石にと思ったのである。」（編輯後記、七七ページ）

この編輯後記の中には、宿願の文集を作製しえた時の谷口氏の心境が、飾るところなく述べられている。「ささやかな愉悦を感じもする。」と述べながらも、文集のレベルを、「発展への最初の段階」とし、「綴方伸展の土台石」「埋め石」と考える謙虚な、誠実な姿勢は、氏の文集活動を一貫しているものである。この、常に、自らの綴方教育を、出発点にあるものとする意識は、氏のばあい、氏の仕事に新しい情熱をかきたてる積極的な作用をおよぼしているように思われる。この点からみれば、「私はこの文集を完成されたる作品の記念塔として企てたのではない。」ということばは、氏の、文集作製における基本的姿勢を示すものとして重要な意味を持ってくる。

氏が、文集らしい文集の最初の仕事として、学校文集からはじめたということは、この基本的姿勢との関連において注目すべき事柄である。氏は、綴方教育の重要性を思うにつけ、一部の熱心な教師だけによる綴方教育にあきたりず、全校的な営みとしての綴方教育を志向して、学級文集に先んじて学校文集をとりあげたのであった。（谷口氏談、昭四三・一一・一二）網代小学校における最後の文集となった「あじろ丸」が、同じく学校文集であったことと考え合わせてみると、氏の全校的綴方教育の姿勢は、いっそう明かになる。

「私は、求められれば、他の先生の教室へ出向いて綴方の授業もしました。綴方について相談にのったり、綴方の研究授業もおこなったりして、校内に綴方教育への関心が高まるように、いろいろやってみました。」

（谷口氏談。同上）

「漁り火」は、このような実践の姿勢の中から生まれたものであった。

三

文集「漁り火」において次に注目すべきことは、児童詩の尊重ということである。「漁り火第一輯」に収録された作品数は、

綴方……五二　　自由詩……四二
短歌……一三　　俳句………四六

となっている。児童詩（この文集の中では自由詩の名で分類されている。）四二編は、当時の受持ちであった四年生の作品三二編と、綴方の指導に出ていた高等科の作品一〇編とであるが、谷口氏には、すべての児童に詩をつくらせ、それを情操教育、人間教育の有力な手がかりにしようとする意図があり、それが、この「漁り火」で、四二編の詩として示されているのである。

○詩は、とかく特定の子に限られやすいが、私の組では、全部のこどもが作りました。むしろ、劣生といわれるこどもがいいものを作りました。

これは、谷口氏の述懐であるが、この文集の題名「漁り火」も、谷口氏のクラスのこどもがつくった次の詩から名づけられたものであった。

いかつり船　四年　浜田熊雄

いかつり船の
火がみえる

どれがお家の
船だろう

谷口氏は、これについて、次のように述べられている。

「このこどもは、いわゆる劣生で、なにをやってもぱっとしませんでしたが、詩を書かせたとき、一番さきに持ってきたのがこの詩でした。

わたしは、これこそこどもの詩だと感じて、みんなの前でうんとほめてやり、心ゆくまでこの詩のよさを味わせてやりました。それから、浜田は見ちがえるように自信を持ちはじめ、他の教科もしだいによくなっていきました。「漁り火」という文集の名は、この詩からとったものです。」（昭四三・一一・一二談。）

網代（あじろ）は、日本海に臨む鳥取県の代表的な漁港を持つ村であり、したがって、「いかつり船」は、こどもたちにとって、最も身近い題材であった。言いまわしも特別むずかしいものではない。見たとおり、感じたとおりに書いてある。「いかつり船」の詩は、こういうものなら自分らもやれる、という自信をクラス全員に持たせることになり、その結果生まれた作品のうち、四二編がこの文集に収録されることになったのである。

谷口氏は、中学時代の後半から詩に関心を持ちはじめ、詩を読み、みずからも詩作する体験を持った。「国語人」第一〇号（昭一〇・一〇・一刊）には、「黄昏の思慕」と題する谷口氏の詩が載せられている。

黄昏の思慕　谷口友好

闇の水平線につらなる
いか取り船の灯が
パチリ　パチリ　瞬いて
憧れの幻都（まち）に
寂寞（さびしみ）の心を呼ぶのか

もの想ふ少女（おとめ）の
白い浴衣と白い頬が
ほんのり美しい葩となって
黄昏の渚に
とほいとほい思慕をゆすっている

「国語人」には、このほか、六回にわたって次のような論稿が寄せられており、谷口氏の、詩への関心の強さが示されている。

詩の模索㈠	「国語人」一三号
詩の模索㈡	〃　一四号
詩の模索㈢	〃　一五号
「詩」にかへれ	〃　一七号
綴方指導系統案（高二詩）	〃　二〇号
国語読本に現れたる詩教材を観る	〃　二五号

「国語人」の同人には、詩人・歌人・俳人・画家などが多く、歌集や句集を出すものもあるなど、芸術的雰囲気を持っていたのであるが、そういう風土の中で、これら詩に関する論稿が発表されたわけである。佐々井秀緒著「こどもの詩教育」（昭和七年四月）、稲村謙一著「生活への児童詩教育」（昭和八年一月）など、同人の児童詩教育に関する著作も、谷口氏の児童詩教育重視に影響を持ったであろうこともじゅうぶん考えられる。

のちに作製された学級文集「分れ道」「緑の風」では、ともに児童詩が全体のほぼ三分の一の分量を占め、同じく学級文集「モーター」（六年生の学級文集として発行されたもの）は、全編詩によって構成された学級〝詩集〟であること、などによっても、谷口氏の綴方教育実践の中で、児童詩が占める意味の重要さは理解されるのである。次に、文集「漁り火」の中から二編、作品をあげておくことにする。

（注）「から」は「で」にあたる方言。

くわみ　四年　山根美智夫

桑の下から　お勉強
ひょっと上を見上げると
赤やむらさきの
くわみ　くわみ
ひょいと
手を出したい

やすみ　四年　浜部美佐子

祭りの日――
ぽかぽか　海見て

れふしは　やすみ

四

学校文集「漁り火」は、谷口氏自身も編輯後記で述べているように、作品自体としては、必ずしもすぐれたものばかりとはいえない。全般的に、一作品ごとの分量も少なく、表現技術もまだそれほど高くはない。しかし、それら「発展への最初の段階」にある作品を、全校の中から集め、七八ページにおよぶ文集を独力で編集し、印刷し、製本していった谷口氏の精進ぶりはみごとである。表紙・カット・段の組み方など、氏の周到な心くばりは、この文集のすみずみにまでゆきわたっている。

また、「ありのままを書きうつした文」以下八項目にわたる分類の中には、「説明する文・調べた文」の一項があり、当時、全国を風靡した「調べる綴方」運動が、ここにもその影響をおよぼしていることが認められる。

学校文集「漁り火第一輯」は、谷口友好氏の本格的な実践活動の出発点を示すものであり、鳥取県の生活綴方運動の歴史の中でも注目すべき業績の一つである。

五

谷口氏は、網代小学校で、四年、五年、六年と持ちあがった。学級文集「分れ道」（昭一〇・五・一五）、「緑の風」（昭一〇・六・一五）、「モーター」（昭一一・三・一三）は、三年めの六年生の児童とともにつくられた文集である。「分れ道」「緑の風」は、児童自身の作製になるところに意義がある。「モーター」は、卒業記念号となった学級詩集で、働く時、科学性に目覚めた詩、などが積極的に取り入れられている。

学校文集「あじろ丸1」（昭一二・三・二四）は、網代小学校における四年間の成果を結集した一二四ページにおよぶ大冊である。これは、谷口氏が、綴方の勉強に役立つ文集を意図し、心血を注いで作りあげたもので、比較的すぐれた文集に乏しかった鳥取県下にあって、特筆すべき文集であった。「あじろ丸1」は、その意図において、情熱において、できばえにおいて、おそらく、全国的にも第一級に属する文集といえるであろう。これらの文集については、また、稿をあらためて考察していきたいと思う。

〈付記〉

このたびの研究にあたって、貴重な資料をお貸しいただいた谷口徹美先生、いろいろご指導をいただいた谷口友好先生に心から感謝申しあげます。

三　鳥取県の生活綴方運動（三）

――学校文集「いかり」（東伯郡赤碕小学校）を中心に――

はじめに

戦前における鳥取県の生活綴方運動が、主として機関誌「国語人」（季刊、昭八・七・二〇、創刊号～昭一五・八・三一、第二五号）の同人たちの手によって推進されていったことは周知のとおりである。この稿では、「国語人」同人のひとり、玉井碧（旧姓景山）氏によって育てられ、維持され、さらにそれをひきついで現在まで、四〇年間にわたって発行されつづけている学校文集「いかり」（鳥取県東伯郡　赤碕小学校発行）について、その創刊、推移、内容、継承、意義、の五点から考察を加えていこうとするものである。

一　「いかり」の創刊

「いかり」が創刊されたのは、昭和四年九月一日である。これは小砂丘忠義氏の「綴方生活」が創刊される一か月前にあたる。創刊の事にあたったのは池山則光氏（昭和四年、赤碕小学校に赴任。四年間在任。現在、赤碕町山川の神社の宮司）であった。池山氏によると、「いかり」創刊の動機は次のようであった。

○当時（注。昭和四年ごろ）、郡（東伯郡）には「あじさい」という文集があり、それに応募させるという意味もあって作成しました。各クラスから優秀な作品を選んでのせたわけです。（池山氏談、昭四四・一一・一）

この創刊号は、赤碕小学校文芸部発行となっており、その編集にあたっては、文芸部に属する七名のこどもが積極的に働いたようである。文芸部顧問としては四名の先生の名があげられているが、実際に編集に参与されたのは池山氏であった。巻頭言、編集後記、随筆、短歌など、教師側の執筆は、すべて池山氏によっておこなわれている。表紙・カットも池山氏の手になるものであり、ガリ版印刷、B5判、三二ページ、である。

作品は各クラスから五編ずつ、一四学級で七〇余編（詩・短歌などをふくむ。）がのせられている。編集後記に、「まだ始めてだから余り立派でないことを残念に思います。」とあり、事実、作品そのものとしては、まだ初歩的な段階にあるものが多い。しかし、「どうかして立派なものにしたい……こう言うのが私達文芸部員の願いです。」（編集後記）という「願い」は、第二号（昭五・三・一刊）、第三号（昭六・一・五刊）と号を重ねるにつれて、しだいにみのりをみせはじめている。

○前回よりもずっと充実した而も進歩した材料を沢山得まして、漸く立ち得たことをよろこばしく思います。（第二号編集後記）

○こんど第三集は前号とちがって頁数もほとんど倍数です。編集にも印刷にも少なからぬ苦心を払いました。（第三号編集後記）

などのことばには、その間のようすがよく示されている。そして、第三号では、

○まだ若いのです。それで「いかり」にはこれぞという誇りはありません。（編集後記）

としながらも、すぐそのことばにひきつづいて、

○もし何かがあるとしたら、それは一つの雑誌に全力を傾けて働くということだけです。これ以外には何もないのです。（同上）

と述べ、「いかり」にたずさわる人の熱意と努力とが、すでに発足当初からなみなみのものでないことを示しているのである。この熱意と努力とが、その後、四〇年間にわたって「いかり」を発行しつづけさせた原動力であったと考えられる。

二　「いかり」の推移

学校文集「いかり」の推移は、次の四期に分けて考えることができるであろう。

第一期　創刊号（昭四・九・一）～第五号（昭一〇・三・一一）

「いかり」の誕生から基礎がためまでの時期。

○創刊号発行（昭四・九・一）。編集、池山則光氏。

○第二号（昭五・三・一）、第三号（昭六・一・五）（ともに編集者池山則光氏）と出したあと、二年休刊。

○第四号（昭九・一・三一）を、川本健朗氏（この年四月から「国語人」同人となる）が編集。意欲的な編集で「いかり」発展の基礎を作る。

この号に、景山碧氏（のち玉井氏）、短歌「関西遊草㈠」を寄稿。

○第五号発行（昭一〇・三・一一）。編集者米本恒男氏。

第二期　第六号（昭一一・二・二五）～第一〇号（昭一五・一・三一）

○第六号発行（昭一一・二・二五）。この号から編集・発行者が景山碧氏となる。童話、全作品に対する短評、長文の編集後記など、いずれも、景山氏の「いかり」に寄せる意欲のほどを十分に示すものである。また、この号から印刷も謄写印刷所に出し、表紙・本文とも、いちだんと洗練されたものとなった。この第六号から、「いかり」は本格的な展開を示し始めるのである。なお、景山氏（のち玉井氏）の編集は、第一三号（昭一八・一・八、霜田豊氏編集）を除き、第二九号（昭三五・三・一）まで続けられる。

○第七号発行（昭一二・一・三一）。

①　この号から発行者が校長（当時は塚本広吉氏）となる。クラブ活動としての文芸部発行という形から、六号までの実質的な積み重ねによって正式に学校文集としての体裁を整えることとなったのである。「いかり」のための予算の計上、職員会の議決にもとづく作品提出の義務づけ等、学校文集として永続させるための布石がなされたのである。

②　この号から、「低学年作品」「高学年作品」の二部立てとなる。内容の充実をはかるとともに、こども全員が持ち、利用するのに便宜な方法がとられたのである。

③　景山氏の「短評」は、第六号にひきつづき、全作品に対して行なわれている。

④　この号から、佐々井秀緒氏（「国語人」主宰者）の文話がのり始める。佐々井氏の文話は、以後一三号（昭一八・一・八）まで毎号のせられる。

○第八号発行（昭一三・二・二〇）。この号から活版印刷となる。

○第九号発行（昭一四・二・二〇）。

①　この号から赤碕校の各先生による「いかりの子に」（低学年作品）、「いかりに寄す」（高学年作品）の欄が設けられる。全職員が、小文ながら、「いかり」への寄稿者となるわけである。この欄は、最近号の第三八号（昭四四・三・一）まで続けられている。

②　「赤崎の兵隊さんに送るお手紙」「事変と子供」（低学年作品）、「郷土の勇士に送る慰問文」（高学年作品）などが作品の大半を占めており、この号は、こどもの父兄である出征兵士らに直接送られたそうである。

○第一〇号発行（昭一五・一・三一）。

①　この号では、はじめて課題作がとり入れられ、山桝、霜田、玉井三氏による課題作合評が行なわれている。

②　「低学年作品」に、「推奨詩」の欄が設けられた。

以上、第二期は、編集者玉井碧氏がその面目を遺憾なく発揮した時期であり、この五年間は、「いかり」四〇年間の推移の中でもとくに生彩を放っている。

第三期　第一一号（昭一六・二・二〇）～第二〇号（昭二六・二・一〇）

この期は、第二期によって完全に軌道に乗った「いかり」が、その軌道の上を安定した歩みで歩みつづけた時期である。「いかり」の発行は、第二次世界大戦がしだいに激化していくさなかにも続けられ、（第一九号の「前線勇士慰問号」は、昭一九・一二・一の発行である。）終戦の年の昭和二〇年には発行できなかったものの、翌二一年の三月には、はやくも第一五号が出されている。第一五号から第一九号までは、B6判、二〇ページ前後と、形においてやや小型化はしたものの、終戦という大きなできごとの中でもゆるがず発行しつづけた玉井氏の、執念ともいうべき真摯な努力は、特筆すべきものといってよいであろう。

第四期　第二一号（昭二七・二・一〇）～第三八号（最近号、昭四四・三・一）

第二一号では、編集者は玉井碧氏ほか五名となる。玉井氏の独力による編集から、複数の編集者、という形に変わったのである。五～六名の複数による編集のシステムは、現在までひきつがれている。「あとがき」も、第二四号からは、主として玉井碧氏以外の人が受け持つようになっている。こうして、ひきつぎの体制が完全に整ったところで、第二九号（昭三五・三・一）を最後として、玉井氏は赤崎から転出し、以後、国語主任がそのバトンを継承しつつ、現在に至っている。

以上、要するに、学校文集「いかり」の推移は、池山則光氏による創刊、川本健朗氏による基礎がため（以上、第一期）、玉井碧氏による育成・発展（以上、第二期、第三期）、歴代国語主任による継承（以上、第四期）というふうにたどることができるであろう。それは、文芸部という、クラブ活動的なところから出発した「いかり」が、玉井碧というすぐれた編集者を得て、学校文集として成熟し、それが赤碕小学校全体のものとして定着していった過程であるといえよう。「いかり」の今日あるのは、なによりも玉井碧氏個人の力の大きさによるものではあるが、同時に、それを支持し、守り育て、継承し、発展させていった多くの赤碕小学校教師の努力をも見のがすことはできない。

三　「いかり」第七号（昭一二・一・三一刊）

「いかり」第七号は、玉井氏の面目を遺憾なく発揮した第二期の中でも、とくに精魂をこめてつくりあげられている。

その目次（低学年作品）の大要は、次のようである。

第七号（低学年作品）は、A5判、三六ページの謄写刷りのものであるが、この目次からだけでも、景山氏（玉井氏）の驚異的な努力ぶりをうかがうことができる。「当時は綴方にかかりきりでした。いっしょうけんめいやったものです。」（玉井碧氏談、昭四四・一一・二）という述懐も、さこそと思われるのである。

作品を成績順に三つに分類して向上意欲を刺激しようという点や、この号から全生徒に購入させて綴方の勉強に資する（「あとがき」による）というはからいの中に、「いかり」に寄せる玉井氏の意欲が端的に示されていると見ることができよう。第六号にひきつづき、全作品につけられている「短評」も、その意欲のあらわれとして注目すべきものである。

玉井氏の批評の視点としては、第六号の編集後記に、

1．文がよくのびているか

2．生活を通しての作品であるか

3．綴方のきまりをよく守っているか

の三つがあげられており、この第七号の短評もおおむねその視点から行なわれている。「ありのままに書く」「毎日のくらしを力づよく、ぐんぐん書く」などの、生活綴方のモットーとされるものがここにもあらわれているが、尋四男のあるこどもに対して、「君でなければ書けないような」個性的な文を要求している点が注目される。ある学級については、作品のレベルについて、歯に衣をきせず、ズバリと欠点を指摘するきびしさもある。

○短評は、形式についても苦労しました。（玉井碧氏談、昭四四・一一・一）

○当時は綴方にかかりきりでした。いっしょうけんめいやったものです。（同上）

などの述懐は、当時の玉井氏の精進ぶりを如実に伝えるものといえるであろう。

四　「いかり」の継承

「いかり」の育ての親は、なんといっても玉井碧氏であるが、四〇年の長期にわたる偉業は、とうてい一個人の力のみでなしうるものではない。その発展・継承のかげには、「いかり」をめぐる多くの人々の、「いかり」に対する愛情と誇りと、伝統に対する責任感とがある。それは、たとえば、第三七号における秋田校長の巻頭言、第三八号における大西文之輔氏の「あとがき」などに見られるとおりである。すなわち、

○数え数えて、昭和四三年に出されたこの「いかり」は第三七号です。

こんなに長く続けられている小学生の文集はありますまい。それ程この「いかり」はねうちがあるのです。赤碕小学校の大切な宝の一つであります。（中略）

「いかり」に寄せてくれたみなさんありがとう。「いかり」を読んでくれているあなたにもありがとう。

（第三七号巻頭言）

○〝いかり〟三八号ができあがりました。ページを開くたびに、インクの匂いが鼻をつきます。なんともいえぬ喜びを感じます。

赤碕の伝統を守りとおせたという喜びと共にすばらしい作品が今年もうまれたという喜びです。

（第三八号「あとがき」）

これらのことばの中に、われわれは、「いかり」を継承しつづけている赤碕小学校の人々の心を明瞭に読みとる

ことができる。そして、「〝いかり〟はますます光りかがやくことでしょう。」（第三八号あとがき）という大西氏のことばには、「いかり」の未来に寄せる赤崎校の期待と希望とが率直に示されているのである。

五　「いかり」の意義

学校文集「いかり」の意義は、なんといっても、昭和四年以来今日まで、四〇年間にわたって発行が継続されてきたことであろう。しかも、ごく一部の欠本はあるものの、この間の文集は、「無期保存」の扱いを受けてほぼ完全な姿で赤崎小学校に保管されている。その推移は、そのまま、生活綴方・作文教育の生きた歴史といえるのである。地方教育史研究の立場からみても、その意義は極めて大きい。今後さらに精密な研究を重ね、その歴史的意義を明らかにしていきたいと考えるものである。

〈付記〉

この度の研究にあたって、貴重な資料の調査に種々ご便宜を与えていただいた赤崎小学校の皆さん、とくに、なにかとお世話くださいました船木校長先生、亀崎教頭先生、大西文之輔先生にあつくお礼を申しあげます。また、ご多忙の中を、快くお会いいただき、数々のご教示をいただきました池山則光先生、玉井碧先生に、心からお礼申しあげます。

四　鳥取県の生活綴方運動（四）——日野郡・吉岡敬氏の文集活動を中心に——

はじめに

機関誌「国語人」(1)を中心とする戦前の鳥取県の生活綴方運動は、とくに、県西部地区（米子・西伯郡・日野郡）に多くの人材を輩出した。それは「国語人」創刊の際の同人七名（佐々井秀緒・稲村謙一・大谷芳美・福永晶爾・妹尾輝雄・植田亮三・小林正義）のうち、東部地区の稲村謙一氏以外の六名はすべて西部地区の人であったということに端的に表われている。(2)その後、号を追うにつれて、同人の数もふえ、運動の広がりも全県下に及んでいくが、運動のエネルギーの軸は、やはり西部地区にあったと見てよいであろう。

西部地区の同人の中でも、佐々井秀緒・妹尾輝雄の両氏は、とくに著名であるが、このほかにもすぐれた実践家は少なくない。「国語人」一三号（昭一一・七・一五発行）に折りこまれた『国語人ニュース　9』（昭一一・七・二三発行、ガリ版印刷）の「同人住所録（二一名）」には、この地区の同人一一名の名が見られる。

高見英教	西伯郡	光徳校
伊沢庸正	同	名和校
渡部須賀雄	同	精華校
川本健太朗	同	成実校

妹尾輝雄　同　余子校
植田亮三　同　上道校
佐々井秀緒　米子市　啓成校
灘吉　巌　同　同
福永晶爾　同　明道校
大谷芳美　同　義方校
長田　敬　日野郡[3]　大正校

本稿では、これら西部地区の「国語人」同人の中で、地味な存在ながら、ひたむきな情熱とすぐれた実践力の持主であった吉岡敬氏（旧姓、長田）をとりあげ、戦前における鳥取県の生活綴方運動の一つの姿を見ていきたいと思う。

一

日野郡は、鳥取県の西南端に位置し、山の多い鳥取県の中でも、とくに山深い、典型的な山村地帯である。吉岡敬氏は、この日野郡に生まれ、育ち、この日野郡を舞台として、生活綴方の実践を行った人である。昭和三六年八月、惜しくも、列車事故によって不帰の人となった。その略歴は次に示すとおりである。

○明四四・一一・二〇　鳥取県日野郡溝口町に生まれる。長田姓。
○昭六　・三　鳥取師範第一部卒。

○昭七・三　鳥取師範専攻科卒。
○昭七・四　日野郡日野上村大正小学校に赴任。以後、一五年間勤務。
○昭八　日野郡児童文集発行の仕事に加わる。
○昭九・一〇　「国語人」六号から同人となる。
○昭一一・四　吉岡角江（すみえ）氏（日野郡日野町根雨）と結婚。吉岡姓となる。
○昭一七・一二　日野上国民学校（昭一六、大正小学校を改称）教頭となる。
○昭二一・六　日野郡多里小学校教頭となる。
○昭二二・四　日野郡根雨小学校に転勤。
○昭二三・四　日野郡黒坂小学校に転勤（教頭）。
○昭三一・七　日野郡日野小学校に転勤（校長）。
○昭三六・四　日野郡明倫小学校に転勤（校長）。
○昭三六・八・二四　列車事故により死去。五〇歳。

吉岡氏の戦前の活躍は、大正小学校在任中になされた。一般に、教師が、文字通り心血を注いで、こどもに、仕事にうちこめる場所と時期は、長い教師生活の中でも、ある限られた時点であることが多い。生活綴方のばあいでみても、木村寿氏（宮崎）の土々呂小学校の三年間、今田甚左衛門氏（三重）の塩浜小学校の五年間、鳥取県でいえば、谷口友好氏の網代小学校の四年間、などである。

吉岡氏の生活綴方の実践の中心的な仕事は、大正小学校在任中の一五年間の中でも、昭和八年から一三年ごろまでの約五年間になされているといってよい。

二

昭和八年、吉岡氏は、日野郡児童文集の創刊に参加して、その表紙をかいた（「木の実」低学年、高学年用）。以後、第六号の「山の旗」に至るまで、日野郡児童文集の表紙・カットは、すべて吉岡氏の手になるものである。創刊号から第六号まで、その表紙（題字も含めて）・カットは、いずれも素人ばなれしたみごとなものである。

いま、手もとで見ることのできる日野郡児童文集を発行順にまとめてみると、次のようになる。

日野郡児童文集一覧表

号数	文集名	種類	発行年月日	大きさ・ページ数	編集者	文話	作品批評
創刊号	木の実	低学年用	昭8・9・24	A5・34ページ	妹尾輝雄	文ヲ書ク心ガケ　妹尾輝雄 正直に思ひきって書くこと　梅林義太郎	尋二の評（署名なし） 尋三の評（署名なし）
創刊号	木の実	高学年用	昭8・9・24	A5・34ページ	妹尾輝雄	自然観察の話　野村芳兵衛 一つの言葉　梅林義太郎	尋四の評（署名なし） 尋五の評（署名なし） 尋六の評（署名なし）
第二号	山の子	低学年用	昭9・9・30	A5・40ページ	安達一彪		一年　仲田秀雄 二年　仲田秀雄 三年　長田　敬 四年　長田　敬
第三号	草　笛	低学年用	昭11・3	A5・50ページ	長田　敬	ヨイ子ハヨイ綴方ヲ作ル　長田　敬	一年　田中定義 二年　長田　敬 三年　長田　敬 四年　佐々木弘

第三号	草笛	高学年用	昭11・3	A5・50ページ	長田敬	文を書く前に　由井敏雄	尋五・六年　由井敏雄 高一・二年　由井敏雄 詩・短歌・俳句　長田敬
第四号	山の旗	低学年用	昭12・6・7	A5・52ページ	吉岡敬		一年　田中定義 二年　仲田秀雄 三年　吉岡敬 四年　村尾国顕 詩　吉岡敬
第四号	山の旗	高学年用	昭12・6・12	A5・48ページ	吉岡敬		五年　吉岡敬 六年　村尾国顕 高一　吉岡敬 高二　村尾国顕 詩　吉岡敬
第五号	山の旗	尋一・二年用	昭13・3・31	A5・21ページ	吉岡敬		
第五号	山の旗	尋三・四年用	昭13・3・31	A5・21ページ	吉岡敬		
第五号	山の旗	尋五・六年用	昭13・3・31	A5・21ページ	吉岡敬		
第六号	山の旗	皇軍慰問号　尋一・二年用	昭14・3・20	A5・23ページ	吉岡敬		
第六号	山の旗 （注）表紙に題名なし	皇軍慰問号　尋五・六年用	昭14・3・20	A5・24ページ	吉岡敬		
第六号	山の旗	皇軍慰問　高一・二年用	昭14・3・20	A5・22ページ	吉岡敬		

日野郡児童文集創刊号の発行は、昭和八年九月で、「国語人」の創刊（昭和八年七月）とほぼ同じ時期にあたる。編集者は妹尾輝雄氏である。児童の村小学校の野村芳兵衛氏の文話を巻頭にのせたり（高学年用）、当時、全国的にもてはやされていた、いわゆる調べる綴方を積極的にとり入れようとしていることなど、創刊号には、鳥取の西南端の地の実践を、全国的視野の中で進めていこうとする意欲がみられる。妹尾輝雄氏の手になる「皆さんへ」（こども向けに書いた〝あとがき〟）も、心のこもった、そして、いかにも青年教師らしい、さっそうとした文章である。

皆さんへ

皆さんの文集が、やつと出来あがりました。かわいがつて下さい。

この文集は、日野郡のかく学校の、よくできた綴り方をあつめたのですが、よい綴り方をあつめて、たからもののやうにしまつておくために作つたのではありません。毎日の綴り方の勉強に、できるだけ、やくだてていただきたいのです。

よくよんで、この文集がやぶれるほどよんだ人が、この文集をほんたうにかわいがった人といへるでせう。

（中　略）

空はどこまでも青く光つてゐます。木の実や草の実は、いまにもはぢけさうにふくらんでゐます。今ごろは、なにもかも、はちきれさうな元気で一杯です。皆さんだつて同じことです。この元気で、しつかり勉強して下さい。おねがひしますよ。

三

妹尾輝雄氏の西伯郡転出（昭和九年四月）にともない、第二号からは吉岡氏（当時は長田姓）の活躍がみられはじめる。第三号からは編集者となり、以後、第六号まで、ずっと編集の中心的存在となる。

文集の題名は、第三号までは年ごとに変えられ、第四号以降は「山の旗」で一貫している。「生活綴方代表作品ぼくの夜しごと」（百田宗治・滑川道夫・吉田瑞穂編、昭二八・三・二〇、金子書房）の巻末にある「実践家人名録」には、戦前の生活綴方の実践家七〇〇名の名が県別に収録されているが、「鳥取県」（二三名）の項には、

由井敏雄　日野・溝口　流れ
長田　敬　同　・大正　山の子

とあり、文集「山の子」が中央にも知られていたことを示している。

長田氏は、第二号の「山の子」で、三年生と四年生の綴方の批評を担当している。

三年生の文の批評　長田　敬

三年の皆さんの文を読んで、見たこと思つたことをそのまゝ書いてあるのはよいと思ひましたが、もつと〱よくするには、文を書くはじめに、これ〱の事を書かうとしつかりきめて、その中の一番大切な所をくはしく書くやうにしたらよいと思ひます。

〔こすゞめ〕　足羽さんのやさしい心がよく書けていますが、かごに入れられたこすゞめ、死ぬる時のこすゞめの様子をもつとくはしく書いてあつたらよいと思ひます。

〔水あび〕　大切なところを大変くはしく書いているところはよいと思ひます。思ふやうに水あびが出来なくて、いけなかつたでせう。お母さんがなぜ子もりをさせられたか、そんなことも考へて書きたいものです。

（山の子　低学年用　第二号）

四年生の文の批評　　長田　敬

〔僕のしらべ〕　色々なものをしらべて大事なことを見つけ、自分をしらべて悪いところをなほすなどしらべることはとても大切なことです。

石脇君は自分のことを大へんくはしくしらべて書いてゐます。はじめになぜ自分をしらべて見ようと思つたか、その考へをはっきりさせて、自分だけでなく友達にもしらべてもらつて書いてゐるのは大へんい、事だと思ふが、文が少しだら〳〵としてゐます。

〔弟〕　大へん仲のい、様子が、とても面白く書いてあります。これからも、こんなに正直に書くくせをつゞけて下さい。

〔わかれ〕　すら〳〵と気持よく書けてゐますが、わかれる時の様子があまりかんたんすぎて、何となく物たらない気がします。

この文ではどこが一ばん大事な所か。これからよく気をつけて、そこをくはしく書くやうにして下さい。

（山の子　低学年用　第二号）

主題意識を明確に持つこと、すなおに（正直に）書くこと、大事なところはどこかを考えて、そこをくわしく書くこと、という、作文教育の根本のことが、ここでは懇切に指導されている。教職経験二年半にして、早くも指導の勘所を的確につかんでいるのである。

四

長田氏の綴方指導のポイントは、端的に言えば、

1　すなおに書け。

2　くわしく書け。

の二点である。この二点は、第三号から加わってくる、

3　働いたことを書け。

とともに、長田氏の生活綴方指導の重要なポイントであった。

この中でも、2　くわしく書け、については、第三号以下で、くわしく書くためにはよく見ること、よく調べること、よく考えること、をくりかえし指示しており、当時の調べる綴方の影響をここにも見るのである。

さて、第三号「草笛」は、次号の第四号「山の旗」とともに、長田氏の活躍が最もめざましい文集である。

この号の「オハナシ　ヨイ子ハヨイ綴方ヲ作ル」は、長田氏としては、全文集中、唯一の巻頭の文話であり、当時の長田氏の教育観・綴方観がうかがえる貴重な資料である。以下、その全文をかかげる。

オハナシ　ヨイ子ハヨイ綴方ヲ作ル

長田　敬

ミンナハ、人トイフ字ヲナラッタデショ。アノ人トイフ字ハ、二人ノ人ヲヨカラセテ、出来タンダヨ。サア、人トイ

フ字ノ片一方ヲ消シテゴラン。ドウダネ。残リノ方ガ、タフレソウダロ。タフレタラ、ソレコソ大ヘンネ。ダカラ、ドチラモタフレナイヤウニ、仲ヨクヨカッテヰルダロ。ドウダ、人トイフ字ガ、人ハオ互ヒニ仲ヨクセネバイケナイヨ、トイフ、ワケノアル字ダトイフコトガワカッタカネ。ワカッタラ、コンドハ、自分タチノコトヲ、シッカリ考ヘテ見ヨウ。

ミンナハ子供ダネ。子供デモ人ダヨ。サア、ミンナハ、大キクナッタラ、ドンナ人ニナル。大将、大臣、オ金持……何ニナルノ。

大将モイイナア。大臣モ　オ金持モイイナア。ダガネ、エライ人トリッパナ人トハ違フノダヨ。ナルホド、大将サンハ、クンショウツケテケンサゲテ、ピントヒゲヲハヤシテ、エライネー。オ金持ハ、オ金ガアルカラ、好キナ物ヲウント買ヘルシ、ウマイモノモ、ウント食ベレルネ。ダガ、イクラコンナエライ人デモ、人ハドウデモヨイ、自分サヘヨカッタラ、トイフヤウナ考ヘノ人、自分ノ悪イコトヲ少シモナホサウトシナイ人、ソンナ人ハ、リッパナ人トハ言ヘマセンネ。リッパナ人トハ、人ノタメニハタラク人ヲイフノダヨ。

二宮金次郎サンハ、大将デモオ金持デモナカッタダロ。ビンボウナオ百姓サンダッタ。ダガ、人ノタメニ、死ヌルマデハタライタ人ダヨ。ソレデ、後ニ神様トシテ、マツラレタンデス。

ミンナモ、人ノタメニハタラク人ニ、友ダチヤ学校ノタメニ、オウチノタメニハタラク子供ニナラウネ。

サア、モ少シダカラ、シッカリ聞イテ下サイヨ。ソレデハ、ドンナ子ガヨイ綴方ヲツクルダラウネ。サアネ、ドンナ子ダラウカ。ソレハヤッパリ、人ノタメニハタラク子ナンダヨ。私ガ今マデニ読ンダ綴方デ、イイナアト思ッタノハミンナ友ダチト仲ヨクスル子、オウチノ子守ヲシタリ、ドンナコトニモ負ケナイデ、何クソト元気ヲ出ス子、ソンナ子ガミンナ、綴方モ上手ナンダヨ。ダカラ、ミンナモ、友ダチガ、エンピツガナクテ困ッテヰル時、カセテアゲル。小サイ子ガコケタラ起シテヤル。子守ヲシタリ、牛ヲカッタリシテ、人ノタメニナルコトヲヤラウネ。ソシテ、ソノハタライタコトヲ、ソノママ、小サナコトマデ、気ヲツケテ、綴方ニ書イテゴラン。キットイイ子ニナレルシ、ヨイ綴方モタクサン書ケルヨ。

ホラ、向フノダンダラ山ノ上ニ、ポッカリ、マルイ雲ガウカンデヰル。オヤ、アソコノ田ノゲシデハ、ツクシンバウガ、ニッコリ頭ヲモタゲテ、笑ッテヰルゾ。モウ春ダナア。サアミンナ、キレイナ空気ヲ力一パイスッテ、ダレモ仲ヨクハタラカウヨ。

（日野郡児童文集「草笛」低学年用　第三号　二〜三ページ）

人のために働く子になる──→人のために働いたことを、そのまま小さなことまで気をつけて書く──→いい子、いい綴方になる。

という一直線の筋道に立った教育観・綴方観である。長田氏の人一倍生真面目な人柄が彷彿とする文話であるが、やはり、この中で注目すべきは働く綴方の強調、という点であろう。

農村（山村）の中の綴方、農村（山村）の中での働く綴方をどう深めていくかは、長田氏の綴方実践の課題の中核をなすものであった。その理論的な発言は、「国語人」第七号（昭一〇・一・一）に最初にみられるが、この文話は、その理論を、実践の場において低学年のこどもを対象として述べたものである。

これ以後、「国語人」の論文においても、郡文集の作品批評や「あとがき」においても、また、雑誌「工程」にのせた「綴方教室設備案」においても、働く綴方、働く詩の実践深化のための発言がくりかえしおこなわれるのである。

五

ここで、時間は少し前後するが、この文話で働く綴方を言わせるきっかけとなったと思われる論文「農村綴り方開拓工作」（「国語人」第七号、昭一〇・一・一）を見ておくことにしたい。以下はその全文である。

農村綴方の開拓工作

長田　敬

一

農村兒童は低學年に於いても、子守をし、一束の稻を負ひ家庭の一員として勞働に從事する。まして高學年兒童の如きは、一人前の勞働をやつてのけてゐる。

然し是等の兒童は、「如何にして働くか」「何故に働かねばならぬか」等の問題に對して、その目的も、これの批判も意識してやつてゐないのだ。それにもかゝはらず、現在の農村綴方の傾向は、農村兒童の現實面を覆ひ、勞働文の指導に於いても、牧歌的な文、感傷的な文の指導をもつて事足れりとし、眞實性を帶びた感情表現の强調をもつて優良文とし、現實の勞働生活の追究は少しもなされてゐない。

見よ農村は搾取の重壓にその生存權さへも失喪せんとしつゝあるのだ。農民はより以上の勞働をなさねば食ふことさへ出來得ないのだ。

われわれは、是等兒童の勞働を目的意識の勞働へ伸展させ農村勞働、生活事實を通して、農村勞働問題に對する正しき認識と批判を持たせねばならない。然しこれに連關する經濟道德組織に對して科學的認識を掘下げて、現在の社會組織の矛盾を直視させねばならない。この視野の展開こそ新しい社會建設への進路を正しく方向づけてやることである。私はかゝる指導原理に立つことによつて、農村綴方の新しい分野を開拓し得ることを信ずるのである。

二

私は前項に於いて、農村綴方に於ける勞働文の指導が、如何なる目的のもとになされねばならぬかに就いて述べて來た。然らば此の指導方法は如何にしたらよいか、次に少しく述べて見たいと思ふ。

勞働文の指導は常に協働を土臺とし、公利と實用的目的に立脚した行動的綴方でなければならない。故に「調べる」ことを必要とする積極的共同調査研究によらねばならないのである。

一　第一段階

現實の勞働生活を客觀的に認識させる。

1　素材の把握

a　現實勞働生活の事實であること。

b　個人的勞働よりも集團的勞働を。

c　公利性を多分に有するもの。

作例又は文話に依り、兒童に把握させるか、教師が提出するかに依る。

2　調　査

a　觀察、實驗、實測、蒐集等の積極的科學的な調査を必要とする。

b　個人作業よりも、共同作業へ。

3　記　述

調査した勞働生活事實を統計、圖表、繪畫、記述等によつて忠實に表出すること。

二　第二段階

自他の生活を擴充する藝術的作品の完成へ。

1　文話による指導

われわれの生活を價値づけるものへ。

2　記　述

3　作品の精査

a　記述された文の共同批評。
b　缺點の發見。
4　調査……缺點究明の調査。
5　記述……完成された作品へ。
6　發表……學藝會、文集等によつて發表、外部からの批評を仰ぐ。
7　文に卽して生活の檢討――（生活の擴充）

か丶る指導方法は、その指導過程（學年的）に於いても必要であるが、最終學年に於いて最必要（ママ）とする。然らば此の指導過程にある各學年の主眼點を如何なる位置に置くべきか。

私は前に勞働生活文の究極の目的に立脚して牧歌的、感傷的勞働文の缺點を擧げたが、然し私は低學年に於ける勞働文の出發より到達への過程としては之を許さねばならないと思ふのである。

一　低學年
1　勞働生活的素材の發見と關心を持たせる。
2　「子守」、「稲刈」、「木負」、「田植」等の如き日常の勞働生活を素材として喜びを表現させる。

二　中學年
1　勞働生活苦の事實的表現、その原因調査（調べる綴方の必要）
2　經濟的部面へ視野を展開させる。
　　協働―公利―生産へ

三　高學年
1　農民技能の研究と革新の指導。

２　農村、都市の労働部面の比較研究。

３　労働問題究明（生活事實を通して）より社會、經濟組織の矛盾へ視野を展開させ、これを検討することに依つて、新しい農村社会の建設へとその方向を明示してやる。

長田氏としては、初めての公的な場での論文である。それだけにかなり緊張した趣きがあり、文体もやや生硬なものとなっているが、農村（山村）に生きんとする青年教師の情熱と意気ごみがひしひしと伝わってくる。働く綴方の性格と方法を、

労働文の指導は常に協働を土台とし、公利と実用的目的に立脚した行動綴方でなければならない。故に「調べる」ことを必要とする積極的共同調査研究によらねばならないのである。

と述べるところには、「調べる綴り方」の影響が見えており、行動綴方云々の用語は、妹尾輝雄氏の提唱した生活行動詩の考え方を踏まえたところがあろう。

指導方法を、第一段階（現実の労働生活を客観的に認識させる。）第二段階（自他の生活を拡充する芸術作品の完成へ。）の二段階に分け、それぞれにさらに小項目を立てて整然と体系化していくやり方は、長田氏の几帳面な、緻密な性格・態度を思わせる。このように整然とした体系性は、「中学年の児童詩」（「国語人」第一一号所収）、「綴方教室設備案」（「綴方教程」所収）にも見られるもので、長田氏としては得意な表現形式であったようである。

「各学年の主眼点」は、長田氏としては、少々背のびした感じの用語であるが、働く綴方の必要性を最終学年において最も強くみる、という立場から、高学年では相当高度なところまで求めていこうとする姿勢がみられる点に注目したい。

ともかく、この論文は、多少の背のびや生硬さは感じられるものの、長田氏にとっては、生活綴方教師として進

んでいく姿勢を確立する証しとして、極めて意義あるものであったのである。

六

文話「ヨイ子ハヨイ綴リ方ヲ作ル」は、「農村綴り方開拓工作」執筆の体験を踏まえて書かれたものである。論文として誌上に発表するばあいの述べ方と、低学年のこどもを対象にした述べ方の中に、理論家としての長田氏と、実践家としての長田氏の、二つの顔を見ることができて興味ぶかい。以下にあげる四つの文章は、長田氏の、実践家としての顔をさらに、具体的にとらえるために引用するものである。

（作品評1）

皆さんへ

二年生の皆さんの文を読んで、皆さんが、大へんげんきで、くらしてゐることを、うれしく思ひました。お手つだひをするにも、べんきやうするにも、遊ぶにも、どんなくるしいことがあつて、なみだが出る時でも「何くそ」とはをくひしばつて、どん〳〵やつて行く子供が、一ばんよい子供です。それも、遊ぶことより、べんきやうしたり、友だちやお父さん、お母さんのお手つだひをする子供がね。皆さんもそんなげんきな子供ですね。だから皆さんは、げんきでしごとをしたり、べんきやうしたりしたことを、小さなところまで、きをつけて、五枚も六枚も書いて見なさい。きつとよい文が書けます。（長田）

（草笛　低学年用　第三号）

（作品評2）

尋三作品評

皆さんの作品を読んで、遊んだ文よりも、お手伝ひやその他の働いたことを書いた文が多いのを、大変うれしく思ひましたが、文としてはまだ〳〵よい文とはいへません。どうしたらよい文がつくれるか、次に文をつくる上に大切なことを書いてみます。

1、自分のしたこと、聞いたこと、見たことの中から、自分や人が読んでためになる題はないかさがす。

2、題を見つけたら、書く順序をきめて、わからぬことはどこまでも調べて、くはしく書く。

3、人の文、自分の文を読んで自分のくらし方を考へて、どうしたら人のため友だちのために役立つ子供になれるか、友だちや皆さんの家の人と仲よく仕事をする子供になれるか、考へて、よいことはどんどんやる。

こんなことに気をつけてくらしをし、文を書いたらよい文が書けるのです。かうしたことを考へて、大正校の梅林君、阿毘縁校の荒金さん、真住校の木山さんの文をしつかり読んで、自分達のくらしを考へて見て下さい。（長田）

（草笛　低学年用　第三号）

（あとがき　1）

おしまひに

此の文集が生れてから、もう、三年になりました。此の三年の間に出した、文集にのせた、つゞり方や詩を、ずつと読んで見ましたが、今年のつゞり方や詩は今までのとくらべられないほど、よくなつてゐます。だが、皆さんのつゞり方や詩が、日本一になるには、もつと〳〵元気を出して、勉強せねばならないと思ひます。

皆さんのつゞり方や詩を読んでみて、ほんとに、誰にも負けないぞ、と思ふことは、皆さんが、ほんとのことをそのまゝ書いてゐることです。これだけは日本一だぞと、大変うれしく思ひますが、せつかくほんとのことを書いてゐても、それが、くはしく書いてないのです。もつと小さな〳〵ところまで、調べて書くことが大切ですよ。それには、ひよつと見たこと、ふつと思つたこと、それをそのま、書くよりも、もつと耳、手、足、鼻、口…自分の体全部を使つて、上からも下からも、横からも、くはしく見たりにほつたりさはつたりして、ほんとのことがわかるまで調べて書きなさい。よその学校には、原稿用紙に二〇枚も三〇枚も書く子供がたくさんゐます。それも一つのことについてくはしく書いてゐるのです。此の調べて書くことより他にどうしたら自分や人のためになるつゞり方や詩を作らうか………それをきめることも大変大切なことなのです。

もうすぐ春です。山の原つぱにたんぼのへりに、つくしんばうやふきのとうが、顔をのぞけるでせう。さあ皆さん、今年も力一ぱい草笛をふきながら、元気で、うんとつゞり方や詩を作らうよ。（長田記）

（草笛　低学年用　第三号）

（あとがき　2）

編輯後記

やつと文集第三号が出来ました。よく家は三代、雑誌は三号でいけなくなると言はれてゐます。どうか皆さん、此の文集が何時までも続くやうに、誰もが自分の弟や妹と思つて可愛がつて下さい。そして此の文集をしつかりと読んで、皆さんの生活を良い方向に進ませて下さい。

×

皆さんの文は、年一年と良くなって来ますが、毎年皆さんの文を読んでつく〴〵感じることは、頭の中だけでこしらへあげた文の多いことです。特に高一二年の文にはそれが多いやうな気がするのです。皆さんが文をつくるのは、唯々うまく書けるやうになるためのものではない。勿論文をつゞる上にうまく書くといふことは大変大切なことなのですが、そのうまく書く前にどんなことを書くかといふことを考へねば、いくらうまく書けても、中味のない文になつてしまひます。文をつゞるのは、自分達の生活（自分達の生活なんですよ）をよくして、誰もが仲よく働く人になる、協働の出来る人間にならうとするためなのです。それにはもつと〳〵自分の生活や世の中のことを知つて、どんなふうに生活したら良いかを、ほんの小さなことについても考へねばなりません。その知るのも唯々かうだらうという位にぱつと知るのでは、それはほんとに物事を知つたとはいはれぬ。物を観察したり調査したりしてはじめて物の全体の姿がわかり自分の生活の進路がわかつて来るのです。そこに、ほんとに良い文が生れ、その書いた文をしつかり読み自分の生活と比較し反省し、その反省したことを自分達の生活に取入れる時、自分達の生活はだん〳〵良くなつて行くのです。

どうか皆さん、しつかり文を作つて自分達の生活をよい生活へと育てゝ下さい。もう春です。文を作りながらしつかり働いて下さい。（長田）

（草笛　高学年用　第三号）

これら四つの文章は、いずれも、さきほどの文話の趣旨を敷衍したものであるが、ここでは、長田氏の綴方観・綴方指導観をより具体的に、より明確に読みとることができる。

1　働く綴方を書く。
2　調べて書く。
3　くわしく、長く書く。（五枚も六枚も、二〇枚でも三〇枚でも）

4　しっかり文を作って、自分達の生活をよくしていく。

これらの、書くべきポイントを、長田氏は実に根気よく、たんねんに説きつづけるのである。

ところで、こうした綴方指導観を持つ長田氏の教室では、どのような綴方作品が生み出されたのか。次にあげるのは、長田敬氏自身の指導作品である。

いねおい　　　　　　　　　　　　　　　　二年　梅林　武

ぼくが、外であそんでいたら、あんちゃんが、はをほぜりほぜり出て来たので、前の道へあそびに出かけると、まやのところでわらをそぐねていたおかあさんが「おまえらちゃ、たんぼへいねおいに行け。」と言わんしたので、ぼくが「たいぎいなあ。」と言うたら、おかあさんは「いかにゃいけんぞ。」と、きついこえして言わんした。ぼくはけうとかったので、にかおを持って行きかけたが、あんちゃんがおらん。「ありゃ、あんちゃんがおらん。どげしただらあなあ。」と思って、いえの中へはいって見たら、あんちゃんは、にわのすみで、こっそり、栗を出しよった。ぼくは、あんちゃんが、ぬすとのやあな気がしたので、「あんちゃん、ぬすとのやあなきがしたらあが。」と言ったら、あんちゃんは、なんともなげに、栗をくいながら「いんにゃ。すらあせん。」と言った。だけど、ぼくは「ぬすとのするこったぜ。」と言おうと思ったが、やめて、「おかあさんが、たんぼに行け言わんしたけい、たんぼへ行かいや。」と言ったら、「うん。」と言ったので、あんちゃんといっしょに、栗をくいくい前の道へでた。

空を見ると、空がうみのやうだ。大ばやしのてんこつも、雲は一つも出とらなんだ。

川のへとりへ来たとき、あんちゃんが、川のへとりのたんぼをゆびさいて、「あれ見い。あのたんぼは、おとどしの大水で、ようにうまったたんぼだぜ。でも今年はあげにいいぐあいに出来とるぜ。」と言った。ぼくが「うちのいいぐあいに出来ただらあ。」と言ったら、あんちゃんは「うちのもよう出来たって、お父さんが言わんしたぜ。こげに天きだけい、おおかたようひとるぞ。」と言った。

はかの下まで行ったら、道ばたに、たけんぼうがおちとったので、あんちゃんとやりなげをしいしい、たんぼのとこまで行った。

あんちゃんは、たんぼのげしに、にかおをおいて、「ここから、たんぼのげしむけて、なげやこしようや。」と言ったので、ぼくは「よし。」と言った。あんちゃんは、ばたばたかけって来て、ひゅっとなげた。あんまりさきまでなげたので、ぼくが「いやあ、なげたあや。」と言ったら、あんちゃんは、むねをはって「なんぼでもなげるわい。」と言った。

こんどは、ぼくのばんだ。ぼくは「あんちゃんたあ、よけいなげるぞ。」と思ってなげたが、あんちゃんのとこまで、よう行かざった。あんちゃんが「まけたなあ。」と言ったので、ぼくはくやしかった。ぼくは「いねをおろさいや。」と言って、はでのとこへかけって行った。あんちゃんも「よーし。」と言って、とんで来て、はでに上った。

いねをかまうと、いねがさばく＼いう。ぼくが「あんちゃん、ようひとるなあ。」と言ったら、「うん、ようひとるぞ。」と言った。ぼくが「右がわのからおろさいや。ようひとるぜ。」と言ったら、「どっちからおろしてもいいぜ。」と言って、右の方のをおろしはじめた。

ぼくは、あんちゃんがどげしていねをおろすか、だまってように見ておったら、あんちゃんは、足をびりびりさせながら、じぶんたあせいの高いやあないねを、やっと上へあげておろしている。ぼくは「あんちゃんがおちたあや。」というと、おちるかもしらんと思って、「ほーら、あんちゃんがおちたあや。」と、大きなこえで言ったら、あんちゃんは「だまっておれ。」と言った。ぼくは、あんちゃんのおろいたいねをあつめていると、「ぼたん。」と音がした。「ありゃ。」と思って見ると、あんちゃんがおちとった。「ありゃあ、ほんとにおちたあや。」と言ったら、「いんや、とんでおりたださ。」と言った。こんどは、ぼくが上がっておろした。あんまりおもしろいので、「あんちゃん、やりなげだぞ。」と言って、三ばなげたら、あんちゃんが、「これ武、みい。こげにもみがおちたぞ。大じないねだけい、そろっとおろせよ。」と言った。ぼくは「ほんとうに、おとうさんらが、げんきだいてつくったいねだ。わるいことしたなあ。」と思ったので、こんどは、そろっとおろした。

おりてから、おろしたいねを、あんちゃんは一五わ、ぼくは一三ばおいかけた。あんちゃんは、ずぐおうたが、ぼくはようおきざった。ぼくはあんちゃんに「ようおきんけい、おこいてごせい。」と言って、おこしてもらって、やっとおきた。なかなかおもたあて、かたがきれるやあなっただも、こらえてはかのとこまでかえったら、てるみくんが、子をちえてあそんでいた。ぼくは「お前は子もりか。」と言ったら、てるみくんは「うん。」と、いった。ぼくがまた「子もりは、しんぱいでいけまいが。」と言うたら、「うん、いけん。」と言った。

てるみくんとわかれてから、あんちゃんも、ぼくもいたしいので、だまっていんだ。うちのとこまでいんだら、おかあさんが、たんぼへ出かけておった。おかあさんは、ぼくたちを見て、うれしそうに「おうおう、ようおうてもどったなあ。」と言って、たんぼへ行った。ぼくはいいことをしたと思って、うれしかった。

いんでから、ぼくとあんちゃんは、いねをながやのまえにおろした。なんだか、かたがすうとした。あんちゃんが「あそばいや。」と言ったが、いたしかったので、「もちいとやすんでから、あそばい。」と言って、ぼくはふろばのかげでやすんだ。「ああえら。」と言って、てぬぐいであせをふいてみたら、きしゃのせんろのように、あせがながれていた。ぼくが、あせのあとを、なんぼふいてもおちざったので、ふろばのとこの水で、かおをあらった。

すこししてから、おかあさんが、いねをおうてかえって来なさったので「なんぞしようか。」と言ったら、「いい子だけい、子もりをしてごせいや。」と言わんしたので、あんちゃんと、おとうとをさがいたが、おらんので、あんちゃんとべんきょうしていたら、ぱっと、でんきがきた。

おとうさんも木んまからかえるし、おとうともだれんも、もどって、いろりにあたった。

めしをくう時に、おかあさんが「守や武は、きょうはよけいいいねをおうたぜ。」と言わんしたら、おとうさんが、「ほう、そりゃえらいことしたなあ。」と言わんした。

ぼくはうれしかった。これからも、いねをおうたり、子もりをしたりしてあげよう、と思った。

めしをくうてから、ふとんをしいてねていると、「ごう〳〵、ぱり〳〵」とおとうさんらちが、いねをこぐ音がきこえて来た。

ぼくは「ああ、きょうあんちゃんとおうてもどったいねこいでいるな。」と思った。


（鳥取県日野郡大正校・吉岡敬指導）

これは、文集の第四号「山の旗」（低学年用）にのせられた作品である。（この文集第四号から、「吉岡敬」となる。）のち、前述した「生活綴方代表作品 ぼくの夜しごと」に収録されている。

「いねおい」は、働く綴方を書く。くわしく、長く書く。という長田（吉岡）氏の指導理念をみごとに文章化（実践化）した作品といってよい。小学校二年生の二学期という段階で、ここまで克明に、ここまで長く書き通すというのは並たいていのことではない。作者梅林武くんの書く力のすばらしさと、指導者長田（吉岡）敬氏の指導力のみごとさを如実に示す好例といえるであろう。

七

先にも述べたように、文集第三号「草笛」と、第四号「山の旗」は長田氏（吉岡氏）の文集活動の頂点をなすものであった。頂点はやがて下降への道につながる。日野郡児童文集のばあい、その下降の責任は、編集者の吉岡敬氏個人が負うべきものでもなく、こどもたちが負うべきものでもないように思われる。「山の旗」は、戦局の推移にすなおにしたがったまでのことである。

すでに第四号から少しずつ目につきはじめた戦時綴方は、第五号になってから急にふえ、第六号は完全に「皇軍慰問号」となった。戦局の進展と文集の衰退は驚くほどの好対照を見せている。文話は、すでに第四号から姿を消していたが、第五号以降は作品批評もなくなり、いたずらに戦時色あふれる作品が並んでいるだけである。

私たちが、敵機の空襲も受けず、また、日本の国へ外国の軍隊が上陸して来ることが出来ないのも、かうして平和な山に事変だというのに何んの不足なしに暮らすことが出来るのも、みんな畏くも上天皇陛下の御稜威と、そして、親も妻も子も打捨て、戦場に起つ忠勇な兵隊さんのお蔭であることを、私達は何時も考へて居り、護国の神となられた方々、傷痍軍人の方々、また元気で活躍される方方に対して、感謝の心と、それに対する御恩報じをせねばならないことを、忘れてはならないと思ひます。（後略）

（第六号「山の旗」皇軍慰問号、尋五・六年用、「おしまひに」）

みなさんのサクブンをよんで見ましたが、このブンシフにのせてある人も、のせなんだ人も、とても上手に作れてゐます。だがね、あそこをもっと、くはしく書けばなあ、あの書き方を、もっとほかのことばで書いたらなあと思ふのも、大ぶんありましたよ。

私は、みんなが、このげんきでツヅリカタをべんきやうすれば、きつと日本一のブンシフになるがなあ、と思ひました。だれもが、しつかり作つて、自分の心や、おこなひの、わるいところをなほして下さい。

兵たいさんは、いのちがけで、せんさうして居られるのですから、なまけぬやうに、しつかりやりませう。それから、誰もが、このブンシフを、せん地の兵たいさんにどんどんおくって下さい。

（第六号「山の旗」皇軍慰問号、尋一・二年用、「おしまひに」）

同じ皇軍慰問号の「あとがき」で、高学年用と低学年用の述べ方を使い分けていることに、発達段階への配慮以上のものがあったかどうか、即断は避けたいが、私としては、この期におよんでもなお、小さいこどもたちに、くわしく書け、そしたら、日本一の文集にもなる、と励ましている姿に、吉岡敬氏の真骨頂を見たい気がする。

ともあれ、戦前における日野郡児童文集は第六号で終わりを告げた。日野郡児童文集は、「校務勉励のかどにより、洋服一着をいただく。」（「全日本綴り方倶楽部・米子支部ニュース・第四号」、昭一〇・三・二五発行、の『同人消息』）

というほどに仕事熱心であった吉岡敬氏の汗の結晶として、鳥取県の生活綴方運動に、一つの確固たる足跡を残したといえるであろう。

八

最後に、本稿では言及できなかった吉岡氏の論文のリストをかかげてこの稿を結ぶこととする。（前述の「農村綴り方開拓工作」も再録する。）

1　農村綴り方開拓工作　「国語人」第七号（昭一〇・一・一）
2　生活調査と綴り方　「国語人」第八号（昭一〇・四・一）
3　学校社会詩の建設　「国語人」第九号（昭一〇・七・一）
4　作品評価の基準としての文章観　「国語人」第一〇号（昭一〇・一〇・一）
5　中学生の児童詩　「国語人」第一三号（昭一一・五・一五）
6　児童散文詩と生活感情　「国語人」第一五号（昭一二・一・一〇）
7　児童散文詩の取材と生活性　「国語人」第一七号（昭一二・七・二五）
8　尋四（詩）指導系統案　「国語人」第二〇号（昭一三・六・三〇）
9　山に生きる一つの報告　「国語人」第二一号（昭一三・九・二五）
10　山の児童図書館経営　「国語人」第二二号（昭　　　　）
11　児童文開拓の教室経営　「国語人」第二三号（昭一四・六・二〇）

12　児童詩教育再検討　「国語人」第二五号（昭一五・八）
13　綴方教室整備案　（百田宗治編「綴方教程」、昭一三・六・一九　厚生閣）
14　教師の記録『生きる姿』（昭二二・八・二七～九・一七）
（注）論文一〇・一二は未見。一四は、罫紙にペン書きの記録である。

〈付記〉

1、吉岡氏の論文を中心とした考察は他日を期したい。

2、吉岡角江氏（故吉岡敬氏夫人。鳥取県日野郡日野町根雨在住）には、貴重な資料を数多く見せていただき、いろいろと懇切なご教示をいただいた。心から御礼申しあげる次第である。

注

（1）「国語人」は、昭和八年七月、創刊。主宰は佐々井秀緒。季刊。以後、第二五号（昭和一五年八月）の終刊号までの七年間、文字通り、鳥取県国語教育および生活綴り方運動の拠点となる。また、全国的に見ても、秋田の「北方教育」（主宰、成田忠久。昭和五年二月、創刊。昭和一一年二月、第一六号をもって終刊）、宮城の「国語教育研究」（主宰、菊池譲。昭和七年四月、創刊。季刊。昭和一三年一〇月、第二三号をもって終刊）とともに、当時、地方三大国語教育雑誌として知られた雑誌である。

（2）「国語人」創刊当時の同人がこういう顔ぶれであったのは、「国語人」が、童話雑誌「瞳」（昭和七年五月、第一号。同人は、佐々井秀緒・妹尾輝雄・福永晶爾・大谷芳美の四氏。のちに、稲村謙一・谷口徹美・小林正義の三氏が加わる。昭和八年三月、第一〇号をもって終刊）の発展的解消のあとを受けて発刊された、といういきさつにもよる。（佐々井秀緒著「わたしの教育野帖」。昭和四三年六月二〇日、たたら書房刊、参照。）

（3）日野郡には、「国語人」創刊当時、このほかに、小林正義氏がいた。

五　鳥取県の作文教育――文集「ひえづの子」（西伯郡日吉津小学校）のばあい――

はじめに

日吉津小学校は、米子市の近郊にあり、学級数七、児童数二〇二（昭和四六年度）の小規模な学校であるが、自然環境にも恵まれ、村の財政も豊かで、設備もりっぱにととのった小学校である。「ひえづの子」は、この学校の学校文集であり、ことしで一五号を数えている。

戦前、「国語人」の活躍で知られている鳥取県では、今日も文集作製は極めて盛んであるが、「ひえづの子」は、それらの中でも注目すべきものの一つである。今回は、そのあゆみを中心に、この文集のありようを見ていきたいと思う。

一

現在、日吉津小学校に保存されている「ひえづの子」は、六号以降のもので、それ以前のものはない。今回の調査では、五号までの文集は、深田倶久氏（現在、西伯郡西伯小学校教頭）所蔵のものを見せていただいた。深田氏は、昭和三三年から一一年間日吉津に在職され、その間、国語主任、教頭として日吉津小学校の国語教育に尽力された人で、「ひえづの子」の生みの親、育ての親である。

「ひえづの子」が学校文集として刊行されることになったのは五号からで、それ以前は、卒業記念文集という形のものであった。一号は、深田氏の手もとにもなく、氏の記憶では、これは一冊にまとまったものではなくて、一枚文集やとじこみ文集を発行していたものをまとめて一号とみなし、それから数えて、四号、六号というように番号を与えていったように思う、とのことである。〔注、二・三・五の各号にあたる文集には、号数はうたれていない。〕

全校生徒の作品をもれなくのせる、という今日の「ひえづの子」の方式が確立したのは六号からで、現在、これ以降のものしか学校に残されていないというのも、それなりの理由を持つものといえよう。

「ひえづの子」の、一五号までの刊行の経過を整理すると、次のようになる。

〔一号〕（一枚文集・とじこみ文集）一九五八年、編集者　深田倶久
〔二号〕「ひえずの子（ママ）　卒業記念文集」、一九五九・三・六、四〇ページ。編集　中嶋修・深田倶久
〔三号〕「ひえずの子（ママ）　卒業記念文集」、昭三五（ママ）・三・二三、四九ページ。編集　向知成、深田倶久
四号：「ひえずの子（ママ）　卒業記念文集」、一九六一・三・二三、三六ページ。（注、四号から「ひえづの子」となる。）
〔五号〕（学校文集）〔昭和三五年度〕、謄写印刷、六六ページ。
六号：一九六二・三・一、「ていがくねん」（四六ページ）、「中学年」（七二ページ）、「高学年」（九六ページ）の三冊分。この号から、全生徒の作品を収録。
七号：一九六三・三・一〇、三分冊、計二一九ページ。
八号：一九六四・三・一〇、全一冊、二〇四ページ。
九号：一九六五・三・一〇、全一冊、二〇四ページ。

一〇号：一九六六・二・一、三分冊、計一九二ページ。
一一号：一九六七・二・一、全一冊、二一九ページ。
一二号：一九六八・三・一九、三分冊、計二二四ページ。
一三号：一九六九・三・一〇、全一冊、二〇二ページ。
一四号：一九七〇・三・一五、全一冊、二二〇ページ。
一五号：一九七一・三・一五、全一冊、一八二ページ。

各号は、だいたい二〇〇ページ前後、発行は二月ないし三月で、その年度一年間におけるそれぞれのこどもの一番いい作品をのせる、というたてまえで刊行されている。文集の表紙には、六号が新築校舎の写真を用いているほかは、すべて、こどもの作品（図画・版画）が用いられている。

二

二号から四号までは、卒業記念文集である。それぞれ、卒業生（六年生）全員の作品をのせたもので、ほぼ三分の一は詩である。題材はかなり多面的で、「思い出」や、「修学旅行記」などの、いわゆる卒業記念文集的なものに終始すまいとする配慮がみられる。四号の巻末に、こどもたち全員の寄せ書きが、字体をそのままにコピーしてとじてあるのも、思いやりのある編集である。

五号は、最初の学校文集であり、「ひえづの子」の中で、唯一の謄写印刷による文集である。全体を、低学年、中学年、高学年に三分類するという方法は、これ以後、三分冊のばあいはもちろん、全一冊のばあいにも、踏襲されているものである。

五号でも詩の作品が多く、とくに、二年、三年、四年では三分の二までが詩である。これらの中には、表現力がまだ十分でないものもあるが、全体としては、詩の形式で感情や事柄を表現することになれているこどもの姿を見ることができ、これ以後の「ひえづの子」の傾向と思い合わせて興味ぶかい。しかし、反面、五・六年の作文は、量・質ともに、やや見劣りがする面を持っており、このあたりに、学校文集という形式を、全体として質の高いものに仕上げていくことのむずかしさが看取される。しかし、何人かで手分けしてがり切りをし、印刷製本するという協力体制の中からできあがった（深田氏談）この文集（五号）は、日吉津小学校における最初の学校文集として、「ひえづの子」の発展を導き出す貴重な礎石であったのである。

三

六号は、新校舎が落成した昭和三六年に刊行されたもので、この号から、全校生徒の作品をもれなく収録することになっている。この六号が刊行されることとなったいきさつは、次のようなものであった。

文集「ひえづの子」ができるまえは、みなさんの書いた作文を展覧会の時、習字や図画といっしょにじくにしてつりさげて見ていただきました。でも、二日間の展覧会で作文がともだちやおうちの方に読んでいただけるのは、ほんのわずかでした。せっかく心をこめて書きあげた作文が、だれの目にもとまらず忘れられてしまうことはやりきれない気もちです。それで、全校ひとりのこらず文集にのせ、学校でもおうちでも、時間をかけて読んでいただくことにしたのです。（「ひえづの子」九号、巻頭言、校長　安達章）

六号を、全生徒の作品をのせるという形で刊行し、さらに、それ以後の刊行を安定した姿で継続せしめた要因と

しては、

1．卒業記念文集の二～四号、および、最初の学校文集としての五号が、その土壌となったこと。
2．安達校長の人柄と行政的手腕。
3．この校長のもとでの深田氏を中心とした職員のチーム・ワークのよさ。
4．村当局の財政的援助。

などをあげることができよう。

安達章校長は、昭和二五年四月から、一六年の間、校長として日吉津小学校の発展に尽くした人で、新校舎、体育館の建設をはじめとして、数多くの業績を残した名校長であった。「ひえづの子」が、六号以来、着実に歩みつづけることができたのは、安達校長の、教育者としての見識と情熱が、深田氏をはじめとする職員を鞭撻し、導くとともに、一方では、村当局に対しても、学校文集発行の意義を説き、恒常的に発行費としての予算の計上をとりつけたことによることが大きいのである。以来、「ひえづの子」発行に要する費用の約七割が毎年予算化され、（ちなみに、昭和四五年度では、発行費一三万二千円のうち、一〇万円が公費である。）深田氏らは、安んじて「ひえづの子」発行にうちこむことができたのである。

四

「ひえづの子」の歩みは、六号以後、概して、大きな変化も曲折もなく、最近の一五号におよんでいるが、その中で、編集上の意欲をうかがうことができるのは、九号、一〇号、一一号の三冊である。すなわち、九号の「巻頭言」、九号以降おこなわれることとなった各学年のめあて、および、各学年への評語、一一号以降、表紙裏にかかげられることになった指導段階表などは、それぞれ、「ひえづの子」の歩みの中で注目すべきものである。九号の巻頭言は、「ひえづの子」の刊行のいきさつを述べるとともに、次のように、この文集、この学校の作文教育の基本的姿勢を示すものでもあった。

だれもがふだん自由にお話するように、書くことがなにのこだわりもなくすらすらできたらどんなにたのしいかわかりません。そうなるためには、ふだんのくらしをりっぱにし、高めねばなりません。一つ一つのことばを大切にいかしていくことも大切です。また、どんな学習でもしっかりやることが、自分の考えを深め、目をひらき、耳をすませることになると思います。

みなさんが、明るいのびのびとした、作文のすきな子になってくれることをいのります。

ふだん話すように書くこと、そうするためにくらしを高めていくこと、ことばを大切にすること、そうして、明るい、のびのびした、作文のすきな子になること、――ここには、作文教育における基本的な、重要な事柄が、平易なことばで、明確に示されている。そのように導き、そのようなこどもを育てること、これは、安達校長個人の教育観であるだけでなく、また同時に、日吉津小学校の作文教育観を代弁するものでもあった。

安達校長をひきついだ門永校長（現在、境港市渡小学校長）は、「深く考える子ども」（一一号、一五号の「はじめに」）を、現校長の井上洋氏は「たしかさと豊かさ」を、それぞれ「ひえづの子」に求めておられるが、これらは、安達校長のこの巻頭言の延長の上で読みとる時、いっそう明確にその意味を示すものとなるのである。

五

九号の巻頭言に「ひえづの子」の基本的姿勢を見るとすれば、その姿勢の、指導面での具体的な表われは、この九号からとりあげられることになった各学年のめあて、各学年の概評、および、一一号で作成された指導段階表の中に見ることができる。

各学年のめあては、おおむね学習指導要領に準じながら、各学年ごとに、めざすべきものを示したものである。たとえば、九号の「二年生のめあて」は、上段に

○できごとを思いだしてかく
○ものをよく見てくわしくかく
○人のお話もいれて書く
○てがみ
○えにっき
○リレー童話
○し

の七項目をあげて、その方法とジャンルを示し、下段では、「できごとのじゅんによく思い出して、よむ人にわかるように書きましょう。(できごとを思いだしてかく)」、「おどろいたこと、めずらしいことなどかきとめましょう。(し)。」のように、さらに方法を細かく示している。まず、妥当なめあての立て方といってよいであろう。

この「めあて」は、国語主任（当時は、中原郁恵氏）の手になるものであったが、概評は、それぞれの学年担当者の執筆であり、その形式、内容には若干のちがいがみられる。

「めあて」や概評は、これ以後、「ひえづの子」に踏襲されることになるが、しだいに、形式、内容ともに固定化する傾向がみられ、一四号、一五号では、概評そのものもおこなわれなくなってしまっている。このあたりに、「ひえづの子」における指導的姿勢に、いまひとつ、強力なもの、意欲的なものを欠くうらみが残るのである。

指導段階表は、国分一太郎著「新しい綴方教室」（昭二六）の『学年別の綴方指導』（同書、一七〇ぺ）を参考にして作成したもので（中原郁恵氏談）、国分氏の段階表を左側におき、その右側に、詩・日記等のジャンルを対置させて、指導段階と指導ジャンルを一目瞭然の形に作成し、実践上の便宜を与えたところに意義がある。一二号では、この指導段階表はさらに手直しされ、わかりやすさ、使いやすさを加味して、現在の一五号におよんでいる。

こどもむけの「めあて」や概評、（一〇号からは、「原稿用紙の使い方」の例文と説明もつけられる。）教師むけの指導段階表などによって、「ひえづの子」は、いちだんと内容をととのえていくのである。

六

「ひえづの子」の歩みは、およそ前述のごときものであるが、その中におさめられている作品についていえば、概して、作文よりは詩のほうにすぐれたものがあり、それも、高学年よりは低学年のほうに見るべきものが多い。また、作文でいえば、とくにうま味はないかわりに、全体として、くったくなく、のびのびと書けているものが多い。これは、深田氏が教頭となった昭和三九年以後の国語主任が詩の好きな女教師であったこと（中原郁恵氏→矢田貞恵氏）と無関係ではないように思われる。また、おだやかな明るい環境もあずかっているであろう。

日吉津小学校には、児童詩の指導者としてすぐれた人が多かったようであるが、九号～一一号の三年間、国語主任であった中原郁恵氏（現在、西伯郡淀江小学校）は、中でも注目すべき人である。中原氏は、昭和二五年の日野上分校をふりだしに、鳥取県の西部地区における児童詩の指導者として、つとにその名を知られた人であったが、「ひえづの子」においても、その指導力はいかんなく発揮されている。「あめ」（一年　はせおめぐみ、九号）、「こううんきにおされたおかあちゃん」（二年　はせくにじ、一〇号）、「ちろ」（二年　前田功、一〇号）などは、どこへだしてもはずかしくない、りっぱな児童詩である。同じく氏の指導作品「迷い」（五年　増本さつき、一一号）が、学図の国語教科書（昭和四六年版、五年上）に採択されたのも偶然ではないのである。

中原氏のほかに、向　潤子、矢田貞恵、和田弘子などの各氏も活躍しており、「ひえづの子」のほかに、「とっとりの子ども」（鳥取県児童詩集成、昭四〇）や「あじさい」（鳥取県小学校作文集）などにも、すぐれた作品をのせている。

「ひえづの子」の作品は、とくに、低学年の詩において、県下でも注目すべきすぐれたものといってよいのである。

おわりに

以上は、「ひえづの子」の、その歩みを中心としての、極めて大まかな概観である。六号以降の作品分析、現在、井上洋校長が進めておられる「ひえづの子」の追跡調査の成果と展望などについては、稿を改めて考察したいと思う。

〈付記〉

このたびの研究に際して、貴重な資料「ひえづの子」の貸与をはじめ、数々のご懇篤なご教示をいただいた井上洋先生にあつくお礼を申しあげます。また、ご助言をいただいた門永文吾先生、深田倶久先生、中原郁恵先生、ありがとうございました。

六　調べる綴方——峰地光重氏を中心に——

一

戦前の生活綴方運動は、さまざまな問題を提起し、論議し、実践していったが、峰地光重はその主要な論点を次のように整理している。

一　綴方大衆化運動の問題
二　綴方と生活環境との相関関係についての問題
三　綴方と文学の問題
四　童心主義綴方批判と生活詩の問題
五　実用主義綴方の問題
六　調べる綴方の問題
七　綴方における郷土性
八　共同製作、文集製作の問題
九　綴方目的観の問題
一〇　生活指導と表現指導の関係

一一　新課題主義の意義
一二　童話製作の方向
一三　文話指導の問題
一四　表現技術の問題
一五　批評、鑑賞の問題

（今井誉次郎・峰地光重共著「学習指導の歩み 作文教育」、昭三二、一一〇ページ）

これは、戦前、峰地自身が、その著「綴方教育発達史」（昭一五）でとりあげた生活綴方の中心問題（理論に関するもの、五項目、方法論に関するもの、六項目）を統合し、それに若干の項目を新しくつけ加えたものである。問題のとりあげ方は、必ずしも体系的ではなく、方言の問題、社会意識（階級意識）の問題など、二・三の重要な事柄が欠落しているなどの難点はあるが、生活綴方の論点を列挙したものとしては、最も包括的なものである。

これらの問題は、どれ一つをとってみても、大きな問題ばかりであるが、「調べる綴方」は、中でも、主要な、中心的な問題であった。

「調べる綴方」とは、ことばの示すとおり、調査し、あるいは観察し、その結果をもとにして書きあげていく綴方のことである。

本来、多分に文芸的性格を持っていた生活綴方は（この文芸性は、生活綴り方が、手法として、「赤い鳥」綴方を継承したことからくる必然ではあったが）、「調べる」という新しい手法によって、積極的に体質改善をはかろうとした。理念としては、「赤い鳥」の文芸趣味、ロマンチシズム、童心主義の超克を試みつつも、現実には容易に、「赤い鳥」的なリアリズムを脱皮しきれないでいるもどかしさ、いらだたしさが、「調べる綴方」を積極的に迎えさせることとなったのであった。木村寿（宮崎）、近藤益雄（長崎）などの実践報告は、この間の事情をよく説明している。

○調べる綴り方以前の綴り方は、生活指導という具体的なものを目標としていながら、その指導からうける影響は、力のない、実に形ばかりのものであった。すなわち、綴り方によって指導された生活力が、こどもの現実生活を開拓していく部分は、実に寥々たるものであった。なぜそれほど無力であったか。それは、綴り方の働きかける分野が、結局、概念的なもので、生活的でなかったからである。

以前の綴り方をもう一歩考察するならば、綴り方の求めるものは、あまりにも主情的文芸的なもののみであった。ただ個人の主観的部面にのみ指導の中心がおかれてあった。対象の正しい認識をするというようなことは、実におろそかにされていた。したがって、表現されたものは、いずれもが病的な文のみであった。で、これらの不健康さを取りかえすために、今までとはまるっきり正反対の立場から綴り方が見られねばならなくなった。すなわち、生活、現実、具体でなければならなくなった。正しく対象を観察し、認識するという客観的な態度が、綴り方の上に見られねばならないようになった。調べる綴り方が、識者の間に論ぜられ、実践者の手によって提供されたのも、今まで忘れそれていたそうした方面を開拓することによって、綴り方が真実の生活指導の武器になることがわかったからである。実に、調べる綴り方は、理論の遊戯によって生まれたのでなく、実践の懐から生まれ出たのである。（木村寿『尋二調べる綴り方の実践』、「調べる綴り方の理論と指導実践工作」（昭九）所収、二六七～二六八ページ）

○ある時は、綴り方といえば、文芸的な――それも自然主義的な――深刻な生活描写でなければならぬとかたく信じていたのは四五年も前のことであったが、それを清算したつもりで、科学的な綴り方、調べる綴り方へその方向を転じて行った。調べる綴り方万能といった時期さえもあった。（中略）

私が調べる綴り方に手を染めて猿の人真似みたいなおぼつかなさを以て指導をし始めたのが、昭和五年の二学期ころからで、そのころのは、調べさえすればいいかのように考えていた時代であった。その後、やや綴り方めいてきたのは昭和六年の一学期からで、場所は長崎県北松浦郡上志佐小学校という農村小学校、学級は、尋常四年、六年、高等一年、高等三年の四学級だった。（近藤益雄『私の調べる綴り方』、同上書所収、一三七～一三八ページ）

木村寿は、文集「ひかり」で、また、近藤益雄は文集「勉強兵隊」で、その実践を全国に知られた著名な生活綴方教師であったが、これらの文集の中にも、調べる綴方の仕事はいちはやくとり入れられており、この面でも注目されていたのであるが、これらの実践報告には、調べる綴方に対する一種の昂揚した立ち向かいようが見えるのである。

木村寿、近藤益雄の二氏が、みずからの実践を通して調べる綴方のことを述べているのに対して、調べる綴方の必要性とその意義、方法についての理論的構築をめざしたのは、佐々井秀緒（鳥取）であった。次にあげるのは、「調べる綴り方の理拠と実践」と題する論文の一節である。

「調べることの必要性は、先ず第一に、文を書く態度として考えられなければならなくなった。従来の綴り方では、調べるなどという考えは気分の上に傷をつけることであり、折角湧いて来た天来の感興に醜い加工をすることであるとさえ異端視されようとした。芸術は自然であるといい、同時に綴り方も自然であってこそ本来であると考えられ、人間の社会と絶縁した生活の中に真の文芸も綴り方もあるのだと考えられて来た。夫れは余りに非人間的な怠惰な綴り方であり、綴り方教育観であったといわねばならぬ。

吾々は寧ろ醜い人間社会の中に転る生々しい美醜善悪の相そのまゝの生活事実を深く凝視し正しく認識し

て、之を正確に表現するところに、綴り方の使命があり、意義があり、価値があると観る。
従って、それを果すためには、気分の代りに意志を要求し、天来の感興や、不図した印象を寝て待つ怠惰の代りに、自ら起って掘り当てる努力を必要とする。総べては表現内容にも表現手段にも「真実」を要求する態度が濃厚であり切実である。「調べる」ということの必要は、斯くして先ず綴る態度の上から起って来たのである。」（「調べる綴方の理論と指導実践工作」所収、佐々井秀緒稿「調べる綴り方の理拠とその実践」、一一六ページ）

佐々井秀緒は、この論文を執筆した前の年（昭和八年）に、著書「科学的綴り方教育の設営」をあらわし、世にいう調べる綴方は、科学的綴方であるべきだとの立場を理論的に述べたのであったが、この「調べる綴り方の理拠とその実践」は、前著の所論をさらに明確にしたものである。佐々井秀緒のこの論文は、調べる綴方に関する理論的叙述としては、上田庄三郎著「調べた綴り方とその実践」（昭八）とともに、もっとも内容のととのったものであった。

ところで、調べる綴方が、方法としての〝調べること〟を、どのような契機から獲得したかについては、必ずしも明確でない面がある。青野季吉の「調べる芸術」（大一四）にヒントをえたとするもの（上田庄三郎、後藤金好）、郷土主義綴方を母胎とするというもの（今田甚左衛門）、理論の遊戯からではなく、実践そのものの中から生まれたとするもの（木村寿）、無気力、無内容な従来の綴方から必然的に要請されるとするもの（佐々井秀緒）など、各人各様にその契機を語っている。おそらく、それぞれに、正しさを持つものであり、この中のどれかひとつに限定しなければならぬというものではあるまい。地域により、人により異なるこの多様性は、実は、民間教育運動としての、生活綴方運動の特色でもあるのである。各地で、各人各様に模索をつづけながら、そして、仲間の作品や論文に刺激されながら、自分なりの調べる綴方を実践していったわけである。

ともかく、調べる綴方は、戦前の生活綴方の中でも、もっとも特徴的な形態であり、峰地光重は、「生活綴方においては、調べることをひじょうに重大視した。調べるという実践行動の中に、生活綴方の本質がひそんでいたと見ていい。」（「学習指導の歩み 作文教育」、一一一ページ）とまで言い切るのである。

二

調べる綴方への契機が、各人各様であったことは前にも述べたとおりであるが、峰地光重のばあい、調べる綴方についてヒントをえたのは、「モデルノロヂオ（考現学）」（今和次郎・吉田謙吉共著、昭和五年七月二五日、春陽堂刊）によってであった。

○自然の美しさを描写し、或は心の中に湧いた感情を叙述するのも綴方であろう。手紙や日記を書き現すのも亦綴方であろう。けれども綴方はそれだけで終るものではない。これだけでは、綴方は過去の追想に了ってしまう。それもよい。だが、将来に向って生活を前進させるところの綴方を私は欲求したい。自分の周囲の事実を具に調べて表現し、その事実を更に帰納して、自分の生きて行く道を発見する。そこにも綴方の使命がありはしないか。私はそんな風に考えるようになっていた。この考は、昭和五年七月に公刊された今和次郎氏・吉田謙吉氏の「モデルノロヂオ」（考現学）に示唆された点が多かった。（「綴方教育発達史」、二一四ページ）

一般に、調べる綴方の最初の作品とされているのは、滑川道夫（秋田）の指導による「通行するものの研究」（秋

田師範付小四年　野崎安子、「綴方読本」昭和五年一一月号掲載）であるが、峰地光重の試みも、これとほぼ同じ時期におこなわれていたことになる。さきに引用した近藤益雄の実践報告でも、昭和五年の二学期から始めたとあり、これらによって、調べる綴方の誕生は昭和五年の秋、ということがはっきりするわけである。調査、観察という手法の積極的導入は、生活綴方を質的に変化させることになったのであり、その時期が昭和五年の秋であったことは、生活綴方運動の歴史上で銘記すべきことがらである。そして、このもっとも早い時期の実践者のひとりとして、峰地光重があったわけである。

さて、前述したように、峰地光重が、調べる綴方の実践を始めたのは、「モデルノロヂオ」（考現学）（昭五）にヒントをえたことによるものであった。

「モデルノロヂオ」は、早稲田大学教授であった今和次郎が、協力者吉田謙吉とともに著わしたもので、B５判、三六一ページの大冊であった。内容は、銀座の歩道を通行する人の服装、甲州街道のある地点を通過する馬子の服装、小学生の頭髪や前掛の調査等を、豊富なスケッチを入れて興味深く説明したものである。

峰地光重は、「モデルノロヂオ」の著者が、その方法の学問的態度として述べた次のことばを引用し、

「人類学者が野蛮人研究に使っている方法を文明人の研究にも適用してみたい。（中略）更に広く各地方のものを、われわれの方法で研究できるならば、それが積まれるならば、夫々の地方生活の状態が手にとるように明かにされるであろうことは推測出来るであろう。そして一般に行われている地方誌の研究に、新しい方法を供給することになり、所謂人文地理学に、その居住の章に、衣服の章に、適確な資料が供されることだと信じたいのである。」

さらに、書中の豊富な調査例について触れたあと、

「かかる方法を応用して、農民生活に関する調査をしたり、児童の服装や所持品に関する調査をすることは、大いに試みて可なりと信ずる。大人の、殊に教育者として有り勝ちの概念を破って、実証的に物を観るためには必要な一つの方法である。」（「新郷土教育の原理と実際」、一九八ページ）

と述べている。これが、峰地光重の、調べる綴方に関する方法への開眼であったのである。そして、ただちに実践にとりかかっている。「私は、大体、『これはよいだろう』という見当がつけば、すぐ実践して見ないと気のすまない男である。私はすぐこの実践に着手した。」（「綴方教育発達史」、二二四ページ）

この年（昭和五年）の二月に、大西伍一と共著で出した「新郷土教育の原理と実際」の中には、この実践の結果生まれた調べる綴方の作品一一編が、研究の形式、指導法とともに収められている。

三

昭和二年、峰地光重は、東京池袋の児童の村小学校をやめて帰県し、上灘小学校に赴任することとなったが、この帰県は、峰地光重にとっても、鳥取県の生活綴方運動にとっても、大きな意義を持つものであった。

○昭和二年三月、峰地光重は東京児童の村小学校から帰県し、東伯郡上灘尋常高等小学校訓導兼校長となった。氏の帰県が、鳥取県の綴り方教育運動に大きな飛躍をもたらしたといえよう。自身の学校の教育を進

めるとともに、後輩の指導と支援とに力をそそぎ、若い人たちが輩出することになった。（稲村謙一『鳥取県生活綴方教育運動史』、「作文と教育」昭和四一年三月号所収、七九ページ）

○上灘小学校長の峰地光重は、郷土教育の理論とその実践に専念し、昭和五年一二月、「新郷土教育の原理と実際」、六年五月「各学年各教科郷土教育の実際」、七年三月「郷土教育と実践的綴方」、八年九月「子供の郷土研究と綴方」と、矢つぎ早やに著述を発表した。（中略）当時、「調べる綴り方」がさけばれ、生活を見たまま、感じたままに書く綴り方とはちがった、調査や、観察による綴り方が盛んになってきていたが、これらの著書にみる綴り方作品は、調べる綴り方の典型的なものであったといえよう。（稲村謙一、同上書八一ページ）

これらの著書の中の作品が、調べる綴方として典型的なものであったかどうかについては、のちにも述べるように、議論のあるところであるが、ここで、稲村謙一が、峰地光重の郷土教育と調べる綴方との関連を指摘した点は重要である。この時期の峰地光重においては、郷土研究の一環として綴方があり、郷土研究における科学的方法（調査、視察等）は、そのまま、綴方教育にもあてはめて実践されていたからである。稲村謙一も述べているように、この時期（上灘小学校在任時代、昭和二年～一一年）における峰地の最大の関心は、郷土教育の理論化とその実践にあったのである。

ここで、さきに稲村謙一があげた郷土教育関係の文献をふくめて、峰地光重の著作のおもなものを、年代順にあげてみよう。

1	新最 小学綴方教授細目	大一〇・八・一八	児童研究社
2	文化中心 綴方新教授法	大一一・一〇・一八	教育研究社
3	文化中心 国語新教授法（上下二巻）	上・大一四・一〇・二三 下・大一四・一二・一〇	教育研究社
4	新訓導論	昭二・一・一五	教育研究社
5	聴方教育の新研究	昭二・一〇・一	日本教育学会
6	綴方教授細目	昭四・一二・二八	文園社
7	新郷土教育の原理と実際（大西伍一と共著）	昭五・一二・二〇	人文書房
8	新課題主義綴方を提唱する（雑誌「綴方生活」、昭和六年二月号）		
9	各学年各教科 新郷土教育の実際	昭六・五・一〇	人文書房
10	我校郷土教育の実際とその理拠	昭六・七・一五	厚生閣
11	綴方に於ける共同制作の経験（雑誌「綴方生活」、昭和六年七月号）		
12	郷土教育と実践的綴方	昭七・三	郷土社
13	上灘小学校の教育	昭七・四・一	鳥取県倉吉町上灘小学校
14	子供の郷土研究と綴方	昭八・九・一五	厚生閣
15	生産の本質と生産教育の実際	昭八	厚生閣
16	植物を中心とする 自然観察の綴り方と其の実践記録	昭九・一二・五	厚生閣
17	聴方話方教授細目と教授資料	昭一〇・九・一	徳岡優文堂

18　綴方教育発達史　昭　一五・一一・二九　啓文社
19　読方教育発達史　昭　一五・一二・五　啓文社
20　はらっぱ教室　昭　三〇・九・三〇　百合出版
21　学習指導の歩み　作文教育（今井誉次郎と共著）　昭　三二・六　東洋館出版社
22　私の歩んだ生活綴方の道　昭　三四・四　明治図書

大正一一年、「文化中心綴方新教授法」で、「生活指導」の語をはじめて導入し、「文化中心国語新教授法」（大一四）で、表現指導に対して生活指導を上位概念として位置づけて以来、峰地光重の研究と実践は、一貫して生活綴方に向けられているが、この中でも、「新郷土教育の原理と実際」（昭五）は、氏の研究と実践に一転機を画するものであった。綴方における「生活」が、抽象的、観念的なものでなく、生きたもの、具体のものであるためには、それは、こどもをとりまく環境、すなわち、こどもの生まれ育つ郷土そのものの生活でなくてはならぬ、という確信が定着し、それを実践の上にもいかしていこうという姿勢がととのったのは、この「新郷土教育の原理と実際」においてであったのである。

以後、上灘小学校在任中（昭和二年から九年間）の数々の研究、実践の成果が発表されることになるのであるが、その後も峰地の郷土研究、調べる綴方の実践は、自伝的研究書である「私の歩んだ生活綴方の道」（昭三四）に至るまでつづけられるのである。すなわち、上灘小学校での研究、実践のあとで、歴史研究としては、戦前に「綴方教育発達史」（昭一五）をまとめ、戦後も「学習指導の歩み　作文教育」（昭三二）、「私の歩んだ生活綴方の道」（昭三四）を公けにしているが、これらの著書の中では、いずれも、郷土教育、調べる綴方についての論及が、大きなスペースをさいてなされている。また実践記録としては、「はらっぱ教室」（昭三〇）が、「子供の郷土研究と綴方」（昭八）を、さらに深め、発展させた形で発表されているのである。

四

峰地光重は、「新郷土教育の原理と実際」（昭五）を公刊する理由を、次のように述べている。

「近来わが初等教育界における郷土教育熱の旺盛さは、実に驚異に値する。今夏以来、この方面に関する出版物の簇出と研究会の連催にみるもその一端を察することが出来る。（中略）

然るに多大の期待を以て今日の郷土教育なるものを顧みるに、些か不満の点がないでもない。即ちその多くは所謂郷土愛教育の範囲を出ないものである。郷土社会の機構に対する客観的調査研究を基とせず、ただ郷土の特産と名勝・偉人等を賛美し、独断と偏見に囚われた郷土人を養成せんとするが如きは、農村の健全な開発のためには危機といわねばならぬ。

抑々農村問題の急激なる深刻化は徒に喧囂の論を多からしめ、前途まことに暗澹たるものがある。農村教育また之に伴って動揺不安、ともすればその根拠を見失わんとしつゝある。この秋に際して真摯なる教育者の執るべき道は、農村社会生活の実体を科学的立場から究めて、概念なき認識を確立し、こゝに一切の指導原理を見出すことである。これ我々が敢て「新郷土教育」を提唱する所以、また旧郷土教育と竣（ママ）別せんことを希望する理由である。」（「新郷土教育の原理と実際」序）

郷土社会の機構を客観的に調査研究するという科学的方法によって、農村社会の実体を究め、そこにいっさいの指導原理を見いだそうというのがその趣旨である。峰地の郷土教育に寄せる情熱と自信のほどをうかがうにたる一文である。

「新郷土教育の原理と実際」は、次のように構成されている。

第一章　郷土教育の根本義
第二章　郷土教育の方法原理
第三章　我国に於ける郷土研究
第四章　実際的研究
第五章　郷土の史学的研究
第六章　郷土の民俗学的研究
第七章　郷土の農村社会学的研究
第八章　郷土の自然科学的研究
第九章　郷土室の建設
第一〇章　郷土読本の編纂
第一一章　郷土教育と訓練との関係
第一二章　各科教授に於ける郷土的扱
第一三章　児童の郷土研究
第一四章　郷土教育と生産学校運動（菊判、四六八ページ）

第一章から第八章までが原理編で、第九章以下は実際編にあたる。原理編のうち、第四章から第八章までは、さらに、理論的研究と実際研究の二節に分かち、きめこまかに考究されている。取り扱われている資料は、すべて、著者みずから収集し、もしくは接触したものであり、記述にあたっても、いわゆる概念的記述を避け、具体的、客観的に記述していこうとする態度が貫かれている。

『新郷土教育の原理と実際』の反響は大きく、さまざまな論議を呼んだ。郷土教育理論については、伏見猛弥・海後宗臣（ともに、東京帝大教育学研究室）の批判があり、綴方作品については、上田庄三郎の批判があるなど、批判的な論調も強かったが、しかし、この著書の農村研究、郷土研究のユニークさは、多くの人の認めるところとなり、半年後の翌年（昭和六年）五月には、はやくも五版を重ねるに至っている。

「この期間（注、昭和四年〜一二年）にわたしは数々の論著や実践記録を発表しました。そのうちでも、『新郷土教育の原理と実際』という論著は、とくに世間の注目をひきました。その新郷土教育というのは、じつは文化教育学などという西欧の学説から出発したものではなく、生活綴方（調べる綴方）の思想から出発したものであって、いわば生活綴方思想を、学校全体の在り方に投入したひとつの実験だったのです。」（『私の歩んだ生活綴方の道』、まえがき）

この著書に注目した東京帝国大学が、昭和六年一一月（一七日）に上灘校を訪問したのをはじめ、全国各地から多くの参観者が訪れた。この間の消息を、稲村謙一は、次のように記述している。

上灘の郷土教育は、全国的な郷土教育風潮の先駆となり、やがて全国的に郷土教育が盛んになるにつれて、この学校の参観者が多くなり、年間三千人を数えるに至ったときいている。」（稲村謙一『鳥取県生活綴方運動史』、

「作文と教育」昭和四一年三月号所収、八一ページ）

さて、伏見猛弥・海後宗臣の批判（「教育思潮研究」第六巻第一輯、第二輯）に対して、峰地は「私の歩んだ生活綴方の道」の中で、あらためて、二七年ぶりにその反論を展開している。この間のやりとりも興味深いものであるが、いまは、焦点を調べる綴方にしぼって稿を進めていくことにしたい。

五

峰地光重の調べる綴方の実践は、その最初のものが、「新郷土教育の原理と実際」（昭五）に発表され、その後の実践は、整理して「子供の郷土研究と綴方」（昭八）に収められている。戦後の実践は、「はらっぱ教室」（昭三〇）にみることができる。

ここで、「新郷土教育の原理と実際」の中の調べる綴方にはいる前に、まず、峰地光重の文集活動を一瞥しておこう。

峰地は、「私の歩んだ生活綴方の道」（昭三四）の中で、みずからの文集活動をふりかえって、次のように述べている。

「文集について、わたしの経てきた道をふりかえってみよう。

手もとに「綴方成績」という一冊の文集がある。原稿をそのままとじ込んだ文集で、大正三年のものである。このころ一学期に一回くらいこの方式で文集をつくり、教室において、各人に随時読ませたり、また合評会を

ひらいたりしたように記憶する。（中略）
そこで、わたしがその後、経てきた文集名をかかげておこう。

文集名	創刊年月日	学校名
芽生	大正七年、がり版刷	高麗小学校
小鳥	大正一二年、活版刷（鳥取県綴方雑誌）	鳥取師範付属小
白鳩	大正一三年、がり版刷	池袋児童の村小学校
郷土学習	昭和二年	上灘小学校
生活の旗	昭和一一年	東郷小学校
えんごろ	昭和二七年	池田小学校つづ原分校

これらの文集をこんにちふりかえってみると、「芽生」と「白鳩」は「赤い鳥」綴方系の作品でみたされており、「郷土学習」「生活の旗」「えんごろ」においては、「赤い鳥」綴方系の文芸的作品を継承しながら科学的な作品（調べる綴方）を多分にとり上げている。

初期の文集の作品が「赤い鳥」綴方系のものになっているわけは、そのころ学級で二〇冊位も毎月購入して、副読本として使用していたから、それは自然の感化でもあったろう。」（「私の歩んだ生活綴方の道」、三三一～三四ページ）

これらの文集の歩みは、生活綴方ひと筋に生きてきた峰地光重の足跡であるとともに、生きた生活綴方の歴史でもある。

調べる綴方の実践は、「郷土学習」以後となるわけであるが、ここで、『赤い鳥』綴方系の文芸的作品を継承しながら」とある点に注目しておく必要があろう。全体としてみるとき、峰地光重の実践には、かなり色濃く「赤い鳥」綴方のおもかげがやどっているのである。（「子供の郷土研究」（昭八）、「はらっぱ教室」（昭三〇）参照。）

「郷土学習」は、上灘校の全校文集で、峰地在任中の九年間、年三回（毎学期）ずつ発行されている。この文集の作品が、のちに整理されて「子供の郷土研究と綴方」となったのである。また、文集「えんごろ」の中の作品は、「はらっぱ教室」の中でいかされている。

ところで、上灘小学校における「郷土学習」の発行の状況は、どのようなものであったか。峰地によると、上灘校の教育組織は、次のようなものであった。

「我々は、郷土生活に於て発生する具体的な事実を観察し、批判し、理解し、構成するところの教育組織を考えなければならぬ。（中略）

その組織として、我等の実施している事項は次の通りである。

生活発表会　児童の生活観照の成果を発表せしめるための発表会である。毎週火曜日の朝礼二〇分間をこれにあてているほか、単独にも開いている。

自由研究週間　毎学期一回、三日乃至一週間、児童に自由に研究せしめる。先ず初めに研究のプランを各児童に作製せしめ、教師これを点検し、研究上の指導をあたえる。研究完成の後は、発表会をひらくのである。

仮想旅行団

理科少年団

学　芸　会

文　　集　「郷土学習」と称する冊子を各学期一回ずつ発行する。これは、いわば児童教師共作の動的な郷土読本である。

珠算競技会

書写練習競技会

新聞班」（「上灘小学校の教育」、一九〜二一ページ）

これらの組織の中でも、生活発表会、自由研究週間、文集発行などは、郷土研究を具体的にすすめるものとしてとくに重視されていたようである。

文集「郷土学習」については、「児童教師共作の動的な郷土読本である。」としているが、峰地は、文集の発行に際しては、全職員、全児童を参加させるという方針をとっていたのであった。

「私は文集の編輯に対しては、全職員全児童がこれに参加する組織をとった。先ず文集主任は、文集原稿〆切の期日を示す。各学級に於て、各児童が、その〆切期日までに作品をつくる。その作品は編輯の目的に応じて、課題による場合もあるし、又自由に選定することもある。

かくして各学級に於て、纏められた作品の中から、各学級主任が、任意に三四篇ずつを選定する。その選定せられた作品は、編輯会議に回す。編輯会議は一面作品研究会で、全職員がこれに参加するのである。この会議こそは、全校の綴方精神の基礎となるものであるから、皆が真剣に研究を発表し合う。甲論乙駁、これを対象として極めて具体的に論議する。かくして研究の結果、選ばれたる作品が文集に載ることになる。

一冊の文集だけでは、充たされないものが残るのであるから、号を進めて行く中に、前号に充たされなかったものが、次号で充たされて行く。それが文集の上に具体的に表れて来る。という工合で、この協同的な研究組織は、確実に而も一歩一歩、綴方精神を高めて行くのである。若し全校文集の上に、郡内の連合文集を作るならば、かかる基礎の上に立つべきだと思う。

文集は学校の客観的な綴方精神であるから、次々に保存しなければならぬ。次々にこれが散佚してしまうのだったら、その客観性を失うわけだ。そしてその保存された文集の作品が、学年の児童の綴方の模範文となることは、極めて意義のあることである。自然と文化を同じくする郷土の児童が、その郷土的作品に接した親愛感は模範文の一般的価値の上に、具体的な理解を伴うわけけで、更に教育方法上の価値を発揮するのである。私の学校の文集はかかる方法によって作成され、且使用されているのである。

尚、この文集の作品の中から、私は比較的優秀なるもの、又教育上の問題をもつもの等を抜きだし、昭和八年九月『子供の郷土研究と綴方』（厚生閣発行）と題する一小冊を公にしたのであった。これも一種の文集である。」（「綴方教育発達史」、二六六〜二六八ページ）

ここには、峰地光重の文集発行の姿勢や方法が、具体的に説明されている。上灘校における郷土研究の綴方（調べる綴方）は、このようにして生み出されていったのである。

六

さて「新郷土教育の原理と実際」（昭五）の中には、第七章に二編、第八章に一編、第一三章に一一編（うち一編は、座談会の記録）の、計一四編の綴方作品が収められている。第一三章児童の郷土研究は、章の名が示すように、こどもの郷土研究の綴方を集めて一章としたもので、この時期における峰地の郷土研究、調べる綴方の実践の一端をうかがうことができる。

この第一三章は、次のように構成されている。

一　研究の形式と指導法
二　低学年の郷土研究
1　ワタシ　ノ　イエ　ノ　モノ　　尋一　マキタサカエ（課題研究）
2　家族について　　尋二　T生　K生（課題研究）
3　食べものの研究　　尋三　山桝達雄（自由研究）
三　中学生の郷土研究
1　買った牛　　四男　中井武文（自由研究）
2　運動会にころんだものの調査　　尋四　山根照子・橋本君枝・中厚蔦江（課題研究）
3　ほしいものの調査　　尋五　牧野正信（課題研究）
4　円谷の橋の研究　　尋五　山浦宗一（課題研究）
四　高学年の郷土研究
1　ごみの研究　　六年　村尾永博・中瀬　巴（課題研究）
2　兵隊蟻　　（署名なし）（自由研究）
3　仏壇の研究　　高一　西坂清一（自由研究）
4　座談会「村の研究」　　高二　二名　高一　三名　小谷訓導

尋一から高二まで、ほぼ、まんべんなく作品がとられており、低学年から高学年に行くにつれて、題材が、身近かなものからしだいに広がりを持つものになっていることがわかる。全体としては、自由研究と課題研究とがほぼ同数であるが、低学年では課題研究が、高学年では自由研究が重視されている。共同研究が二編ふくまれていることも注目しておく必要があろう。

作品は、調べる綴方として、それぞれに特色があるものであるが、ここでは、峰地の研究姿勢、実践形態の特色をもっともよく示していると思われる「運動会にころんだものの調査」をあげることにする。

次の研究はかくして出来上ったものである。

課題　「運動会にころんだものの調査」

1　どこで一番よくころぶか。なぜ、そこでよくころぶか。

2　男と女とどちらがよくころぶか。

3　ころんだものの表をつくってみなさい。

4　しらべた時の様子を綴方に書きなさい。

かくして、私はこの題目の研究希望者の中、三名を選んで、運動会の当日、調査にあたらせたのである。

運動会にころんだものの調査

尋四　山根照子

橋本君枝

中厚蔦江

一〇月七日に運動会がありました。毎年学校の運動会にはよく雨が降ります。私達の一年の時も降ったし、去年の会のおしまい頃に降りだして、傘をさして見ているというふうでした。今年は日本晴のい、天気でした。午前八時半から開会されました。私達は三人でころんだものを調べるために、鉛筆と紙とをもって見ていました。場所はろく木の下に板をしいてこしをおろしてプログラムを見ていました。そしてころんだ人に気をつけていました。

ころんだ人と場所は次の通りです。（著者白地図省略す）又、ころんだものを表にしてみると次の通りです。

種類	学年	走ったものの数		ころんだものの数	
一〇〇米	尋三	男三七	女二九	男五	女ナシ
一〇〇米	尋五	（私達は七夕様に出ましたので調べることが出来ませんでした）			
一五〇米	尋四	男三四	女四二	男二	女ナシ
五〇米	尋三	男三七	女二七	男二	女ナシ
五〇米	尋二	男二八	女三一	男二	女一
一五〇米	尋六	男二四	女三〇	男八	女一
五〇米	尋一	男四三	女二七	男一	女ナシ
合計		男二〇三	女一八六	男二五	女二

ころんだことについて、私達の考え

一、男子は何故たくさんころんだか

男子はなぜよくころぶかというと、男子はやけだし、又、つよいから人の間でも、へいきでくゞって行くからよくころぶのでしょう。

二、女子はなぜころげないか

女子はころげればはずかしいから、あんまり元気をだして走りませんから、ころげないでしょう。

三、角でなぜよくころげたか

なぜあの楠のところの角や私達の教室のとこの角でよくころげたか。それは楠のところの角はまだスタートを出たはなですから、人がかたまっていて、よくころぶのです。そして私達の教室の横もまだ人がかたまっているのでよくころぶのです。
四、スタートと校長席のところでころんだわけ
スタートのところで、六年の男子がひとりころげました。あれはスタートをあやまって、人の身体にふれてころびました。校長席のところでころんだのは、賞品をもらってかえる人とぶつかってころびました。あれは賞品をもらった人が悪かったと思います。
五、この調べの外で、ころんだものの多かったのは「二人三脚」でした。二人の足がくくられていて、走るのに調子が合わぬからころんだのでしょう。四組ころげました。又スピード混乱時代で、飛行機が重かったので、一回ころげました。でも飛行機は三番になりました。（「新郷土教育の原理と実際」、三七六〜三七八ページ）

峰地光重は、第一三章のはじめに、研究の形式として

一、絵画、製図、手工
二、文章による記録
三、実地踏査、採集、観察
四、郷土座談会
五、統計、数学的調査

の五つをあげているが（同上書、三六一ページ）、この「運動会にころんだものの調査」は、実地踏査・観察→統計、数学的調査→製図（地図）→文章による記録、というふうに、この形式をそのままに具現したものである。この作品について、峰地は、

「こうした研究は、いわば考現的研究である。よくころぶ場所がわかれば、それに対する自分としての方策もやがて考えるようになるであろう。また環境に対する改良意見なども出て来るのである。こうした調査研究が集積していくと、やがては社会改造意見萌芽となるであろう。（同上書三七九ページ）

というふうに評価している。「考現学的研究」云々のことばの裏には、今和次郎・吉田謙吉共著の「モデルノロヂオ」（考現学）（昭五）が意識されているのであるが、「環境に対する改良意見などが出て来る」はともかくとして、「やがては社会改造意見萌芽ともなるであろう。」は、やや過大な評価というべきであろう。

峰地は、この作品に限らず、第一三章のすべての作品について、一つ一つたんねんに評語を書いている。以下、そのうちから、数例をあげてみよう。

(1)　ワタシノイエノモノ　ジン一　女

この研究は自分で洋半紙四ツ切七枚のノートを作り、それに一つ一つ絵を書いて、その名を記入している。全体としては整っていないが面白いと思った。こうした乱雑な蒐集がやがて㈠食器、㈡農具、㈢台所用具、㈣動物、㈤植物等の分類をなす前提となるであろうと思われる。低学年ではこの程度の郷土研究でよいと思う。（「新郷土教育の原理と実際」三六三ページ）

(2)　家族について　尋二　T生　K生

すべて自然発生的に叙述されていて、批判などはない。しかし、思想として単純ではあるがまとまっている。思想として纏っているという意味は、思想内容の各要素が、関係的に結合していることである。こうした素朴な状態から漸次思想は進歩して行くのである。（同上書三六四ページ）

(3)　食べものの研究　尋三　男

「食べものの研究」は児童の日常生活に接近しているだけに、児童の研究材料として実感の十分あるものだと思う。低学年の児童の郷土研究は、こうした生活に接近した材料から始めるのがよい。研究された作品には、低学年ではまだ郷土色が濃厚に着色されるという風にはいかないが、そうしたことにはこだわらないで、どんどん研究させていくがよい。その中に郷土色が着色されて来るにちがいない。尋三の上掲の作品なども、意識的な郷土的研究作品ということは出来ないが、無意識には郷土的内容を可なりもっていると思う。鮎が一匹三銭五厘というあたり、一匹が五〇銭もする東京大阪の値段に比べるとたしかに郷土的だ。七ふくいもが東郷小学校から出来たというあたりも、郷土的だと思う。(同上書三六九～三七〇ページ)

(4)　円谷の橋の研究　尋五　男

これは郷土地理研究であるが、人文地理的立場に立って、かなり細心な態度で見ている。こうした態度が一般地理学習上の一つの基本的智識となると思う。(同上書三八八ページ)

(5)　兵隊蟻

これはあたかもファーブルの如き態度で昆虫を見ている。子供のこの種の研究をウンとやらせたい。(同上書三九五ページ)

(6)　仏壇の研究　高一　男

間口のせまい題材をとらえているが、かなりふかく研究している。高等科となれば、こうして問題をせまくとって、深く掘り下げて行くような態度で研究させたいものだ。(同上書三九五ページ)

紙数のつごうで、作品を省略したため、評価のことばだけでははっきりしない点があるが、峰地が、どのような気持ちで、調べる綴方を育てていこうとしているかは、かなり明瞭に読みとることができる。すなわち、これらの評価（評語）を一貫しているものは、まず、こどもの作品を認め、はげましていこうとする姿勢である。とくに、低学年のばあい、作品としての難は承知した上で、なおかつ、将来への展望の中でその可能性を見ようとする姿勢が顕著にみられる。これは、先駆的な、実験的な研究を指導していく者にとっては、現実的に必要な心構えであったろう。また、こどもの能力に対する実態の認識、教師としてこどもに寄せる信頼感などもあいまって、このような評価となったものであろう。しかし、このように、こどもたちの作品を最大限に意味づけ、容認していこうとする姿勢は、第三者には、独断的なアマさともうつり、強い批判を招くことにもなるのである。

七

峰地光重の調べる綴方を、もっとも強い調子で批判したのは、上田庄三郎であった。上田庄三郎は、峰地らとともに「綴方生活」を創刊した同人であり、気心もよく知りあっている仲間であったが、上田庄三郎特有の歯に衣きせぬ論評は、峰地の上にも容赦なく加えられた。ここには、その中から、「運動会にころんだものの調査」（前掲作品）および、「鳥の巣の研究」（「子供の郷土研究と綴方」所収）に対する批判をあげることとする。

(1)　「運動会にころんだものの調査」について

これなどは課題作であるから、主題は指導者によって決定されているので、「ころんだものの調査」ということが、この学級社会の現在の生活意識にどんな必要を持つかは、作者は全く無関心である。又指導者もこれについては別に述べていない。勿論こういう調査や仕事は子供は興味を持ってやるかも知れないが、ただ興味を持つだけなら、いたずら子は女の子供の尻をまくるようないたずらにも興味を持つ。しかしこんな興味は必ずしも題材としていいものではない。子供がどうも此の頃、よくころんで困るとか、どうも他人のあらさがしが出来なくて困るからとか、何かそこに社会的価値感の充実をその主題から発見するものでなければ、綴方に迫力がなくなってしまう。赤と白とを組分けして「どちらが多くころんだか」という問題になると、やはり若干の感激をよぶが、この文では「調べるための調査」「共同制作のための共同制作」の臭味ばかりが露骨に感じられて、優れた雑文や随筆から感じられる程度の文芸感も出て来ない。

これはそうした綴方ではなくて、純知識的な報告であるというのかも知れないが、凡そ純知的な例えば科学的知識の伝達を目的とする文章でも、人間が知情意の渾然たる綜合体である限り、そういう種類の文章だから、冷い羅列でいいわけはない。

しかしM氏は実際家として、あらゆる進歩的思潮を実践に移して、どこまでも空論的ではなく具体的に探求してゆく天才と言うべき人であり、勿論氏がこれを優れた作品として推称したのでもなく、又現在の実践は決してこうしたところに足ぶみしているのでもないであろう。

ただ吾々は、いかなる文芸上の新思想も、決して文芸を文芸でなくするためではなく、文芸をしていよいよますます文芸であらしめるための時代的潮流であることを考える時、綴方教育の新思潮も、ただ単に「ヨーヨー」や「コリントゲーム」の如く、児童の一時的関心の上を飄然と変遷交替する好奇的流行に終せられてはならない。（上田庄三郎著）「調べた綴方とその実践」（昭八）三三九～三四一ページ）

(2)　「鳥の巣の研究」尋五　栗原忠男・高田義彦　について

「これは共同制作で調べた綴方で宣伝価値百パーセントの傾向作品である。理化の研究ノートそのままのようなこの作品が調べた綴方であるとは思われない。恐らく「こんなものが綴方か」といって、旧来の綴方人を驚かせるに足るであろう。豈旧人のみならんや誰か一驚を喫せざるものがあろう。こういう純粋な知的記録の指導も綴方指導ではあろうが、これは必ずしも綴方時間に指導せねばならぬ文芸教育ではない。文芸に図表や統計のようなものまではいってくるのは、勿論排すべきではないが、それは、その文芸の意図を、鮮明にするために駆使されるのであって、こうした、何等作者の意図の不明な、写実の符号化にすぎないような作品は文芸とは言えないであろう。共同作にも共同のテーマがなければならない。

そこには構造組織の美もなければ、創造もない。

この一例を以て「調べた綴方」の代表と見ることは出来ないが、現代の「調べた綴方」の危険なる一姿態を表わしている。これでは素材そのままを投げ出したものであり、この研究の筋書の上に真の創作――知的文芸が出来るのではないか。こんなにはっきり見せなくても調べなければ書けない綴方を創作させてゆくのが「調べた綴方」である。

これでは、掃除のゆきとどいていることを示すために、バケツやほうきを出して見せるようなもので、まことに不潔を見せられるような気がする。或は表現の簡易化の練習かも知れないが、これでは却って複雑化されている。（中略）勇敢果断に新しい綴方へと前進する勇気は買うべきであるが、同時に浅薄に思潮の動向を早合点して、浮動する軽々しい流行的風潮は警むべきではないか。（同上書、二五四～二五五ページ）

まことにはげしい調子の批判である。この批判のはげしさは、上庄（上田庄三郎の俗称）本来の毒舌というだけではなくて、調べる綴方が、当時の先端を行く最も問題的なテーマであったこと、峰地が、高名の実践家・研究家・指導者であったことによる上田の立ち向かい方の強さ、真剣さからくるものであろう。

ところで、上田の批判のポイントは次の二つである。

1. 作者（同時に指導者）の意図に必然性がなく、また、不明確であること。
2. 調べたことが、素材のままに投げだされており、表現への高まりがないこと。つまり、「調べるための調査」に終わっていて、綴方としての文芸的価値がないこと。

文芸性を云々する点を除いては、これらの批判は、いずれも筋の通ったものであり、峰地としても、そのことは、あるていど認めざるをえないものであった。

峰地は、「鳥の巣の研究」に対する上田の批判の一部を引用したあとで、次のように反論している。

「かく調べる綴方は、一般的にはその存在を肯定されながら、依然として問題が残されていた。作品が、単に調べる為の調べに終っていて、ろくな作品が一つもないとか、或は綴方製作の必要感が伴っていないとか、いろいろ非難があったのである。よい作品が見当らないという意見には、時にその作品を文芸的作品を以て、見る標準を直に調べる綴方作品に当てはめて考えていたものもあったわけで、これでは、作品がすべて駄目になって見えるのも当然である。調べる綴方作品は、主として知性的な真実さを規準として、批判しなければならないと私は思うのである。それから、作品に必要感の伴っていないということも、時には興味だけで満足しなければならない場合もある。題材的な興味、調べる興味、そんなものだけで満足しなければならぬ場合もあることに気付くことも必要であろう。だが、何れにしても、調べるための調べに終った器械的な作品、必要感の伴わない作品はよくないのであって、こうした非難は甘受して、明日の綴方――調べる綴方の発達のために努力するのが、真摯な指導者の執るべき道であろう。（「綴方教育発達史」、一二三～一二四ページ）

調べる綴方は、知性的な真実さを規準としてみるべきこと、時には、題材的な興味、調べる興味だけで満足しなければならぬばあいもあること、などは、現実的な重味を持った妥当な反論というべきであろう。そして、峰地は、この非難の中にきくべきものがあるのを正しく読みとっていたのである。

上田の、感情的とも思えるはげしい批判を冷静に受けとめ、反論すべきは反論し、きくべきは謙虚にきくという態度は、峰地自身の人柄のあたたかさ、人間の大きさ、強靭な実践力に支えられた自信の強さから生まれたものであろう。批評家としての上田（当時、上田は教職を捨て、教育評論家として活躍していた。）と、こどもを持ち、教室を持つ実践家としての峰地とのちがいを、ここに見る思いがするのである。

八

調べる（調査）という客観的・科学的な手法からえたものを、どのようにして表現にまで高めていくか、という問題は、峰地のみならず、調べる綴方全体に課せられた大きな課題であった。調べる綴方はその本質的な意義・役割を十分に認められながらも、現実に生みだされてくる作品に対しては、「羅列的記述と構成的表現をはきちがえている」（村山俊太郎）とか、「調べたものが全く生のままで露骨に現れてしまうのでは、消化不良の犬の糞のように、柿の種がそのままになって出て来たのと変りはないのである。」（佐々井秀緒）とか、さんざんに酷評されたのであったが、しかし、批評があざやかに、手ぎわよくおこなわれたほどには、実践のほうは進展しなかったのが実状である。これは、ひとり峰地のばあいに限らない。まじめな実践家であればあるほど、この悩みは大きかったのである。

さきに引用した近藤益雄も、みずからの実践をふりかえって次のように嘆じている。

「私が『調べる綴り方』の分野に足を踏み入れて四年、今、歩んだ道をふりかえって見れば、何一つとして満足をもたらすものとてない。ただ滓のように私の記憶の底に残っているものは、『調べる綴り方』によって、子供の内なる世界がどれだけ開発されたかという疑問と、それにからまる寂寞だけである。（中略）調べる綴り方万能といった一時期さえもあった。しかし、調べる綴り方といえば、調べることに汲々として、一つもそれが文章として生きて来ないことが多くあった。（中略）何はともあれ、私はこの三年間の私の調べる綴り方を見て、実に迷い歩いた自分の姿に焦燥する。（中略）私は今後、五年一〇年にして尚いまだ調べる綴り方に確たる根底を持ち得ないであろう。が、それは決してある諷喩めいた逆説ではない。といって、私は調べる綴り方を非難したり白眼視したりするような考えは持っていない。私は、調べることを、もつと行動というか生活というか、そうした実感的なものに取扱ってゆきたいと思う。」（近藤益雄『私の調べる綴り方』、「調べる綴り方の理論と指導実践工作」（昭九）所収、一三七～一三八ページ）

この、痛々しいほどの迷い、焦燥、寂寞は、調べる綴方の困難さを如実にものがたるものといってよいであろう。あれほどに喧伝されながら、そして、たしかに教師の態度、見方、考え方に質的転換はもたらしながら、しかも、作品としては、今田甚左衛門、木村寿、村山俊太郎などの、ごく少数の実践家しか、すぐれたものを残しえなかったという事実は、近藤益雄の嘆きと照らし合わせて読みとるべき大きな問題である。

九

峰地の、上灘校における調べる綴方の実践は、「新郷土教育の原理と実際」ののちにも、たゆみなくつづけられた。その成果を整理して公刊したものが、「子供の郷土研究と綴方」（昭八・九・一五、厚生閣、B6判、二〇一ページ）である。

> ○私の学校では、年三回「郷土学習」なる文集を発行している。内容は、広い意味での綴方——郷土研究なども含めたもので充たしている。本書に選んだ作品は、この四五年来の「郷土学習」に表われた作品を、更に厳選したものである。（中略）
>
> 一たいに綴方の成績は、仲々上げにくい。ここまでにレベルを引き上げるには、少くとも同人が五六年の努力を費している。作品を見て頂けば分かるやうに、各学年相当に歩調を揃えていて、ムラが少いと思う。これは本校の「綴方作品研究会」「作品朗読会」殊に「文集郷土学習」の賜だと思っている。
>
> ○小学校ではいろいろな教科があるけれども、綴方ほど内発的で構成的な教科は少いと思う。この意味で、綴方で練り上げた内発力、構成力は他のいろいろな生活部面に反映するようである。
>
> ○要するに本書編纂の目的は、我校の綴方、並に郷土研究史として役立たせたい、そしてこれを公表して、一方同好者諸君の御批正を仰いで第二の発足の足場としたいと言う考えからである。（「子供の郷土研究と綴方」、序）

ここでも、「広い意味での綴方——郷土研究」とあって、「調べる綴方」という名称は用られていない。当時の峰地には、こどもの郷土研究が、いわゆる調べる綴方として意識されていたのである。収められた作品は全部で六四編で、動物編以下、八つに分類されている。次にあげるのは、その内容である。

一　動物篇

○くびきりばった　尋二　峰地　利平
ふくろうの子　尋三　中本　永寿
ハンザケ　尋一　シバタ　ヨシキ
五位さぎ　尋五　中井　武文
みの虫とじぞうさん　尋二　川本　義重
ぶとと火縄　尋五　小林　芳枝
●鳥の巣の研究　尋五　栗原　忠男　高田　慶彦
●鮎の研究　尋六　高田　義久
ひばり　高一　種部　重清
△　牛と人間　尋五　駒井　重夫

二　植物篇

木ノハ　尋二　高島　豊
○とげぬき草　尋五　高田　房子
○竹　尋二　湯本　巌
○松の実　尋六　田中　徹
むじんそう　尋二　牧野　都
○ひら茸　尋五　高田　房子

三　自然篇

△春の雪　尋六　北窓　七五三野
雲と山　尋三　黒田　一好
メタンガス　尋六　種部　健一

お月さま　尋三　金田　富美子
大山と鷲峰山　高二　石井　章
大凪　尋三　高田　力

四　遊戯篇

△おとし玉　尋二　正木　臣
しょうじ　尋三　山涌　房子
△しゃぼん玉　尋四　大津　知義
△高足　尋五　中井　武文
○上灘校加留多　尋五　児童共同作
箱庭　尋四　来海　宏
○三明寺横穴　三明寺児童倶楽部

五　労働篇

△梨の袋　尋六　門上富貴江
●仕事の調べ　尋四　児童共同作
○わらじ　尋二　山涌　太一
●こんにゃく製造　尋五　田淵　茂夫
御飯たき　尋六　牧野　忠子
○石屋道具を作る　高二　種部　功
田植　高一　中瀬　文子
●僕達の理科室　米田理科少年団

六　社会篇

○小学生刃傷事件について　尋五　山本　悟　牧野三栄子

弔辞　尋五　正木　義春
けんか　尋四　水谷　隆利
石原先生　尋六　辻井　福栄
卒業式送辞　高一　栗原　伴治
卒業生答辞　高二　種部　功
○交通機関に関する研究　高二　西坂　清一

七　器物篇

かがみ　尋二　金田喜久子
コドモジビキ　尋一　カドカミヤスヨシ
トケイ　尋一　イシハラ　ハルコ
○真守の刀　尋六　高田　房子
そろばん　尋四　中井　光
せんそうのてんらんかい　尋二　山本　義重
クラブ　尋四　友松　三一
○吸玉　高一　山浦　彦好

八　人事篇

お母さん　尋二　竹本　初恵
●僕の家の話　尋六　岡本　克巳
丹毒　高一　正木　好子
山で子を生んだ人　尋六　辻　近子
ほうどく　尋二　芳賀　政枝
電気に打たれる　尋四　久留島通夫

義章のこと　尋六　山根　照子
○石山の話　高二　山田百合子
○寒修行　高二　石原フサ子
悪日　尋六　河原　久枝
○三徳山　尋六　山根ムツ子
お母さん　尋六　小林　芳枝

（注）1．●……調べる綴方(1)　六　2．●、○、△は、いま便宜上引用者が付したものである。
○……調べる綴方(2)　一五
△……調べる綴方的作品　八

●印の作品は、調べたことをそのまま形にあらわしたもの（「鳥の巣の研究」など）、○印は、調べたことをふまえて作品化したもの、△印は、調べる綴方ともとれるもの、である。これでみると、六四編のうち、約半数が調べる綴方である。

峰地は、「ここでの作品（注、文集「郷土学習」「生活の旗」の作品をさす。）は、（中略）、「赤い鳥」綴方の系譜を継承しながら、科学的な作品（調べる綴方）を多分にとりあげていて、その視野もずつと広くなっている。」（「私の歩んだ生活綴方の道」三七ページ）と述べているが、このことばはそのまま肯定されてよいであろう。

ここで注目すべきは、調べる綴方の中でも、調べたことをふまえた上でそれを作品化したものが、一五編ともっとも多く、調べたことをそのままに表わした、いわば、原型的な調べる綴方は、その半数以下であるという点である。「新郷土教育の原理と実際」に発表された作品が一編もとられていないことと合わせて、これは、峰地の実践の深まりと解すべきであろう。ここでは、その深まりを示す例として、「石屋道具を作る」（高一　種部功）をあげておく。

石屋道具を作る

高二　種部　功

一月一三日、僕が学校から帰って見ると父は一生懸命でふいごをなおしていた。僕が着物を着かえていると、父は、「ちょっと用がある」と僕をよんだ。

僕はすぐ外に出た。

父はふいごをなおして、消炭をビクで一ぱい盛ってふいごの側に置き、ふいごの前に腰掛を置き、その右側にはバケツに水を八分目程汲んで置いた。そしてそのあたりには、のみや矢や金を切るのみ、其他のみを鍛えるのに必要な道具をたくさん置いていた。僕が行って用を聞くと、父は、「くどから火種を二つ三つ持って来い」といった。僕は火入れに火種を入れて持って行った。其の火をふいごの口に置いて、其の上に消炭をのせて、ふいごを父が押した。見る間に火は起った。先ずのみを三本焼いた。僕の家のふいごは小さいので一度に三本位より多く焼けない。一〇分間ばかりすると、のみはようかんのように焼けた。父は真赤になったのみをたけの筒にさして、先ほど出した大玄翁の上にのせて、（金じきがないので、これを金じきに代用した。）金槌で鍛え始めた。間もなく三本すんだ。一本は四角次は六角、その次は丸刃であった。のみの刃は尖っていてはいけない。それはあまり尖っていると、長くもたないし、又よくこぼれる。鍛えたのみを水につけるには、つけ方がある。やたらにズブンとつけてしまってはいけない。水につけ方が悪いと、金の質が悪くなる。其の金の質を見分けるのは、金の色である。水につけた後、トカゲ色の出るのが、のみとしてよく仕上ったものである。これを普通「金が出た」という。最初の二本はうまく金が出たが、最後の一本はうまく金が出なかった。父は最後ののみを再び焼き直した。焼き具合は僕には細いことは分らないが、金が赤味がさした時であった。その時水に入れた。今度はうまく金が出た。

その間に、のみは七分角で一尺の棒（これで矢をこしらえる）と、新に買って来たのみを二本火の中に入れて、ふいごをブーブーと吹いていた。ふいごを使うのは面白い。押すと向うの弁がぴちゃんと閉まる。そして火がブーと燃え上る。引くときもぴちゃん、ブーと出る。これを何回も繰返している中にのみが焼けた。こののみは二本ともうまく金が出た。「さあ、今度は矢だ」（矢とは石を割るに使うものである。）

父は石磴槌を持ってきた。

僕はヤットコで、熔けかけたような鉄棒をはさんで、大きな雨石（これも金じきの代用）の上においた。先ず一所を切り、次に其の裏を切り、次にその横、次に其の裏と四度廻して、ちょうど切れるように、初めから見当をつけて切る。この金を切るのは最後の一打がむずかしい。それは最後に台の石を、熱くなった金切のみで切ると、のみが痛むからだ。矢をきって、少しの間ふいごを押したらのみが焼けた。こののみは二本とも金がうまく出た。それがすむと焼けた矢の仕上げである。そこで父は切ったばかりの矢を、引き上げて鍛えてりっぱに矢を作った。僕はその間、たえずふいごを押していた。

かくして、前述の金棒で矢が五本出来た。最後に古いのみで、大きな矢を一本こしらえた。僕の家は石屋と百姓をかねている。父は細工が好きで、素人の石屋もやっているのである。（「子供の郷土研究と綴方」、九九〜一〇一ページ）

「調べるための調査」の域を脱し、調べること、観察することが、生活と表現の中にみごとに生かされている好例として、この作品は、峰地の調べる綴方実践の一つの典型を示すものである。

さきに引用した「運動会にころんだものの調査」（尋四　山根照子ほか）と比較してみるとき、峰地の実践の歩みのたしかさをあらためて感じずにはいられないのである。

一〇

「はらっぱ教室」（昭三〇・九・三〇、百合出版、B6判、二二三ページ）は、調べる綴方をもりこんだ峰地の最後の指導文集である。これは、岐阜県多治見市池田小学校つづ原分校（昭和二七年四月〜昭和三一年三月の四年間）における文集「えんごろ」からとられたものである。峰地は、この分校で実践した教育を、バーバリズムと事物教育主義の握手した生活教育と呼んでいるが、（「私の歩んだ生活綴方の道」まえがき）この時期を、みずから「教育堪能期」と唱えている（同上）だけあって、「はらっぱ教室」の中の作品は、きわめてふくよかな、美しい作品にみちている。

「はらっぱ教室」は、

第一部　野の子らのこえ
第二部　花のシンをのぞく
第三部　かたちと色と、音とにおいとあじ
第四部　石ころをひろう
第五部　足もとの虫けらをしらべる
第六部　野の鳥、山の動物
第七部　でてくる童話とシナリオ
第八部　社会科をあるく

の八部から成り、全部で七七編の作品を収めているが、この部立ての名称からもわかるように、大部分は自然観察にもとづく作品である。峰地は、昭和九年、「植物を中心とする自然観察の綴り方と其の実践記録」（「実験観察主の調べる綴り方」所収、東宛書房）を発表しているが、「はらっぱ教室」はその線上にあって、さらにそれを発展、昇華させたものである。「はらっぱ教室」においては、自然観察がきわめて重視され、しかも、それが、作品としては、素朴な、明るい散文詩的な結晶をとげている。

生活指導の提唱、郷土研究の推進、調べる綴方の実践など、常に、生活綴方運動の最先端を歩みつづけてきた峰地の、到達した美しい成果がここにはあるのである。

「はらっぱ教室」については、戦前の作文教育の動向の中であらためてとらえなおし、稿を改めて考察を加えたいと考えている。

参考文献

Ⅰ　鳥取県グループの「調べる綴方」

1　佐々井秀緒稿「科学的綴り方を切望す」（「綴方生活」昭和九年一一月号所収）
2　佐々木秀緒著「科学的綴り方教育の設営」（昭和八年三月二〇日　厚生閣）
3　佐々井秀緒稿「調べる綴り方の理拠とその実践」（「調べる綴方の理論と指導実践工作」所収）（昭和九年九月五日　東宛書房）
4　稲村謙一稿「実験観察の綴り方実験」（「実験観察主の調べる綴り方」昭和九年一二月五日　東宛書房所収）
5　（研究発表）村上治「郷土調査とその綴り方」
6　（研究発表）稲村謙一「調べる綴り方の実践」
7　（研究発表）佐々井秀緒「調べる綴り方の在り方」
（5〜7）昭和九年一一月　倉吉町成徳小学校
8　稲村謙一稿「綴方の純潔」（「教育・国語教育」昭和一〇年六～七月号）
9　妹尾輝雄稿「『科学的綴り方』のために」（百田宗治編「綴方教程」昭和一三年六月一九日　厚生閣、所収）
10　植田亮三稿「共同制作の覚書」（「国語人」第二号所収）
11　妹尾輝雄稿「生活を母胎とする『調べる綴り方』」（「国語人」第六号所収）
12　長田敬「生活調査と綴り方」（「国語人」第八号所収）

Ⅱ　雑誌論文など

1　和歌山師範付属小学校著「新郷土教育の実際」昭和六年五月二五日　明治図書

2　滑川道夫稿「通行するものの研究」（「綴方読本」昭和五年一二月号所収）
3　滑川道夫稿「集団制作の理論と実際㈠」（「綴方生活」昭和六年六月号所収）
4　滑川道夫稿「集団制作の理論と実際㈡」（「綴方生活」昭和六年八月号所収）
5　滑川道夫稿「集団制作の理論と実際㈢」（「綴方生活」昭和六年九月号所収）
6　村山俊太郎稿「天神様のお祭」（「綴方生活」昭和六年九月号所収）
7　三村文一 古東与一 共著「新傾向より見たる郷土綴方の展望」昭和六年一二月三〇日　徳島日日新報社
8　川村章著「実用的綴り方教育」昭和七年五月一八日　厚生閣
9　上田庄三郎著「調べた綴方とその実践」昭和八年一二月一九日　厚生閣
10　滑川道夫稿「誤られたる調べた綴方」（「綴方生活」昭和九年三月号所収）
11　滑川道夫稿「科学的綴方の揚棄」（「実践国語教育」昭和九年四月号所収）
12　村山俊太郎稿「調べた綴り方の再構築――綴方の新しい出発のために――調べた綴方の再吟味」（「実践国語教育」昭和九年四～五月号所収）
13　村山俊太郎稿「調べた綴り方の進路」（「綴方生活」昭和九年七月号所収）
14　小砂丘忠義稿「調べた綴方の位置と役割」（「綴方生活」昭和九年九月号所収）
15　村山俊太郎稿「綴方教育に於ける科学性の在り方」（「綴方生活」昭和一〇年三月号所収）
16　後藤金好稿「調べる綴方の新しき出発」（「教育・国語教育」昭和一〇年一〇～一一月号所収）
17　村山俊太郎「生活綴方の新しい努力―生産的綴り方への試論」（「実践国語教育」昭和一一年七月号所収）

Ⅲ「調べる綴り方の理論と指導実践工作」千葉春雄編　昭和九年九月五日　東宛書房

第一篇　調べる綴り方の指導示標

調べる綴り方の実践と其の作品　今田甚左衛門（三重）

調べる綴り方の理拠とその実践　佐々井秀緒（鳥取）

調べる綴り方への出発とその後　国分一太郎（山形）
調べる綴り方の実践組織とその展開面　時本　堅（岡山）
調べる綴り方と指導態度　高麗　弥助（東京）
農村における調べる綴り方　高畑　稔（岡山）
私の調べる綴り方　近藤　益雄（長崎）

第二篇　調べる綴り方の実践考察

調べる綴り方の綴り方教育上の地位　田中豊太郎（東京）
調べる綴り方実践工作の鳥瞰　野村芳兵衛（東京）
生活建設への調べる綴り方　後藤　金好（愛知）
生活を統制する調べる綴り方　木下　竜二（福島）

第三篇　低学年・高学年の調べる綴り方実践

低学年における調べる綴り方実践工程と示標　川村　章（山梨）
尋二調べる綴り方の実践　木村　寿（宮崎）
高学年における調べる綴り方の展開　鈴木　道太（宮崎）
高等小学における「調べる綴り方」報告　加茂　英雄（静岡）

第四篇　調べる綴り方の経営概括

調べる綴り方の生活態度　畔柳　律治（愛知）
調べる綴り方の文材暦と其の実践工作　植村　秀芳（新潟）
調べる綴り方の実践記録　逸見　嘉逸（埼玉）
生活と調べる綴り方　柴田　清一（宮崎）
調べる綴り方の設営とその実践指導　池田　和夫（新潟）

Ⅳ　「実験観察主の調べる綴り方」千葉春雄編　昭和九年一二月五日　東宛書房
第一篇　実験観察主綴り方の実践的理論
実験観察主の綴り方設営とその展開　高野　柔蔵（東京）
綴り方前進第一課　植村　秀吉（新潟）
実験観察の綴り方　牧沢　伊平（　）
調べる視角の層　木下　竜二（福島）
第二篇　学年中心の綴り方研究
尋二における　観察実験を主としたる作品行動　吉田　瑞穂（東京）
中学年と自然観察の綴り方　国分一太郎（山形）
実験観察させる綴り方指導　逸見　嘉一（埼玉）
第三篇　特に農村を意識する綴り方実践
農村に与えられた実験観察　高畑　稔（岡山）
山村の実態に発酵したる　綴り方生活と実践　永沢　一明（岩手）
第四篇　自然研究の綴り方実践
植物を中心とする　自然観察の綴り方と其の実践記録　峯地　光重（鳥取）
綴り方学習における　自然観察指導の実践　川村　章（山梨）
自然研究と調べる綴り方　池田　宗矩（樺太）
実験観察の綴り方実験　稲村　謙一（鳥取）
第五篇　実験観察主の綴り方実践
実験観察と私の綴り方教育　今田甚左衛門（三重）
子供・観察・指導　木村　寿（宮崎）

Ⅰ　生活綴方実践史研究（その一）

実験観察の記録と児童綴り方生活の展開　林　義男（三重）
観察主綴り方の実践　野村　慶一（広島）
実践観察主の綴り方　池田　和夫（新潟）
生活を観察する　近藤　益雄（長崎）

Ⅱ　生活綴方実践史研究（その二）

――広島・岡山・山口・島根県のばあい――

七　広島県の生活綴方運動——昭和一〇年代における県東部地区の運動を中心に——

はじめに

本節は、戦前の広島県の生活綴方運動を、とくに、東部地区の運動を中心として概観しようとするものである。概観に先立って、従来の生活綴方運動史における広島県の地位についてかんたんに触れておきたい。

従来、生活綴方運動の史的展開を扱ったものの中で、広島県の運動のことに触れているものは皆無といっていい。国分一太郎氏も、滑川道夫氏も書いておらず、隣県の峰地光重氏さえ何も言っていない仕末である。従来の生活綴方運動の史的叙述の中では、全く無視されてきているのである。むろん、これは、理由のないことではない。佐々井秀緒、稲村謙一、妹尾輝雄をはじめとして、二〇名に余る強力なメンバーを擁する鳥取、小山（渡辺）玄夫、時本堅らの岡山、師井恒男の山口と、それぞれが精力的な活動家を持った隣県に比べ、広島県の運動は、かなり地味なものであったからである。東北地方や、鳥取におけるがごときものとしては存在しなかったからである。

しかし、地味であり、目立たぬものではあったけれども、広島県にも生活綴方運動は確かに存在した。たとえば次の名簿である。

土本芳　沼隈・柳津　斜面の村　浜風
岡崎千代香　同

河野正通　同
野村慶一　佐伯・五日市　海風　五日市
渡辺千代　深安・自彊　あさひ
平井正行　同

これは、「ぼくの夜しごと」[1]所収の「実践家人名録」の中、広島県の部分を書きぬいたものである。この人名録は、昭和一〇年代に、「工程」「綴方学校」[2]によって活躍した人を中心にまとめたものであるが、その中に広島県の実践家の名が六名、ちゃんと載せられているのである。総員七四〇名中の六人だから数からいえば多くはないけれども、これらの人たちが、中央の雑誌と連絡をもちつつ、活躍していた、という事実は、示されているのである。ところで、この六人の勤務校をみていただきたい。五人までが県東部地区である。このことは、少なくとも、「工程」や「綴方学校」によっていた人は、県東部に集中していたということを示していると考えていいだろう。県東部における生活綴方運動の歴史は、だいたい次の三期に分けて考えることができる。すなわち、Ⅰ発生期、Ⅱ発展期、Ⅲ衰退期である。以下、それぞれの時期の実態を叙述していくことにする。

Ⅰ　発生期（昭和五～九年）

1　広島県国語教育同好会の結成（昭和五年）

広島県の生活綴方運動の発祥は、昭和五年に組織された広島県国語教育同好会にあるとみることができる。この会は、当時三原師範付属訓導であった白松克太氏（現在、豊田郡瀬戸田小学校長）を指導者とし、県東部の深安、御調、沼隈、世羅、豊田の各郡、および福山市の小学校教師有志が相寄って組織したものである。主要メンバーは次のごとくである。

白松克太、貫井芳（故人）、北川勇、末田克己、藤井正夫、野村慶太、和田次朗[3]

この会は、毎年定期的に集会を持ちつつ、戦争が激化する昭和一八年まで、一四年間の長期にわたって継続せられ、県東部地区における生活綴方運動の母胎となったのである。

2　「土の綴り方」[4]との出あい

広島県国語教育同好会は、当初、生活綴方運動を目的とするものではなかったが、雑誌「綴方生活」[5]の購読、「土の綴り方」などによる影響から、しだいに生活綴方としての様相を帯びてくるようになる。メンバーのひとりである北川勇氏（現在、深安郡大津野小学校長）の「土の綴り方」とのであいもその一例として考えることができよう。北川勇氏が「土の綴り方」に接したのは、昭和六年ころであった。氏は、当時を回想して、「この書物のもつ土のにおい、土に生きるものの哀感とロマンチシズム、それが強く私を感動させた。私は、この書物によって、生活綴方への目を開かれた。[6]」というふうに述べている。北川氏とは三年の後輩である三島茂夫氏（現在、深安郡広瀬中学校長）も、同じように強烈な感動を受けている。[7]

3　静岡の夏季大学

北川氏はまた、生活綴方へのつながりを深めたものとして、昭和六年、静岡県の小山小学校で開かれた夏季大学をあげている。この夏季大学は、当時小山小学校長をしていた古見一夫氏が主宰する雑誌「新綴方教育」にとじこまれたパンフレットによって知ったもので、これへの参加が、北川氏を決定的に、生活綴方教師たらしめたのである。この夏季大学での収穫は、古見一夫氏とのであい、富原義徳氏との出あい、各地との文集交換をはじめたこと、などであった。なかんずく、「土の綴り方」の著者である富原氏との出あいは、その〝生活綴方的〟な風ぼうによって、若い北川氏を感激させたらしい。この会場で、全国各地の生活綴方教師と出あい、互いに文集交換を約したということは、実践の面での運動の高まりとして位置づけてよいであろう。

Ⅱ　発展期（昭和九～一四年）

1　北日本国語教育連盟の結成

北日本国語教育連盟が秋田で結成されたのは、昭和九年一一月である。広島県の生活綴方運動が、この連盟から直接的な影響を受けることはなかったが、滑川道夫氏らの、いわゆる後期生活綴方運動の余波が、なんらかの形で、広島まで押し寄せたことは考えていい。貫井芳氏と鈴木道太氏との文通も、おそらく、鈴木道太氏がもっともはなばなしく活躍していたこの時期ではないかと想像される。こういうわけで、一応、北日本国語教育連盟結成の時期をもって、発展期にはいるとみなしたわけである。

2　生活綴方関係の文献とのであい

北川勇氏や三島茂夫氏が、生活綴方の理論書として、くりかえし、くりかえし読んだ書物に次の二冊がある。

野村芳兵衛著「新文学精神と綴方教育」（昭和一一年刊）

村山俊太郎著「生活童詩の理論と実践」（昭和一一年刊）

これらは、いずれも昭和一一年の刊行である。この時期に、理論的な要素の吸収がなされたとみてよい事例の一つである。

3　広島県国語教育同好会

広島県国語教育同好会は、昭和五年以後、引きつづいて、毎学期二回くらいの割で開かれている。夏休みには、高根小学校、柳津小学校などで合宿研究をやったのもこの時期であり、会の招きに応じて、百田宗治氏が来福したのもこのころ（昭和一二年?）[8]である。百田氏を迎えての研究会は、同好会としては最大の研究会であり、参加者は約三〇名を数えた。そして、これらの諸成果を内に含みつつ、生まれたものが、貫井芳著「尋四生活綴方の解説と指導文例集」（昭和一四年刊）である。

4　貫井芳著「尋四生活綴方の解説と指導文例集」

この書物は、おそらく、広島県国語教育同好会一四年の歩みの中における最大の所産である。編集は、昭和一三年の夏におこなわれた。とまりこみによる共同討議の結果の産物である。

この編集にあたって、大きな問題となったことが二つある。一つは、貫井芳氏の指導作品にあった「ゼニの問題」、いま一つは綴方における指導系統である。ゼニの問題は、生活主義か表現主義かで約一日半論争し、結局問題の作品は省くこととなった。指導系統の問題は、それ以上の大問題で、共同討議の中心課題であった。当時、校長の作文観には、それが指導系統を持たぬ、という点から、正当の教育とみなさない、とするものもあったようで、同好会のメンバーたちとしては、綴方教育振興のために、ぜひともやりとりとげなければならない課題であったのである。こうしてできあがった指導系統は次のようなものである。

4	自由作　当番	10	けんくわ　錢
5	観察日記　遠足	11	働く綴方　自由作
6	僕の生活　働きの詩	12	人（家の人、友達）詩
7	手紙	1	自分のくせ調べ
8	夏休日記	2	自由作　あだなの研究
9	自由作　動物観察	3	ことば遣ひ　私の文集

（貫井芳著「尋四生活綴方の解説と指導文例集」による）

当時、県下には、指導系統らしきものは全くなく、これは実践者渇望のものであった。編集にあたったメンバーも、〃はじめての指導系統〃と、ひそかに自負するところがあったのである。「生活綴方の解説と指導文例集」は、北川氏のお話によると、尋一から高等科まで、全学年を通じて編集した由であるが、それらは散佚してしまっており、入手は困難となっている。

5　深安郡綴方教育同好会

この会は、深安郡の小学校教師有志の集まりで、上記の広島県国語教育同好会とは別の組織である。昭和一二年ころから昭和一八年に至る七年間継続されている。会合は毎月一回ということになっており、（実際には予定どおり開けなかったことも、ままあったようだが）「児童文集」の編集がその中心的な仕事であった。会員では女教師に熱心な人が多く、さきに「実践者人名録」の所で名前をあげた渡辺千代氏もそのひとりである。（「児童文集」の詳細については次項に譲る）このほか、会員相互間において、綴方研究授業や実践報告がおこなわれていた。深安郡綴方教育同好会は、広島県国語教育同好会とともに、県東部地区における生活綴方運動の中核をなしていたということができる。

6　深安郡「児童文集」

深安郡「児童文集」は、昭和一二年から一八年まで、年二回発行されており、活版印刷、一〇～二八ページのものである。一・二年用、三・四年用、五・六年用、高等一・二年用の四部立てで、一部二円であった。これは、深安郡内全員に配布されており、その部数は約一万部を数えるというりっぱなものであった。当時は、全国的に文集の全盛時代であるが、そのほとんどは、学級文集で、学校文集が時々ある、という程度のものであったから、郡単位の文集というのは、まったくユニークなものであったといっていい。「綴方学校」「綴方倶楽部」へ投稿したときも、まず、郡単位の文集ということで注目を集めたといわれる。(9)

次にあげるのは、「児童文集」の目次の一例である。編集者の情熱と細心な配慮は、この目次だけからでもうかがい知ることができる。

深安郡児童文集尋五・六用　第三輯・第一号

目　次

研究文　母馬子馬　湯田校　尋五　梅田　明　(2)

評　(3)

詩　鑑賞詩、詩作品　(4)

萬歳の声	事変と生活	日支時変展覧会を観る	市村校	尋五	小畑　博	(7)
		戦地の兵隊さんへ	引野校	尋六	倉田　歌子	(8)
		戦傷された叔父さん	春日校	尋六	松本　和枝	(8)
		萬歳の声	自彊校	尋六	小川　房人	(10)
お母さん	家の人	お母さんの病気	御野校	尋五	河合レイ子	(12)
		隣りのおばさんの死	山野校	尋五	池田ノブヱ	(13)
		母	神辺北校	尋六	松井　晃二	(13)
		散髪	千田校	尋六	三島　広司	(14)
		僕の家	道上校	尋六	坂本　重豊	(14)
先　生		師の思出	御野校	尋五	松本八千代	(15)
		病気見舞	坪生校	尋五	桑田　克巳	(16)
		松浦先生へ	広瀬校	尋六	松井　広枝	(16)
		しかられたこと	神辺南校	尋六	杉原　清人	(17)
夕　立	自然を見る	夕立	加茂校	尋五	松田　花子	(18)
		ありご	百谷校	尋五	江種　祐司	(18)
		落雷	大津野校	尋六	藤井　勝	(19)
日　記			中条校	尋五	吉沢　富夫	(20)
	東安校			尋六	小林恵美子	(21)
歌　句		苗取	中津原校	尋六	浅野キヌヱ	(21)

作品の実例はスペースのつごうで引用できないが、郡内から選ばれたものだけに、かなり達意なものである。綴方の終りには全部にかんたんな評語が記入してあるが、とくに研究文には、本文と同じ分量くらいの評語があり、

また、生徒の詩作品のページには、鑑賞詩を上らんに配列してあるなど、編集者の気合いの入れ方を思わせるものがある。この文集における「生活」の意味、萬歳の声の項目が特設されていることの意味など、「児童文集」の分析は、また別の機会に譲りたいと思う。この「児童文集」については、当時、編集者のひとりであった北川勇氏が、二〇分にわたってＪＯＦＫから放送しており、この文集が社会的にもかなり認められてきていることを示している。

「児童文集」の編集委員は、次のとおりである。

委員長　世良　芳平　のち　佐藤　栄一
委　員　北川　勇　島本　常治　柴田　直一　松岡　有明　三谷　正行　三島　茂夫
　　　　松井　長一　門田　武夫　和田　次朗

なお、ここでわすれてならないのは、小林哲氏（当時、深安郡担当の県視学）の尽力である。校長あたりからはかなり難色を示されたこの文集が、七年間の長きにわたって発行された陰には、小林氏の力がひそんでいることを銘記しておきたいものである。

7　貫井芳と北川勇

県東部における生活綴方運動の中心人物をあげるとすれば、まず、このふたりであろう。ふたりは、謄写版刷りの同人雑誌「暖流」を作ったり、文集を作ったり、授業の相互批評をやったり、実に精力的な仕事をしている。「概念くだき」「学級文化」「生活組織」をモットーとし、生活主義に徹しようとした姿をわれわれは見るのである。教室の額の中味をはずして、その中へ〝生活優等生〟（よくお手伝いをしたとか、友だちやみんなのためにつくしたとかの）の賞状をかけて校長の顔をしかめさせた北川氏。鞆のスラム街で、学校へ寝泊まりし、二四時間の生活教育を実践した貫井氏。この両氏の綴方観は、前記「尋四生活綴方の解説と指導文例集」に見ることができる。

貫井芳（旧姓土本）氏の指導作品は、「ぼくの夜しごと」「学年別生活綴方読本」[10]にそれぞれ土本芳の名で収録されている。後者のばあいは、〔指導の経過について〕〔指導上の留意点〕が貫井氏のことばで書かれており、氏の綴方観をみる上で重要な資料となっている。

Ⅲ　衰退期（昭和一五〜一八年）

県東部地区における生活綴方運動が衰退しはじめるのは昭和一五年ころからである。この年は、いわゆる皇紀二千六百年であり、その祝賀行事として皇軍慰問文、皇軍慰問歌集が大々的に募集されるようになる。生活よりもまず戦争の時代になるわけである。松やにとりや「皇国民錬成」教育が忙しくて、生活綴方どころではなくなっていったのも、またこのころからである。昭和一六年ころには、貫井・北川両氏の連絡も杜絶し、昭和一八年には、広島県国語教育同好会、深安郡綴方教育同好会は、ともに自然消滅の形となる。戦前における広島県東部の生活綴方運動は、ここに一応の終止符をうったと見てよいのである。

おしまいに、この期の生活綴方運動の問題点としては、つぎの三つのことを指摘することができよう。

1　生活主義・ロマンチシズム・皇国民教育が共存していること。「赤い鳥」綴方の超克をめざしつつも、なおロマンチシズムは温存されており、しかも、それが、皇国民教育へほとんど抵抗感もなく移行しえているということ。

2　概していうならば、〝貧困〟とはいいながらも、「オレンジかおる瀬戸内海」の生活綴方としての特性をもつこと。

3　それにもかかわらず、こども（とくに小学校六年生までの）の生活意識と教師の生活意識の間にはズレが見えるような事例もあること。

〈付記〉

この論稿をまとめるにあたって、白松克太・北川勇・三島茂夫の三先生に懇切なご教示をいただいた。記して厚くお礼を申しあげたい。

注

（1）参考資料の項参照。
（2）百田宗治主宰の綴方教育雑誌。
（3）白松克太氏へのインタビューによる。記載もれがあるかもしれない。今後精密なものにしてゆきたいと思う。
（4）富原義徳著、昭和三年厚生閣刊。
（5）小砂丘忠義主宰の綴方教育雑誌。昭和四年一〇月創刊、生活綴方運動の理論的支柱となる。
（6）北川勇氏へのインタビューによる。
（7）三島茂夫氏へのインタビューによる。
（8）インタビューによる。一二年か、あるいはそれ以後か、記憶不鮮明。
（9）北川勇、三島茂夫両氏談。

参考資料

1　貫井芳著「尋四生活綴方の解説と指導文例集」（昭和一四年九月一日　尾道市前市プリント社刊〈謄写印刷〉）
2　深安郡「児童文集」（第三輯第一号〜第七輯）

3　百田宗治　滑川道夫　吉田瑞穂編「生活綴方代表作品　ぼくの夜しごと」（昭和二八年三月二〇日　金子書房刊）
4　吉田瑞穂編「学年別生活綴方読本」（昭和一四年四月一日　文教書院刊）
5　富原義徳著「土の綴り方」（昭和三年一〇月一八日　金子書房刊）
6　村山俊太郎著「生活童詩の理論と実践」（昭和一一年二月一八日　啓文社刊）
7　野村芳兵衛著「新文学精神と綴方教育」（昭和一一年一月一八日　厚生閣刊）
8　国分一太郎著「生活綴方ノート」（昭和三一年八月一五日　新評論社刊）
9　インタビュー
○　白松克太先生（現在、豊田郡瀬戸田小学校長）（昭和三五年八月二四日訪問）
○　北川勇先生（現在、深安郡大津野小学校長）（昭和三五年一〇月一六日訪問）
○　三島茂夫先生（現在、深安郡広瀬中学校長）（昭和三五年一〇月一六日訪問）

八　広島県の生活綴方運動の実態——深安郡「児童文集」の分析を通して——

はじめに

広島県における生活綴方運動が意欲的におし進められたのは、昭和の一〇年代、沼隈郡、深安郡を中心とする県東部地区においてである。(1) 白松克太氏を指導者とする広島県国語教育同好会（昭和五年結成）と、北川勇氏らを中心とする深安郡綴方教育同好会（昭和一二年結成）とは、その二大拠点であった。広島県国語教育同好会は、その一四年間にわたる研究活動の所産として、貫井芳著「尋四生活綴方の解説と指導分例集」（昭和一四年刊）を発刊し、深安郡綴方教育同好会は、その研究活動が戦争のため自然消滅の形となった昭和一八年まで、毎年「児童文集」を発行しつづけた。この論稿は、「児童文集」の分析を通して、広島県における生活綴方運動の実態の一つの事例を具体的にみていこうとするものである。

一　「児童文集」の発行

深安郡「児童文集」は、昭和一二年九月に第一輯第一号を出し、以後、昭和一八年二月まで毎年二回（第六・七輯は年一回）刊行されている。A5判、活版印刷、一〇〜二八ページのもので、一・二年用、三・四年用、五・六年用、高等一・二年用の四部立てとし、一部二円で深安郡内児童全員に配布されており、その発行部数は、約一万部であった。深安郡小学校教師有志の集まりである深安郡綴方教育研究会の人たちが月一回の会合を開いて「児童文集」の編集にあたり、この編集が、この会の中心的な仕事であった。(2)

「児童文集」の編集者は次のとおりである。

委員長　世良芳平　のち　佐藤栄一

委　員　北川勇　島本常治　柴田直一　松岡有明　三谷正行　三島茂夫　松井長一　門田武夫　和田次朗

二　「児童文集」編集の態度

1　郡の文集としての編集

「児童文集」が、深安郡内の全児童に配布されたことは前述したとおりであるが、この文集を郡の文集として出すということで、編集者たちは、相当心をくだいたようである。

「一郡の文集であれば、品位といふものも考へなければならぬが、だといって佳い作品のみを載せるわけにも行かないので本号は非常に編輯上困った。自然佳い作品で載らなかったのが多々あることを知ってもらひたい。」

たとえば、編集後記にこのことばをのせた高等一・二年用第四輯・第二号のばあいについていえば、採択されている一八の作文中、同一校から二編以上とられているものは皆無である。一八の作品を一八の学校から選んでいるわけである。他の学年、輯、号のばあいにも、一校一作品という方針は、原則的に貫かれている。低学年のばあい、時に二作品があり、高学年のばあい、学年をちがえて（高一年と高二年というように）二作品ということがあるていどである。指導的文集の品位を高く保つということと、必ずしもすべてが意欲的とはいえぬ学校の意欲を喚起し、維持させるということとの間にある矛盾を、郡文集としての「児童文集」は、常に内包していたということができよう。昭和一〇年代に全国各地でおこなわれた文集コンクールに、郡単位の文集として注目されながらも、入選、入賞のことがなかったという事実も、この矛盾の反映とみることができると思われる。

しかし、こうした矛盾を内包しつつも、八年間、郡文集としての性格を一貫しえたことは、たしかに、編集者の一見識であった。

文集づくりは多くの時間と多くの労力を必要とする。一学級・一学校の中でも文集を継続的に発行するのはなみたいていのことではない。郡文集としての「児童文集」がさまざまの困難にであったであろうことは容易に想像できる。それをのりこえていった情熱は、またひととおりのものではなかったのである。

2　綴方教育研究の姿勢

「児童文集」は、深安郡全域に配布された。それはまず全児童に向けてのものであったが、同時にそれは、全小学校教師に向けてのものでもあった。各号の「編輯後記」は、すべて教師あてに書かれたものであり、作品の選択、配列にも教師に対する配慮がみられる。

「（先生に）教師用書の指導要項と参考文題を中心に細目的文例となれぱと苦心して選択配当して見ました。」

（初一・二年用第六輯　編輯後記）

「（受持の先生方へ）一、日記文が二篇ありました。（内一篇を載す）もうこの頃から生活を反省する傾向を形成し、自己の成長を喜ぶ芽生えが出来ますから注意して無理のない様伸ばして下さい。
一、動物や人物を書いた文は可成ありましたが観察の仕方を具体的に系統的に指導してやる必要がありま す。
一、自然を書いてゐた文が一篇（加茂校）ありました。児童は漫然と観、漫然と触れてゐるだけで、自然を自然としてははっきり意識する観照の態度がありません。これは此の頃の児童には至難なことですが、こうした傾向をこの時代から多少でも形成する様指導してやって下さい。」

（尋二年用　第四輯・第一号　編輯後記）

「この度文の方では特に写生文の開拓をやってもよい機運になってゐると感づいた。次の手がゝりとなってもよいので割合多く採った。研究的に扱ってほしい。」（高等一・二年用第四輯・第二号　編輯後記）
「◎先生が児童の文に干渉し過ぎてゐるやうに窺はれ甚だ気持よくない。清書するのも児童自身に行はすのがよいと思ふ。
（後略）
◎表現に当っては国民学校新読本の表現形式に倣って指導して頂きたい。（例へばたび〳〵の時たびたびとかいて〳〵を用ひないこと）
◎教師用書中綴方指導要項を熟読した上指導して頂きたい。」（初一・二年用第七輯　編輯後記）

これらの編集後記の中に、「児童文集」を単なる作品集ではなく、綴方教育研究に資するところの文集にしようという編集者の意図をくみとることができる。このような綴方教育研究の姿勢は、「児童文集」編集態度の重要な一側面である。

3　生活綴方としての意識

「児童文集」の編集者のひとりである北川勇氏は、貫井芳（故人）氏とともに、広島県東部における生活綴方運動の中心人物である。

北川氏は「土の綴り方」（富原義徳著　昭和三年刊）によって生活綴方への目を開かれ、その後、富原義徳氏をはじめ、全国各地との生活綴方教師との出あい（昭和六年、静岡の夏季大学）、野村芳兵衛著「新文学精神と綴方教育」（昭和一一年刊）、村山俊太郎著「生活童詩の理論と実践」（昭和一一年刊）の精読などによって、いわば生活綴方の洗礼を受けており、同じく、「土の綴り方」、野村、村山の前書などの読者であった三島茂氏などとともに、「児童文集」に生活綴方の立場が導入されたのは極めて自然のなりゆきである。

「大てい叙景文は働く途中に外を眺めるのである。有閑文章である。それも勉強としてはよい。然し、これが最上のものではない。自らの打振る鍬の重さ、掘返した土の色、父母との語らひ、それが文にならないものだと誰が言へようか。我郡の文はそこを目指した生活の写生文であらうではないか」。（高等一・二年用第四輯第二号所収、「晩秋の夕」（高一男）に対する評語）

「根気よく働いて根気よく文にする。そこに綴方のねうちがある。この文にもそこにねうちがある。」

（尋五・六年用第三輯第二号所収「働いた事」（尋六女）の評語）

「作品本位よりも生活体系本位に採択且つ案配したものである。」（初一・二年用第六輯・編輯後記）

「生活を統制しよりよき生活を持つために綴方は大切な役目をもってゐると思ひます。努力して下さい。」

「しっかりとした歩みを持った文、僅かでも生活を進めている文を採用したので、文の豊かさ立派さは不充分であるものもあった。」（同右）

（第七輯　編輯後記）

そして、このばあい、編集者が最も重視したのは「働く生活」であり、「働く綴方（詩）」であった。「根気よく働いて根気よく文にする、そこに綴方のねうちがある。」――これは、生活綴方教師としての編集者の態度を端的に表明したものである。「児童文集」のほとんど毎号に「労働」「勤労勉学」「仕事の文」「家のてつだひ」などの項目が設けられるか、課題作として出されている。また、詩特集号である第五輯第二号の詩は、全学年にわたって、そのほとんど大部分が「働く詩」である。次に、「働く詩」のいくつかをとりあげ、それについての評語を書きぬいてみよう。

稲こぎ　高一女

日曜だから稲をこいだ。
父も兄もゐなかった。
母がこぐ弟が運ぶ、
私が藁をくくった。
妹は小さい弟の守をした。
稲はだんだんへり、
藁は後に山と積まれる。
だがないのはもみである。

いくらこいでもしひらが多い。
今までの苦心を思へばつらい。
水かへや田の草等は、
去年にもましてしたであらう。
ほんたうに情ない年だ。
けれども私等は、
歯を喰ひしばり、
日々の仕事に精出さう。

◎激しい労働、こんなにまで働きながら「だがないのはもみである。いくらこいでもしひらが多い。」作者は心に涙したであらう、だが見よ「歯を喰ひしばり」と太くたくましき生活感情を描出してゐるではないか。

詩の最後の三行の作為的であること、評語が感情におぼれていることの二点に問題は残されているが、このような「働く詩」を書かせ、掲載するという意欲は十分に見てとれよう。

前述した第五輯第二号の尋五・六年用には、巻頭詩をふくめて、三五の詩が収録されているが、その題名は次のようである。

巻頭詩　稲かり　五女

詩第一部

菜洗ひ　六女　車押し　五女　稲刈　六女

麦まき	五男	月夜	六女	いもほり	六女
水車	六女	家業援助	六男	こえかたぎ	六男
手伝	六男	稲刈	六女	かぶ切	六女
株切り	五男	雪のかけ足	六女	稲刈	六女
車押し	六男	わら打	六男	豆こぎ	五男
水くみ	五男	くどたき	五女	わらはこび	五男
稲こぎの晩	五男	べんたう	六男	山なぜ	五女
わるき運び	五女				

詩第二部

稲刈	五男	麦蒔	五女	山行	五女
いねかり	五女	冬が来る	五男	稲運び	五女
米つき	五女	稲刈奉仕	六男	芋掘	五男

右の三五編中、「働く生活」そのものをとりあげていないのは、「雪のかけ足」「冬が来る」の二編だけである。今、この中から、二つの作品と、第一部の詩に対する評語をあげておこう。

こえかたぎ　六男

「やれ〱」と言ってはいどうらをおろした
くわを握ったままで壁によかってじっとして休んだ

まだ行かねばと思ってゐたら
「速う荷をせえ」と姉が後で言った
振向もせずに居た
又さいそくしたので静かに振向くと
棒に腰をかけて上の柿を見てゐる
姉もしんどいのだろうか、でものんきさうだ
手が痛いと言って少しも荷をしないと思ふと腹が立つ
くわを握りかへて立った
牛肥を掘ってくだいた
休み〳〵するので容易に出来ない
やっと二人の荷が出来た
だが僕のは軽く姉のは何時もと同じ事入れた
かつがうとすると肩がづき〳〵痛い
がまんして立ったがふら〳〵した
足の力が抜けたようでひや汗が出る
すこん〳〵行く姉の後をひょろ〳〵と坂を下りた

べんたう　六男

左手にべんたう
右手にわきたてのやかん
ぐっとにぎりしめてたんぼへと急ぐ
うーと昼げをつげるサイレンが

神辺中へひびき渡る。
父母はさぞひもぢからう
電線がうー〱となって居る
冷い風だ。
思はづやかんにてをあてる
まだ暖い
うちのたんぼはもうすぐそこだ
「べんたう持って来たで。」と叫ぶと
母がにっこり笑って僕を見た。

詩第一部について

秋の労働それはとり入れの詩、運ぶ仕事の詩、調製する働を書いた詩、野良で働く父母の家業をして、後顧のうれひなからしめる働を書いた詩、種蒔の詩であるが、子供達はよく働きよく書いてゐる。その姿を今度の詩特輯号は、まざ〱と見せてくれる。（中略）第一部にある子供達の詩は、その生活の態度のねばり強さと、働きへの大きな参加とが生んだ、生々しい労働の詩である。そういふ児童の作品を通じてその教室の空気を推しはかってみると、教師にも児童にも何か得るところがあると思ふ。固く生き〱した茎に感じる「菜洗」父との山里の夜を「水車」へ行く親子の情愛。肩がづき〱するのをぢっとこらえて「こえかたぎ」する肉体が感ずる詩。「わら打」「稲刈」「水くみ」「わるき運び」「いもほり」「かぶ切」「麦蒔」の働の中にみつけた詩を生活語で率直に書いたのが第一部の詩である。働くことの楽しさ美しさに、詩をみつけることを、そうしてそれを作品にすることについて私達にはっきり教へてくれるものがある。

右に引用した詩、および詩第一部についてては、「児童文集」が生活綴方の意識をもつものであることを明瞭に示しているということができよう。

むろん、このばあい、「児童文集」における「生活」は、東北地方の、いわゆる北方性教育運動における「生活」と同じものではない。「児童文集」における「生活」は、あくまで深安郡における「生活」である。よくもわるくも、それは「オレンジかおる瀬戸内海」（北川氏らはよくこういっていたそうである。[2]）の生活綴方である。

4　戦時色の反映

「児童文集」が、生活綴方の意識をもつものであることは、前節で述べたとおりである。しかし、その意識は、北方性生活綴方運動のそれとはいろいろの点で異なる面をもっている。経済観念、生活意欲、表現力の相違などがそれである。しかし、何よりも大きな相違点は、北方性の生活綴方が一貫して反戦的、反文部省的であるのに対して、「児童文集」が、そういう抵抗的な姿勢をもたないことである。

「児童文集」では、「働く詩」（綴方）とほとんど同じていどの分量の「戦時綴方」がある。たとえば、労働の項目で四つの綴方があり、すぐそのあとに銃後の項目で三つの綴方がある（尋五・六年用第三輯第二号のばあい）、といったふうである。そして、この「戦時綴方」は、四輯（一号―昭和一四年九月、二号―昭和一五年二月）、五輯（一号―昭和一五年九月、二号―昭和一六年二月）、六輯（昭和一七年二月）と、年とともにその表現が「戦時的」になってくる。そして、ここで注目すべきは、綴方、詩などの作品が、しだいに戦時色を強めていくにもかかわらず、「児童文集」の編集者は、おおむね、生活綴方教師としての態度を堅持していることである。

たとえば、高一・二年用の第四輯・第一号の巻頭に研究文として載せられた「兄さんへのかげぜん日記」（高一女）には、五氏の合評がつけられているが、「世界無比の皇軍の威力もこう言ふ銃後を守る家族の出動兵士への純情がつくるのでせう。」というふうに述べたひとりのほかは、「感傷的ないや味も余りなく又概念的に流れず綴方で応召中の兄の事を考へようとする生活態度はよい。兄の写真に向って在るが如く日々申すことばには真情が溢れてゐて好ましい。」に代表されるような、日記によって心を培い、生活を培う態度をよしとする評語なのである。

このような編集者の態度は、次のようなことばの中に、いっそう明瞭に示される。

「この度の応募作品中には青少年義勇軍に宛てたものが二三あったがどれも皆言葉が先走って情に於て欠げてゐた。殊に慰問文等は一律に遠大な国策を提げて説教でもする様ないやな臭が鼻につくものである。（中略）御野校の松本さんのは簡潔な文の中に言はんとする所をよくまとめてはゐるが、前言った様な思ひ上った言葉の使ひ方がしてある。一般に綴方では決心とか義務とか言ふ言葉をさう安っぽく使ってはならない。それは皆が兵隊さんの送り迎への挨拶でどんなのが真に人を感動さすか考へて聞いてゐたら分る事と思ふ。どうも手紙や挨拶は上手なよりも下手ながら人を感動さすものの方がねうちがいいやうだ。」

（高等一・二年用第五輯・第一号手紙の項の評語）

「坪生校の桑田さんのは戦地へ送る手紙として成功してゐるものの一つだ。特に子供が蝉をもてあそびもよいし、又ニュースで兄の部隊を聞く場面等「万歳」といふ言葉が充分生きてゐる。家内一同無事では戦線の兄は得心しないがこんなに書けば恐らく家の様子をありありと知ってもらへるだらう。」（同上）

このような生活綴方をめざす態度は、「児童文集」最後の号である第七輯（昭和一八年二月一五日発行）まで堅持されている。

「相当難かしい言葉をつかって整然と書いてゐるが、ややよそ行の感じがして実感に乏しいものがある。（中略）一周年を迎へるに当ってより深く大東亜戦と言ふものを知って来たのであるが、その間に於ける自分の生活なり社会の様子なりを静かに反省しそこから新たに生れる決意を書いて欲しかった。」

（初五・六年用第七輯所収「大東亜戦一周年を迎へて」（六男）の評語）

年とともに戦時色を強め、「よそ行」の感激調を強めていく綴方と、これらの評語との対照的なあり方は、一般の教師の意識と、「児童文集」編集にたずさわる教師の意識とのちがいを示すものとみてよいであろう。ここにもわれわれは、生活綴方教師の良識を見るのである。

しかし、「児童文集」の編集者たちは、生活綴方教師としての良識を堅持しつゝも、「銃後生活の綴方」・「事変」・「時局と子供」「大東亜戦と子供」・「時局への心構へ」などの項目を毎号設け、それらをテーマとした綴方や詩を収録している。そして、評語や編集後記などから考えても、「児童文集」の編集者は、そのことに格別の抵抗を感ずることなく、ごく自然にそれら「戦時綴方」をとりあげているように思われるのである。「戦時綴方」に疑問を感じたり、それに抵抗を示したりするのでなく、むしろ、時局の推移による必然のものとして、それを認め、そのあり方、表現の仕方について指導していこうとする態度である。

「私たちは戦争をとくに罪悪視してはいませんでした。むしろ先頭に立って、慰問文など書かせていました。終戦当時は、警察から右翼として尾行されたくらいです。[3]」――これは編集者のひとり、北川勇氏のことばであるが、これはこの間の事情を十分に説明してくれるであろう。

「児童文集」の生活綴方教師からみれば、「戦時の生活」も、「働く生活」と同じくまさしく「生活」であり、それをえがくことは生活綴方にほかならなかったのである。

5　反文部省的でない態度

東北地方における生活綴方運動の特色の一つは、それが上からの指示によっておこったものでなく、下からの、地方々々の、いわゆるいなか教師たち（とくに若い教師たち）の中からおこった自発的な運動であったことである。それは、文部省や県視学のありきたりの教育計画、教育方法に対する強い不信感を背景としたものであった。反文部省的、反官的な姿勢は、東北地方の生活綴方教師たちに共通する大きな要素であったのである。

ところが、「児童文集」の編集者には、そのような反文部省的、反官的な姿勢がどこにも見られない。

「表現に当っては国民学校新読本の表現形式に倣って指導して頂きたい。」（初一・二年用第七輯　編輯後記）

「教師用書中綴方指導要項を熟読した上指導して頂きたい。」（同右）

これらは、「児童文集」が反文部省的ではないことを示す事例と見てよいものである。個人の意志をそのままに表現できる学級文集と、深安郡全体を対象とする「児童文集」とでは、おのずと姿勢のもち方がちがうであろうことを考慮に入れても、やはり、「児童文集」が反文部省的ではないことを認めずにはいられないのである。

そして、このように反文部省的でなかったことが、戦時綴方をとりあげていったこととともに、生活綴方そのものとしては、一種のなまぬるさをもちつつも、北方の生活綴方運動が挫折してしまった後にも、昭和一八年まで、七年間の長きにわたって「児童文集」を継続することができる要因となったのである。

三　作品応募の状況

1　採択作品数

今手もとにある「児童文集」に採択されている作品の数は次のようである。

輯	号	学年	ページ数	作品数 作文	作品数 日記	作品数 手紙	作品数 詩	作品数 短歌	作品数 俳句	合計	発行年月日	備考
三	一	5・6	22	18	2	0	11	10	19	60	13・9・1	
三	二	5・6	28	17	2	1	24	48	91	183	14・2・20	
四	一	1	10	11	0	1	1	0	0	13	14・9・10	
四	一	2	20	17	1	3	5	0	0	26	14・9・10	
〃	〃	3・4	24	18	6	3	11	0	0	38	〃 〃	
〃	〃	5・6	22	15	3	2	9	22	49	100	〃 〃	
〃	〃	高1・2	24	21	1	2	5	40	42	111	〃 〃	
四	二	1	18	20	0	0	8	0	0	28	15・2・1	
〃	〃	高1・2	24	15	2	1	17	56	53	144	〃 〃	
五	一	1	10	15	0	1	5	0	0	21	15・9・1	
〃	〃	2	18	10	0	8	18	0	0	36	〃 〃	
〃	〃	3・4	22	11	7	2	20	0	0	40	〃 〃	

〃	〃	5・6	22	19	3	0	14	20	37	93	〃〃	
〃	〃	高1・2	22	10	3	25	4	32	50	124	〃〃	
五	二	1・2	12	5	0	11	9	0	0	25	16・2・1	詩特集号
〃	〃	3・4	12	0	0	8	38	0	0	46	〃〃	〃
〃	〃	5・6	14	5	0	0	35	42	39	121	〃〃	〃
〃	〃	高1・2	16	10	0	0	37	35	53	135	〃〃	〃
六		初1・2	26	23	0	3	10	0	0	36	17・2・5	
〃		3・4	26	17	0	2	28	2	6	55	〃〃	
〃		5・6	26	17	3	0	13	24	32	89	〃〃	
〃		高1・2	24	20	1	4	10	34	30	99	〃〃	
七		1・2	24	16	0	3	10	0	0	29	18・2・5	
〃		3・4	24	20	0	3	12	0	0	35	〃〃	
〃		5・6	24	17	2	0	12	25	34	90	〃〃	
〃		高1・2	24	20	2	0	8	27	25	82	〃〃	

2　応募の状況

平均二二ページの小冊子とはいいながら、毎号、郡文集の名に恥じないだけの作品の量と質とを確保していくためには相当の苦労があったようである。

「一郡の文集であれば品位といふものも考へなければならぬが、だといって佳い作品のみを載せるわけにも行かないので本号は非常に編輯上困った。自然佳い作品で載らなかったのが多々あることを知ってもらひたい。」（高等一・二年用第四輯第二号　編輯後記）

「もう分ってゐる事ではあらうが、この文集に載せたくても紙数の都合上載せられない沢山の立派な作品があることを、この郡の人はよく知ってゐてもらはねばならない。」（尋五・六年用第三輯・第二号　編集後記）

これらは、いわば、うれしい苦労であるが、こういう状況はあまり長くはつづかなかったらしい。

「学校によって唯一篇の応募、或は全然未提出の所もありました。淋しいことでした。」（尋二年用第五輯第一号　編輯後記）

「此の度は作品も少なく応募せられない学校もあったことを申添へておきます。」（尋一用第四輯第一号　編輯後記）

また、せっかく応募した作品にもいろいろと問題があったようである。

「此の度の原稿へは作った日付を書いてもらったのであるが、あれを見ると〆切前のものが多いやうである。もっと平生から準備しておいてもらひたい。」（尋五・六年用第四輯第一号　あとがき）

「此の度集った中には文集に出すため止むなく書いたと思へる様な通り一ぺんの時候見舞的なものが多かった為」表現も常套的なものが多かった。（高等一・二年用第五輯第一号葉書文の評語）

「児童文集」最後の号となった第七輯（昭和一八年二月発行）の編輯後記は、作品の量と質とに関する悩みを端的にものがたっている。

「採用文以外に自由作一八前線へ送る心の整（ママ）一三大東亜戦争一周年記念日に関しての文一一以上の様にやや少ない投稿状態で随って内容も文も木枯しの晩秋の野を吹き通った跡のやうな感じがする。」

（高一・二年用第七輯　編集後記）

これらのことばは、戦時下で、「児童文集」を郡文集として長期間継続していくことがいかに困難であるかをものがたっている。戦争の激化、教師の出征、用紙の払底、勤労奉仕……さまざまの事態が、作品応募の貧困をもたらし、ついには、「児童文集」の発行を完全に停止させてしまうのである。

四　「児童文集」の意義

1　郡文集であること

「児童文集」創刊（昭和一二年）当時は、生活綴方運動の盛りあがりが最高に達した時で、全国的に文集全盛時代の観を呈していたのであるが、そのほとんどは学級文集であり、時に学校文集があるというていどのものだっただけに、「児童文集」が郡文集として発足し、七年間の長きにわたって、その性格を維持したということは、生活綴方運動史の中でも特筆すべきことといってよい。

2　「オレンジかおる瀬戸内海」の生活綴方であること

「オレンジかおる瀬戸内海」ということばは、編集者たちのよく用いるところであった。「児童文集」が生活綴方をめざしていたことは前にも見たところであるが、それは、あくまで広島県深安郡の生活綴方であり、よくもあしくも、「オレンジかおる瀬戸内海」の生活綴方であった。反戦的でも、反文部省的でもない「児童文集」を、一つの生活綴方のあり方として位置づけていくことは意義のあることであろう。

〈付記〉

ここで扱った資料「児童文集」は、すべて、三島茂夫氏（現在深安郡広瀬中学校長）にお貸しいただいたものである。付記してあつくお礼を申しあげたい。

注

（1）中国四国教育学会編「教育学研究紀要」第六巻（一九六〇）所収・拙稿「広島県における生活綴方運動——昭和一〇年代における東部地区の運動を中心に——」参照。

（2）筆者が三五年一〇月一六日北川勇・三島茂夫両氏をインタビューしたときの談話筆記による。

（3）同右

九　広島県の作文教育の考察――「芸備教育」のばあい・前田倭文雄氏を中心に――

はじめに

この論考は、大正から昭和一〇年代にかけての広島県の作文教育の理論と実践を、広島県教育会の機関誌「芸備教育」所収の綴方教育関係論文を通してみていこうとするものである。

一　「芸備教育」について

雑誌「芸備教育」の刊行の事情、その推移、その教育史的意義についての研究は、広島県教育史研究の上から極めて重要な問題であるが、今は、さしあたって「芸備教育」所収のことばにより、その大まかな輪郭を知るにとどめることにする。

「我広島県私立教育会の創設は実に明治二〇年七月に在り。当時大河内輝剛氏推されて会長となり諸般の経営に任じ、同年一一月を以て広島県私立教育会誌を刊行せり。是を本誌の嚆失となす。後或は広島県教育雑誌と題し、或は広島県私立教育会々報と称し、毎年数回刊行して会員相互の研鑽に資せり。其の芸備教育と改題して之を月刊としたるは実に明治三七年五月に在り。其間内容形式次第に進歩発展し、玆に第百号を発行するの盛運に際会す。是れ一に歴代会長並諸役員の規画宜しきを得たると、会員諸君が終始熱心に本会の事業を賛助せられたるの功に由らずんばあらず。」

（会長　根岸福弥「第百号刊行の辞」―大正元年八月号所載―（「芸備教育」第三百記念―昭和五年一月号―所収））

「号を追ふて巻を披けば、高邁の識見と軽妙の筆致とを以て本誌の使命と真面目とを遺憾なく表現せる巻頭言あり、或は学者大家の指導論文あり、或は教育者の研究論文あり、或は貴重なる協議研究調査等の記録、其他教育統計に又は教育行事を集録せる雑纂に、燦然として明治・大正・昭和を通じて教育の時代色を鮮かに描き出してゐる姿は、実に本県教育五〇年の一大パノラマの展開である。」

（郡山義夫「第三百号発刊を祝ふ」―「芸備教育」第三百号記念―昭和五年一月号―）

二　「芸備教育」にみられる綴方教育関係論文

次にあげるのは、「芸備教育」一四四号（大正五年四月号）から、四四七号（昭和一七年一一月号）までのバックナンバーから、綴方教育関係論文をぬき出し、歴史的に配列したものである。

「芸備教育」にみられる綴方教育関係論文

	論文名	筆者	年月	内容
1	児童の感情	橋本　良豊	大六、六	○日記を通してみる児童の感情
2	候文について	檜山　秀夫	大六、六	○候文の指導の問題点

3	綴方指導の理論	前田倭文雄	大七、三	○指導の目的　○指導の形式
4	児童綴方	大澄基吉等	大七、三	○児童の作品八編を収録
5	綴方教授に於ける処理　㈠	前田倭文雄	大七、七	○処理の要件　○処理の目的
6	綴方教授に於ける処理　㈡	前田倭文雄	大七、八	○処理の形式　○処理の段階
7	綴方教授に於ける処理　㈢	前田倭文雄	大七、九	○処理の標準　○処理の主体
8	綴方指導の革新	松山　一美	大一二、八	○文の中心　○想の整理
9	「綴り方研究」「古いノート」より	吹越　静雨	大一三、二	○着想指導　○観察の指導
10	綴方研究の中より	牛尾　　悟	大一三、五	○綴方における創造 ○児童の作品二編
11	深く観ることの綴方教授上に於ける位置	芳　　迷生	大一三、八	○意義　○価値
12	綴方形式方面の研究　㈠	桑本　一三	大一五、二	○句読点の指導　○原稿紙の指導　○カット挿絵のこと。
13	私の綴方教授　㈡	川崎　政信	昭二、八	○表現の創造　○鑑賞教授 ○鑑賞の意義
14	綴方教育に於ける推敲に就て	檜垣　兵市	昭三、一	○推敲の態度　○推敲のねらい ○推敲の指導
15	綴方科 学校的発展への進言	温田　賢三	昭三、二	○指導者の文章観 ○綴方指導系統案の必要性

16	綴る以前の指導	白松　克太	昭三、一〇	○生活指導の意義　○文材帳　○綴方成績調査用紙
17	綴方教育への小さな体験　㈠	平尾　　斉	昭四、一	○鑑賞文による指導　○題材の指導　○叙述の指導
18	推敲について	中川　欣一	昭四、三	○推敲指導の方法　○推敲カード　○個人指導カード
19	綴方教育への小さな体験　㈡	平尾　　斉	昭四、四	○反省手帳　○作品手帳　○作品の処理
20	尋五児童の創作心理について　㈠	平尾　　斉	昭四、五	○創作意識の調査
21	尋五児童の創作心理（続）	平尾　　斉	昭四、八	○構想・推敲・文章感
22	綴方教育の基礎的一面	北村　哲夫	昭四、一〇	○文章の形式面の重視
23	我が教育の現状に鑑み之が改善を論ず	藤原　　淳	昭一二、五	○貧に立つ教育　○政略権力に弱かりし教育
24	学校経営における「生活力旺盛時」の取扱	塚本　　弘	昭一四、五	○いわゆる餓飢大将の指導と観察の記録
25	綴方科に於ける描写態度の展開	吉村　慶敬	昭一五、九	○生活指導　○文芸主義綴方
26	国語教育と皇国民錬成	真川　　淳	昭一五、一一	○文芸主義綴方、生活綴方への批判

27　広島県教育信条を通して本校の国語教育を語る　久保井時雄　昭一五、一二　○生活指導の意義・文話・鑑賞

一部補わなければならないバックナンバーもあるので、右の表が、完全な姿での歴史的推移を示すものとはいえないけれども、大正中期から昭和の中期にかけての、広島県の綴方教育のありようをみる一つの手がかりをえることはできるように思う。たとえば、これで見ると、綴方教育に関する論文は、大正七年（論文3　4　5　6　7）と昭和四年（論文17　18　19　20　21　22）に集中しているが、大正七年は「赤い鳥」綴方創刊の年であり、昭和四年は「綴方生活」――生活綴方運動の推進力となった雑誌――創刊の年であることを考えれば、これは決して偶然ではないように思われる。これは、広島県の綴方教育が、かなりの程度に中央の動きを反映しつつ進んできたことを思わせる一つの面であると見ることができよう。

「内容」の欄の項目は、論文の内容の主要な項目を示すものである。

これらの論文の中で注目すべきものは、大正期の前田倭文雄氏の論文、昭和初期の平尾斉氏の論文、昭和中期の真川淳氏の論文である。前田氏の理論、平尾氏の実践、真川氏の批判は、いずれも「芸備教育」の論文中出色のものであり、地域的にも、前田氏が豊田郡、平尾氏が高田郡というふうに分布しており、真川氏の見解は師範学校の側からのものであることなどからも注目してよいものである。

第三節では、この三氏の中で、前田倭文雄氏の「綴方教授に於ける処理㈠・㈡・㈢」をとりあげ、大正期における広島県の綴方教育の理論の一端を見ていくこととする。

三　前田倭文雄氏の綴方教授の理論――綴方教授に於ける処理

前田氏は、「綴方教授に於ける処理」と題する論文を、大正七年七月から九月まで、三回にわたって載せている。次にあげるのはその全体の項目である。

一　処理作業の範囲及性質
二　処理の要件
三　処理の目的
四　処理の形式
五　処理の段階
六　処理の標準
七　処理の主体
八　結論

以下、各項目ごとに、要約、引用によりその大要と特質を見ることにする。

1　処理作業の範囲及性質

前田氏は、まず、処理の範囲を、「児童がその朴素的記述を了へてこれを提出する処から教師作業が始まる」と狭義に解釈する立場をとり、処理の性質を、
演繹的処理――教師の指導要求を満足するための処理

帰納的処理――記述に基づいてこれを善導しようとする処理の二つに分け、前者は「記述を指導の要求点から導かれたものとして処理する」ものであり、後者は「記述成績の事例傾向よりして処理の標準たるべきものを求めようとする」と説明する。そして、実際の処理作業においては、それぞれの場合に応じて両者のいずれを主としても構わぬけれども、「全きかたちに於ける処理には、この両性質が全一のものとして固く結合されてあらねばならぬ」と述べ、さらに「この事はやがて、児童の発達過程と教師の方案とが相関的有機的に結合されるところに綴方教授の過程が生れ出づるものとする余の根本思想と接触するものである」と述べている。このあたり、「処理」の問題を理論として構築していこうという気構えが十分にうかがわれるのである。

2　処理の要件

処理の要件も、演繹的処理と帰納的処理に分けて考えられる。前者に関しては、「其の第一の要件は、指導に於ける要求が、果して其の児童のその場合に適したものであったか否かを知るところにある。其の要求に無理な点はなかったか。価値の乏しいものではなかったか。というように指導要求に対する反省をなさなくてはならぬ。」と述べ、後者に関しては、処理上の心得として、

「処理上の心得として必要なことは、発見される凡ての事実傾向の中、比較的看過してよいものを看過すべからざるものから峻別することである。看過して差支へないものには、なるべく深く立入らぬのがよい。これは指導目的の複雑化を来すからである。指導の要件は、目的を単純にして、しかも徹底的ならしむる処にある。発見せるまま、気づけるままにあらゆる細事にまで立入るのは、あたかも児童の眼に砂を撒くようなものである。看過すべからざるものに於てもこれらは無論すべて教師の記録に止められなくてはならぬけれども、児童の前に提供するには、

時と順序を考へ、指導目的に近接なものから及ばしてゆかなくてはならぬ。即ち、処理の対象としての軽重価値は、それだけで独立に判断するのでなく、指導過程に相関してきめられなくてはならぬ。」と述べている。これらは、いずれも、前田氏が単なる理論家でなく、見識をもった真剣な実践家であったことを示すものである。

3　処理の目的

前田氏は、処理の目的として、三つの要素をあげている。

㈠　形式の処理
　(イ)　語法上の吟味　(ロ)　修辞上の吟味
㈡　想の処理
　(イ)　経験のつかみ方　(ロ)　その巧拙などに対する吟味
㈢　発表の処理
　(イ)　表現の適確　(ロ)　表現の効果などに対する吟味

そして、「以上は指導目的に対応する処理の基礎目的であって、いかなる処理も此三者の外に出づるものではない。」とし、「処理の目的を具体的のものとして全きかたちに於て見る時は、これらは全然合一的のものであり、処理作業はこの全体の要求を満足させるものでなくてはならぬ。」と述べている。

4　処理の形式

処理の形式は、前項の処理の目的との関連において、処理作業の記述に対する態度を、
　消極的処理と積極的処理

縦の処理と横の処理

に分けて論が進められている。

前田氏によれば消極的処理とは、記述の悪しき方面に対する処理であり、記述の短所誤謬を指摘して反省を促し、またはこれを訂正するものである。これに対して、積極的処理とは、記述の良き方面に対する処理であって、記述の長所美点をあげてその傾向の助長をはからんとするものである。両者は、それぞれに一長一短あり、そのいずれかに偏することは望ましくない。すなわち、

「消極的処理は、児童の誤謬に対する訂正であり、短所に対する救済である。一口にいえば、そうした個所傾向に向かっての抑制である。したがって、教師の選択が主となり、児童はその選択に応化すべく強いられるわけであるから、この処理形式に偏するや、いきおい児童は模倣的となり、遂にはその思想も表現も型にはまったものとなる処がないでもない。」（四五ページ）

また、これに対して、

「積極処理に至っては、児童の美点長所を称揚して、益々これが伸展を求むる処理であるが故に、児童は反射的模倣に堕する憂いがないかわりに、その思想なり、表現法なりのたまたま博し得た称賛は彼をして絶えずその嘗て成功せる思想表現法の旧き轍をさらにまた繰返し踏むべく誘惑することによって、児童は児童自身の型にはまってしまうという心配がある。」（四六ページ）

すなわち、これらが正しく運用されないばあいには、他を模倣することによって生ずる型も、同一の自己を反覆することによって生ずる型も、児童の思想と表現法を固定化し、その伸展発達を摘み切ることにおいて差異はない、ということになってしまう。したがって、一単元における記述を、切り離されたものとして処理すべきではなく、

「消極的処理も積極的処理のそれも、共に周到なる個性観察、傾向の察知を背景としてなされなくてはならぬ。」（四六ページ）

のである。ここにおいて、前田氏のいわゆる「縦に見たる処理」という観点が要求されてくることになり、それとの関連で、「横の処理」ということが考えられてくるのである。

氏によれば、「縦の処理」とは、「児童の発達過程を主として、それに基いてなす処理」（四七ページ）であって、個別指導のばあいに用いられるべき方法であり、「横の処理」とは、「ある標準を主としてそれにまで児童をひとしなみに到達せしむべく求むる処理」（四七ページ）であって、一斉指導において適用さるべき方法である。そして、これらのうち、いずれの処理の方法をとるかということは、題材の選び方、処理の目的から判断されねばならない。

要するに、積極的処理、消極的処理、縦の処理、横の処理、はいずれも、処理作業の一つの面であって、これらが、綴方の教授過程、題材の性質、児童の個性およびその発達段階などに応じて、有機的に運用されることにより、はじめて、「全き意味における処理作業」（四四ページ）ということができる、というのが氏の処理の形式に関する主張である。

5　処理の段階

前田氏は、処理作業の過程を次の三段階に分けて考える。

(イ)　推敲
(ロ)　読まれること
(ハ)　批評されること

氏は、従来の処理の過程が、主として「推敲」に終始し、「批評」を軽視しているのを排し、「余は、推敲よりも、読まれることと、批評とを以て処理作業の本質により触れたものとを考へる」（四八ページ）という立場をとる。そして、「推敲」を、「教師のなす訂正や添削も、児童のなす自己訂正や相互訂正も、すべてこれを推敲という概念に包括する」（四八ページ）と規定し、従来の推敲のあり方に痛烈な批判を加えている。

「推敲は、教師と児童と共通の作業たる性質を持っているが、本体としては専ら児童の仕事で、教師の無暗に立入るべきことではない。教師は単に推敲の要点を暗示し黙導すれば足るのである。然るに、教師が児童のなすべき仕事の限界にまで立入って、教師の陳腐な、でないまでも教師自身の個性から造出されたものであって彼の個性とは何等のかかわりをもたぬ表現法を押売し、それによって児童の創意に富んだ表現力をつつき散らして皆殺しにし、伸展性に満ちた生命の葉を無惨に摘みきりながら、以て親切なる指導なしたと思い、時間と労力の消費に正比例して価値ある教育陶冶がなされるものと信じこんでいるらしい者がある」（四九ページ）

ここには、教育者、実践家としての前田氏の面目が躍如としている。ここには、綴方教育に対する情熱と自信と、どこまでも児童の個性を尊重していこうとする精神がある。推敲に対する前田氏のこのような立言は、次のような見地をもつものとして当然のことといえるのである。

「文章そのもののために文章を作る旧式な文章観から生まれ出た綴方教授は全然破壊されなくてはならぬ。個性を無視してこれを一様の類型にはめ込まんとする反生命的綴方教授は当然存在の権利をもぎとられなくてはならぬ。」（四九ページ）

ところで、前田氏が、処理の段階の中で、「推敲よりも、読まれることと批評とを以て処理作業の本質により触れたものと考える」（四八ページ）としていることは前述したとおりである。

「読まれること」――これはやや熟さないことばのようであるが、氏の説明によれば、

「これは読者の側からいえば吟味するのであり、作者の側からいえば発表するのである。」（四九ページ）

ということであり、この中の「発表」という語が「処理の目的」の項のそれと混同されるのを懸念して「披露」という語におきかえている。そして、

披露の方法　(イ)記述の朗読
　　　　　　(ロ)記述そのものの提出
吟味の方法　(イ)耳から聴取するもの
　　　　　　(ロ)眼で通読するもの

と分類し、形式の処理を主とする場合、想の吟味の場合、発表の処理の場合というふうに、それぞれ処理の目的に応じてこれらの法を有効的に用いるべきだと述べている。ここで「披露及吟味の方法に就ては実際方面で委しく研究して見たい。ここでは本稿の主題に関して必要なだけを概説しておく。」（五〇ページ）としていることに注目し

ておきたい。

批評 ―― 「批評」に関しては、

「文章を読んでこれを批評するということが処理作業の最も重要な部分であり、これまで処理作業の主要部とせられていた推敲は、むしろ記述作業の範囲にあるものと考えたいのである。」（五〇ページ）

と述べその意義を重視している。ただ、「正しき批評眼を養うということはまた綴方指導上の重要なる問題である。」（五一ページ）としつつも、

「批評に関しては批評の対象批評の方法など論究すべき問題がまだいくらも残されているが、これ等は凡て続稿に譲ることとし」（五〇ページ）、批評の価値について言及するにとどめている点は、「読まれること」の場合とともに、処理に関する理論構築の過程の問題として見ておきたいと思う。

6　処理の標準

まず処理の標準のとり方について、

「綴方成績を児童そのものから引離して評価するということは全く誤れるやり方で、児童の個性的発達過程に対する評価と、綴方成績そのものに対する批判とは全く同一のものでなくてはならぬ。」（三五ページ）

として、

「だから、成績評価の標準を横に画するものは間違っている。学級全体から見た発達段階を評価の標準にとるのは無理なやり方である。たとえ無理でないにしたところが、そんな標準が児童の真の発達にどれほど役立つだろう。たとえばそれが、予想されたる階段であろうと、あるいは実際の成績から帰納されたる階段であろうと、どちらにしても正しいものでなく、その標準はどこまでも個別的に縦に求められなくてはならぬ。」（三六ページ）

と述べ、綴方成績そのものに即して求むべき標準を、想、形式、発表の三つの観点から次のように定めている。

一は想即ち経験のつかみ方の如何（如何に経験がつかまれているか—想）
二は発表形式を正しく統御せるや否や（語法や修辞を如何に統御しているか—形式）
三は想の形式化が適確になされているか否か（発表内容と発表形式とが如何に結合されているか—発表）（三六ページ）

そして、「綴方教授の到達点においてこの三標準は全く一に帰しなければならぬものであるが、そこに至るまでの過程として、かように三つの標準を立てて児童の記述を評価するということは必要なことである。」（三六ページ）と、これらの標準の位置づけをおこなっている。

7　処理の主体

処理の主体に関する理論は、処理に関する理論全体の中でも特に注目すべきものである。すなわち、前田氏は、処理の段階の中の主として推敲においては、主体性を教師から児童に移すべきだとして次のように述べている。

「最初の段階においては処理作業の主体は教師が全部であるが、おいおいに児童が教師の仕事の分け前をとり、遂に最後の段階では児童と教師とが置き換えられなくてはならぬ。即ち究極するところ処理は児童の受持つべき作業であらねばならぬというのが余の考えである。」（三七ページ）

「斯の如きは綴方教授の自学的方法に外ならぬ。けれども自学というのは教師が児童の発達過程に無関心となるの謂では決してない。学習活動の主体を教師から児童へ置換えたまでである。受動的学習を能動的学習としたのである。（記述作業は本来から能動的なものである。余は特にこれまで殆ど受動的に性質づけられていた処理作業をもまた能動的のものとならせたいのである。）」（三八ページ）

「児童は教師の暗黙の補導の下に、自分で処理作業をなすことによって漸次処理の価値を統御してゆき、その到達点に至っては彼の個性傾向が彼自身によって善導せられ、彼の表現能力が彼自身によって陶冶されることになるように仕向けられなくてはならぬ。」（三八ページ）

「処理の段階」における推敲論に見られる児童の個性尊重の精神が、ここではさらに積極的、意欲的に示されている。

「かくて児童の個性的発達を尊重し、児童の発達過程と有機的に結合せられたる方案によって児童の表現能力を培養すると共に、処理作業の主体を教師から児童へ置換えることによって、児童の個性傾向が彼自身によって善導せられ、その表現能力が彼自らによって陶冶せらるるの境致にまで達し得た時に、其綴方指導は始めて、出来上ったのではあるまいか。」（八、結論　三八ページ　傍点原文のまま）

これが、前田氏の処理に関する理論の結論である。

児童の個性尊重、生命尊重は、大正期における綴方教育理論の中枢をなすものであるが、その傾向の一端をわれわれはここに見ることができるのである。そして、その精神、この姿勢は、前田氏の処理に関する理論、ひいては綴方教育理論の根本をなしているのである。

前田氏の「綴方教授に於ける処理」の意義

前田氏が三号にわたって連載したこの論文の意義は少なくないが、その主要な点を列挙すれば次のごとくである。

1　「処理」という、綴方教育の一番の問題点に焦点をあてた論考であること。
2　児童の個性尊重を根本理念として持つこと。
3　机上の空論でなく、現場の状況に即応した論を成していること。――教室、現場の状況に対する認識のたしかさ――
4　従来よりも一歩前進しようという独創的な姿勢がみられること。
5　論文発表の時期が、大正七年の七月、八月、九月であること。（「赤い鳥」の創刊は大正七年六月である。）

一〇　岡山県の生活綴方運動（一）
――「岡山県初等教育研究録第一輯」を中心に――

はじめに

中国地方において生活綴方運動が最も意欲的に進められたのは鳥取県であるが、それについで盛んであつたのは岡山県であつた。この小論は、昭和三年四月に刊行された「岡山県初等教育研究録第一輯」に収録された研究論文、および、研究大会記録にもとづいて、この年代における岡山県の生活綴方運動の姿を、

1．研究体制
2．生活指導の理論
3．実践事例

の三つの観点からさぐり、その問題点を見定めようとするものである。

一　「岡山県初等教育研究録第一輯」について

「岡山県初等教育研究録第一輯」は、昭和三年四月二〇日付で、岡山県教育会の手によつて刊行された。A5判、七三八ページ、活版印刷の研究録である。綴方研究（研究論文一九）、低学年研究（研究論文二一）、理科研究（研究論

文二二）、算術研究（研究論文二〇）の四部門にわたる研究論文を収め、それぞれの部門の諮問答申案（書）を付したものである。この研究録刊行の動機については、この書の「あとがき」につぎのように書かれている。

「本研究録は昭和二年十月一一月に亘り林野・笠岡・西大寺・岡山の四ケ所に於て各三日間開催せられた岡山県主催第一回初等教育研究会の研究発表を同会席上討議批判の後更に整理して輯録したものである。いずれも各郡市に於て特に其の教科課程に深い造詣と経験とを有する実際家が長時日に亘り心血を注いだ研究の結晶であつて、以て本県実際家の好参考資料たることを思い、本会に於て編纂し汎く頒布することとしたのである。
岡山県教育会」

この論稿では、上の四研究部門の中の、「綴方研究」をとりあげるわけである。

二　第一回初等教育綴方研究大会

1 日　程

「綴方研究」の末尾に付せられた「初等教育綴方研究大会記録」によると、この研究大会の日程はつぎのようになつている。

月日	曜日	9	10	11	12	1	2	3	4
第一日（十月二十日）	木	開会式	研究教授	批評会	昼食	研究発表並ニ意見交換			
第二日（十月廿一日）	金	研究発表並ニ意見交換			昼食	研究発表並ニ意見交換			
第三日（十月廿二日）	土	研究発表並ニ意見交換			昼食	答申案報告		閉会式	

研究教授（実地授業、尋三、五、六、高一の四学年について実施されている。）、答申案報告をふくみ、三日間にわたってぎつしりともりこまれたスケジュールである。

2　研究会員、参加者

この日程だけからでも、われわれは第一回の研究大会の軒昂たる意気をみることができるのであるが、さらに、

「待ちこがれていた県下六〇名の研究会員は、愈々晴の舞台に男らしい働きぶりを示す日が来た。吉野川と梶並川にはさまれた田舎街を埋めている朝霧がまだ無双山の頂に引上げない午前七時半頃から会場校庭に、三三五五とその姿が表われ、開会前にはどの控室もギツシリになつている。」（一四六ページ）

「両日とも日本晴れの好天気で（中略）隣接郡からの傍聴参観人も殊の外多くて百数十名にも達し、外に来賓其他関係者を合算すると二百数十名にも上る盛会振を示した。」（一四五ページ）

などの記録は、この研究大会のありようを、いつそう具体的に示しているといえよう。県下で六〇名という研究会

員は、その中から、研究発表者一九名、綴方科諮問答申案作成に参画するもの四名を出しており、（実地授業をした四名は、会員名簿にのっていない。）この会員たちが、綴方において、「いづれも各都市に於て特にその教科課程に深い造詣と経験とを有する実際家」（あとがき）であったことを示している。そうであればこそ、この会員たちが「晴の舞台に男らしい働きぶりを示す」研究大会に、二百数十名の参加者をみることができたのである。

3　研究発表

三日間にわたっておこなわれた研究発表の発表者および発表題目はつぎのとおりである。

綴方に於ける生活指導と其の態度	岡山　旭東校	馬場　顕太郎
綴方教育に就いて	御津　建部校	藤井　繁男
生活の深みより生活態度の指導へ	邑久　明徳校	小林　静夫
綴方意識の基礎に関する一考察	上道　操南校	斉藤　正雄
綴り方と芸術教育	児島　玉校	松岡　一生
児童に直面した綴方学習補導の基礎	都窪　倉敷校	木口　亀一
綴り方に於ける生活指導と其の実際	浅口　金光町校	西山　武士
綴文生活指導	小田　笠岡校	福尾　宰平
鑑賞の一考察	後月　江原校	三宅　定雄
童謡とその鑑賞	吉備足守校	渡辺　渉
綴方指導体系	上房高梁校	桂　章二
土の綴方	阿哲宮河内校	正村　隆

綴方成績処理の実際案　真庭遷喬校　伊井重雄
綴方教授に於ける創作と鑑賞　苫田清泉校　西川賢一
私の綴方指導知識　勝田勝加茂校　森安護
綴方教育と児童生活　英田大原校　小坂田光雄
鑑賞より創作へ　久米依良山校　吉村茂
綴方教育に於ける生活指導の理論的統制とその実際展開　岡山男子付属　時本堅
児童読物の綴方的価値　岡山女子付属　有正美都代

これら一九の研究発表は、内容の上から、生活指導、鑑賞指導、指導体系、処理の方法、の四つに大別できるが、この中でも、生活指導と鑑賞指導についてはとくに論及されるところが多く、当時の岡山県における綴方教育の問題点がどこにあつたかを示している。

三　生活指導の理論

当時（昭和二年一〇月）の岡山県の綴方教師たちの関心が、主として、生活指導と鑑賞指導に向けられていたことは、前述したとおりである。この項では、そのうちの、生活指導に関する論及をとりあげ、岡山県における綴方教育の生活指導の理論をみていくことにしたい。

前掲の一九の研究発表（＝研究論文）にみられる生活指導の理論は、つぎの三者の論によつて代表させることができるように思われる。

「何れにしても綴方の本質は、自己生活の表現であると言うことに帰結する様に思う。即ち自己の生活を凝視して、そこに新しい何物かを発見し、これを表現するのである。」（一ページ）
「綴方が自己の生活表現である以上、其の表現の根元である生活を充分に指導して置かねば、とてもよい作品は望めないであろうと思う。」（一ページ）
「内面的・表現的両様の生活を指導することが綴方に於ける生活指導であろうと思う。」（一ページ）
「内面的の生活指導としては、如何なる事象に対しても、之を消化して生活し得る様に心の試練をすることが大切であると思う。（中略）凝視静視の心を充分試練して、思惟的、積極的に深く観察して、鋭敏に感じ、そうして豊かに味い想像しようとする態度を作ることが生活指導として最も価値のあるものであると思う。」
（二ページ）（馬場顕太郎「綴方に於ける生活指導と其の態度」）

「創作指導の中心は、観る態度の指導である。児童は小さい生活を生きながらも、彼等相当の人生観や生活観をもつている。その幼い人生観によつて統一せられた人生に対する児童の思索が、事件や題材に接して、如何なる意味を見出すか。そこに指導の目標を発見しなければならない。故に観る態度を指導するということは、児童の生活を指導することになつて来る。（中略）即ち、綴方に於ける生活指導とは、自然なり、人生なりを、観察し、凝視し、内省する態度を養うことである。従つて行為の善悪が直接指導の対象となるのではなく、観る力の鋭鈍、深浅、精疎が指導されるべきである。表現の指導もまた、生活指導の一面であることは、言を俟たない処である。」（九九ページ。西川賢一「綴方教授に於ける創作と鑑賞」）

「生活指導とは、

イ、認識生活、実行生活そのものの指導ではない。
ロ、観照生活の指導である。観照生活を指導することによつて表現指導と相即し、相関し、更に表現後の指導と相俟つて此処に体系を築かなくてはならぬ。」

（一三〇ページ。時本堅「綴方教育に於ける生活指導の理論的統制とその実際展開」）

これら三者の所論は、表現のちがいこそあれ、けつきよくは同じ線上での立言であるとみてよいであろう。これによつて、われわれは、第一回初等教育綴方研究大会に相寄つた研究会員たちの、生活指導の理論のありようを端的に見てとることができるのである。

すなわち、生活指導とは、行為的な「生活」そのものの指導を意味するのではなく、生活を深めるための、とくに内面的生活を深めるための指導を意味し、その指導は、自然や人生を観照し、感受する態度を養うという方法を通じてなされる、ということである。そして、その生活指導と、綴方教育との接点は、人生や自然をより深くみ、より豊かに味わうことによつて、より深い、より豊かな作品を生み出すことができる、というところにあるのである。

いわゆる北方性生活綴方運動における生活指導が、野性を尊重し、行動的な生活意欲をもりたてることをねらいとし、さらには、個人の生活そのものから、社会集団の生活にまで目を広げさせようとした、いわば、動的、社会的なものであるのに対して、岡山県のそれは、静的な、芸術的な性格を帯びていたということができるであろう。鑑賞指導への関心が、生活指導への関心に劣らず強いのも、こうした性格から必然的に予想されるのであり、時代により、地域により、生活指導の理論が個性的な性格をもちつつおこなわれたという事例の一つがここにもあるわけである。

四　実践事例

1　理論偏重の傾向

第一回初等教育綴方研究大会が極めて盛会であり、意欲的なものであつたことは、前述の項でみてきたとおりである。生活指導について、鑑賞指導について、系統案や処理の問題について、熱心な研究発表がおこなわれたことも上述したところであるが、これら研究発表（研究論文）に通じていえることは、そのほとんどが、理論的な論及であり探求であつて、実践的な報告ないしは、実践にもとづく理論的展開は極めて少ないということである。すなわち、理論偏重の傾向ということである。これは、当時の岡山県における綴方教育界の動向をみる上で注目すべきことといつてよい。生活指導に関する所論でも明らかなように、表現指導は二義的なものとして扱われており、研究大会第一日における綴方教授（実地授業）の記録や報告書は「研究録第一輯」に一編も収録されていないこと、全部で一九の研究論文のうち、「綴方教授案」をのせているのは、西山武士氏ただひとりであること――これらのことは、この動向の具体的なあらわれとみてよいであろう。

このことは、綴方教育本来のあり方からいえば、明らかに片手落ちである。そして、このことについては、研究会員自身の中から、つぎのような反省がなされているのである。

「よい稲を作るには結実前に十分と耕作・施肥等の手入を怠らないことは誰しも異論のないことだと思う。而して現今の綴方界は此の結実前の手入に没頭して居る感があるのではないか。即ち文章を生む前の指導をのみ重視して作つてから後の指導を忽にしては居ないだろうか。」

（二八ページ。木口亀一「児童に直面した綴方学習補導の基礎」）

「久しい間沈滞？しきつていた綴方教育が、最近になつて目覚しい進展をなしてきたと言うことは誰しも認める所でありますが、然しこれを綴方教育の実際方面と照合してみるとき、そこにまだ幾多の幼稚なところが見出されはしないでしようか。かつて私等の郡担任県視学が郡の或研究会の席上で『現在小学校を巡視して其の実地授業を視るとき恐らく綴方位其の教授の不徹底で且無系統のものはあるまい』と言うお話がありました。私は無論このお話で県下全般の綴方教育を推そうとするものではありませんけれども、少なくともまだ本県下に於ては綴方教育が一つの過渡期否苗床にあると言うことは争われない事実だろうと思います。」

（九三ページ。伊井重雄「綴方成績処理の実際案」）

綴方教育への情熱は、まず、理論的研究に向けられたこと、その理論的研究がまだ実地授業そのものを高めるところまでに至つていないこと、そして、そのような現状が、「過渡期否苗床にある」と認識されていること、などを、この二つのことばは示しているのである。

2　実践事例

前項でも述べたように、「研究録第一輯」全体を通じて、実践事例があげられているのは極めて少ない。その論文にこどもの作品をのせているのは、藤井繁男、木口亀一、西山武士、正村隆の四氏だけである。このうち、木口氏のは、文話の実例の中におりこまれた短文が二つである。この項では、藤井、西山、正村三氏について、その実践事例をあげることにする。

1　**藤井繁男氏のばあい**

藤井氏は、「現時の綴方教育の実際を通観して児童作品の研究は急務中の急務だと呼びたい。」（九ページ）と前おきして、次のような作品研究をのせている。

［文例］　或る夜　　　尋五　笹野（女）

「お、寒い、今夜は雪でも降るらしいぞ。」と、母はつぶやきながら縄をなつている。私は立ち上つて裏の戸をたてに行つた。顔を出すと寒い北風が身を切るように冷たい。本家の屋根と倉とに限られた空は、雪が降るどころか雲一片もなく青白く晴れて銀砂のような星がまたたいている。南の山の上では三日月がとぎすました鎌のように浮いている。折から、カラコロという下駄の音がした。私は驚いてさつとすつこんだ。

私の感想を書いて見る。

1. 簡潔の文であるが何だか力強い感じがする。ここに作者の優れた点があるのだと思う。
2. 作者の性情個性がよく現われている。親思の作者、理智的な作者、内気の作者も想像せしめるに足る気分が流れている。
3. 簡潔に表現していても前後の関係を暗示する表現の要を得た文だ。

文の指導をなす上に於てもよく内的なものに着目して美しい個性の発達をはかり、書いた結果と書き出した発祥の地とを照応させることによつて文の指導は生きてくる。

（一〇〜一一ページ。藤井繁男「綴方教育に於いて」）

2　西山武士氏のばあい

西山氏は、その論文の中で『綴り方に於ける鑑賞指導の実際』という項目を立て、綴方教授案一と、作品例二をあげている。「綴方教授案」は、作品例「其の一」と「其の二」の間におかれているが、この教授案と、二つの作品例との関係については説明されていない。ここでは、「綴方教授案」と作品例「其の二」および、「其の二」に関する仕事の概要を、原文の順序にしたがつて記載する。

綴方教授案　　高一　男

題材　課材的自由作

主眼　児童の自由作品（深みのある文）を相互に鑑賞して、観照生活の深化と綴文能力の発達とを図りたい。

区分　第一時　参考文鑑賞、文話

第二時　作文

第三時　作品発表、鑑賞指導

過程　一、所感　二、教師目的指導　三、発表作者発表朗読　四、研究

1．この文は何を書こうとしているのであるか。

2．この文中に流れている作者の心持はどんなものであるか。

3．この文中で最も大切な言葉は……深みのある言葉は……どれか。

4．どんな文題をつけたらよいか。

5．どんな評語をつけたらよいか。

五、指導文話

備考　A　深みのある文とは素材を作者の個性に立脚して眺め素材の生命をとらへ、且それを有りのままに表

現したもの。

B　作品は取材の範囲も文題も文体も時も、凡て児童にまかせたものである。

其の二

「輝ちゃん、これからすべつたらいけないよ。若しすべつたらお父さんに叱つてもらうから。」と、昨日砂山をすべつて、着物のしりを真白によごして、家に帰つた時僕はお母さんにこういわれた。それをよく知りながらも夕陽をうけた砂山の坂を見ると、僕はすべりたくて堪えられなくなつて、もう一度だと思いながら、何べんも何べんもすべつて着物のしりをよごすのであつた。すつと砂山のいただきから軽く下まですべつて落ちるのは、ほんとに気持がよかつた。着物がよごれてお母さんに叱られるのは、よく知りながら僕はその気持のよさがどうしても忘れられない。ケーブルカーに乗つたようにすべつて落ちた。そしてもう止めて家に帰る時は着物のしりは真白になつて破れそうになつていた。お母さんに叱られると思うと、恐ろしくなつて泥を爪の先でぼりぼりと落すのであつた。家に帰つて母さんに着物を見せまいとしても、とうとう見つけられて、又ひどく叱られた。しかしそのあくる日になると、すべりたくなつて又すべるのであつた。

故郷の砂山をすべり落ちるのはほんとうに愉快であつた。故郷にいた頃幼い僕は叱られてもあの砂山をすべるのであつた。

右の文章を読んで次の様な仕事を試みた。

仕事の概要

1．読ませること（子供は体験の喚起と共に享楽の境に入る）。

2．印象なり感じなりを発表させること。

3．次の様な事柄を発問してみる。

イ．この文章にあらわれている中心はそれぞれどこか？
ロ．この文章の作者は？男か女か。
ハ．この文章の題は何とつけたらよかろうか。

3　正村隆氏のばあい

正村氏は、その「土の綴方」と題する論文の中で次のように述べている。

「一生土の相手になつて、土の仕事を手伝う父と母と共に、土を掘り、土にまみれている子供たちの純朴な言葉、真実な生活事実の記録をとおして、自然の深み、土の尊さを知つて欲しい。生活に即すること、生活に根深く根底をおくことを文に求めるならば、根本的にまた田舎の児童には何等かの形に、その生活を彩れる、特殊性が表われる事が当然である。」（八四ページ）

この立場から、「土の生活、即綴方」（八七ページ）とし、「掘り出したままの素朴な土の魂、純真な土の精神を、児童の言葉に聴く。」（八七ページ）と前置きして、六つの児童作品をのせ、それぞれに対する評語を書き加えている。ここでは、その中から、二つの作品をあげてみる。

○小豆うえ

焼くような太陽の下で、小麦を干していた母が、「前の墓場の所の畠へ小豆を植えに行け。」といわれた。「今日はさぼるのだ。」と農林へ通つている兄は言いながら、魚釣のこしらえをしていたので、「さぼるとは何だ。」と聞くと、鼻の所へ皺をよせて、「さぼるとはなまけることだ。家にいるとまた仕事をいわれるから川へ行くのだ。」と生意気いう。「ふん。」と言つたが、「つれて行つてくれ。」とは言わなかつた。兄が農林へ行き出してから、いろいろ妙な言葉をつかつては「小学校はだめだ。」と言わんばかりにいうのでそれがしやくにさわつて仕方がない。小豆植えに行けといわれたのは、丁度其の時だつたので「ざまあ見ろい。」という気になつて兄の方へ向くと、兄は首をちぢめて舌を長く出して見せた。二人が行くと、夏豆のあとなので植える筋がわからない。「こんな筋のわからない所に植えられるものか。」といつて、僕に「家へかえつて縄を持つて来い。」という。僕はたいぎたいぎ縄を取りに帰つた。田を植えた時のように畠に縄をひいた。「農林はえらいな。」わざといつてやると今度は兄が「ふん」と気のない返事をする。その時上の方から母が「そんなむだすると一日でもかかる。」といつて下りて来て兄に「穴つきの棒を出せ。」といいながら母は一人さつさと穴をついて行かれる。兄と僕は小豆を汗ばんだ手に握つては穴へころがして、ころがしこんでは、つぶしつぶしした。

ま昼近い太陽にてらされて梅の実が光つている。山で蟬がふるようにないている。僕は汗一ぱいになつて植えて行つたが余り暑いので、池へ行つて顔を洗つた。さつとよい気持になる。もう直ぐ昼になるだろうと思いながら兄に、「さぼるぞ。」といつて駆足でかえつた。

庭の小麦がかたく干ていた。

土に親しむ人達、兄の「さぼる。」という言葉にも微笑を感ずる。貧しい対話の中にも作者のきかぬ気が表現されている。技巧以前に真実な魂の必要を教えられる。

○私の内　　尋六男

私の内は家内九人で、その上びんぼうなので何一つすることが出来ません。もう十二月になつて寒いのに私が学校から帰つて見ると、父はいつもへんな顔をしていられます。敷物の破れた台所で、にがい物をかんだように顔をしかめていられます。お母さんと言えば子供を叱る。ばかりして炬燵にいられます。
父も母もなまけてばかりいると思うとなさけないような詰らぬような気持になります。兄さんに「二人でしつかり働こうや」というと兄さんも「やろう。」というが兄さんも元気が出ないのか、ぐづぐづばかりしています。その上長らくねていたおぢいさんが死なれて、葬式がすんだあとは、一層お父さんに元気がなくなつて、たき木などもすんでしまうようにならなければ、こりには行かれません。「食うにこまるようになる。」毎日私はそればかり気になります。今日も学校からかえつて見ると、父は台所で、わら仕事をやつていられる。「こんなよい日に山へ行かれたら、よかろう。」と思つたが、お父さんに言う気がしなかつた。

彼等の生活は疲憊している。沈み切つている生活に気を苛立たしている子に泣いてやりたい。「こんなよい日に山へ行かれたらと思つたが、言う気になれなかつた。」弱いあきらめに涙ぐまれる。

（八九～九二ページ。正村隆「土の綴方」。）

以上、三氏の実践事例を通して、われわれは次の二つのことがらを理解することができる。すなわち、

1．これらのこどもたちは、みな、相当にすぐれた表現力の持主であること。西山氏の指導した作品に、いくぶん「文学趣味」的なくさみが感じられはするものの、おしなべていえば、どの作品も、それぞれに、充実したすぐれた文章であるといつてよい。とくに、正村氏の指導した「小豆植え」は出色のできである。おそらく、これらのこどもたちは、クラスの中でもよく書ける部類に属するこどもであつたのであろう。理論偏重といい、実践が弱いと言いながらも、とにかく、この程度の文章を書きうるこどもが、これらの教師のもとで育ちつつあつたという事実は、卒直に認識しなければならないのである。

2．三氏の児童作品に対する態度は、教育者的であるよりは、むしろ鑑賞者であること、換言すれば、生活指導者

としての意識はあまりなく、作品指導者として、もっといえば、作品鑑賞者としての立場から作品にのぞんでいる、ということである。こどもたちがぬきさしならぬ生活者として生きているばあいでも、教師は作品の上だけで感心したり、感傷にふけったりしている、という姿がここには見られる。これは、生活指導の理論が静的、芸術的なものであることと同じ線上にあるものと考えてよいであろう。教師自身の性格や体験、こどものおかれた環境、時代の風潮、等々、多くの条件によるところでもあるけれども、生活を綴る綴方が、いわゆる生活綴方として大きく教育的意義を担ってくるようになるには、まだ機が熟していなかったことを思うのである。

五　綴り方科諮問答申案

「研究録第一輯」の巻末には、綴り方科、理科、算術科、低学年、以上四つの諮問答申案（書）が収録されている。この答申案（書）については、「あとがき」は、

「尚同会（北岡注、岡山県主催第一回初等教育研究会をさす。）席上県諮問に対する答申書は将来に於ける県教育方針の基礎ともなるべきもの、併せて巻末に蒐録することとした。」とあり、その意義の極めて大きいものであることが明示されている。この項では、綴方に関する答申案全文をあげ、当時の岡山県における綴方教育界の動向を知るようすがしたいと思う。

綴り方科諮問答申案

『綴り方教授上最も留意すべき点』

答申案作製委員

岡山県師範学校付属小学校訓導　名越　完
岡山県女子師範学校付属小学校訓導　藤井英雄
岡山市深柢尋常高等学小学校訓導　寺崎　剛
浅口郡河内尋常高等小学校訓導　荻原　卓
真庭郡福田尋常高等小学校訓導　池田文吾
英田郡林野尋常高等小学校訓導　臼井栄吉

Ａ．教師は常に修養につとめ特に左の点に留意すべきである。
1．文章観を確立せよ。
随つて児童作品の評価に当つて正当な見解を保持せねばならぬ事である。
2．創作上の経験を持つことが必要である。
児童文学に対してその理解を持つ上からは特に必要である。
3．教師自ら自己の生活をして偏狭ならしめず深く人生全体を凝視味感するを要する。
4．児童の日常生活を絶えず見つめよ。
Ｂ．綴り方科目的論上最も留意すべき点
価値ある題材を価値あるよう表現せしめることを目的とせねばならぬこと。

あるがままの題材をあるがままに発表せしめて平然たるが如き自然派の立場や前二者の不徹底な折衷派の立場はとるべきではない。
Ｃ．綴り方科指導上最も留意すべき点
一．観照態度指導上最も留意すべき点
1．感受性を鋭敏ならしめること。
2．平凡な事象もおろそかにせずその中から意味を見出す様つとめさせること。
3．自己内省の習慣をつけること。

4．作品鑑賞に於て特に鑑賞態度に留意すること。
即ち、鑑賞は児童生活に即し彼等の内面生活を目覚ましめるよう指導すべきである。
5．観照の根底に於て体験を尊重し諸教科との連絡を図ること。
二．表現の指導に於て最も留意すべき点
1．生活内容に即して表現せしめるよう指導すること。
2．題材は主として実際生活から取らせること。
3．発表態度は外面的生活から漸次内面的生活の態度に向わしむること。
4．文体は主として口語体とし、使用文字はなるべく簡易なもの（先づ読本本位を可とする）を用いさせ能力不相応の漢字を用いさせぬこと。
5．推敲にもつと時間を与えよ。従来は余りに短時間に扱つていた。
6．推敲者に推敲の自覚を与えよ。
7．推敲は形式方面のみでなく特に内省に留意することを忘れてはならない。
8．韻文を作る事は随意にさせること。
三．作品処理に於て最も留意すべき点
1．児童及教師両者の人格的接触を計ること。
2．評語評点は単に甲乙のみでなく進んで創作鑑賞にヒントを与うるが如きものたること。
3．作品を児童も教師も共に尊重すること。（文集を作り置くこともそのよき一法である）
四．鑑賞に於て特に留意すべき点
1．自由鑑賞の機会を多く与えよ。
2．文章評価の標準を知らしめること。
よい文＝忠実な文、深みのある文、実感の文、純真な文、観察鋭き文、観察細かき文、論理正しい文、見方の面白い文、流暢な文、想像の豊かな文、簡潔な文等よくない文＝観照の足りない文、野生そのままの文、観念に堕した文、虚飾に陥つた文、的の外れた文、構想のよくない文、推敲の足りない文、不真面な文、感傷に過ぎた文等

3．言語創造の能力を陶冶すること。

4．読み振りに注意せしめること。

5．鑑賞の作品は特に

児童生活に近いもの、偏せぬもの、形式上難点少きもの、不道徳的ならぬもの等に留意せよ。

五．「指導体系」組織上留意すべき点

1．児童生活の一般的発達に即すること。

2．観照作用の発達過程に即すること。

3．文章に於ける表現過程に即すること。

4．鑑賞作用の発達過程に即すること。

5．文の形態に伴う発展に準拠すること。

6．地方的色調を十分取入れよ（歳時記、学校行事等）

7．他教科との連絡を計ること（特に読方話方に於て然り）

8．自由選題主義、課題主義は合せとること。

以上が、「綴り方科諮問答申案」の全文である。この答申案作成者が、県下の綴方教育に関して「深い造詣と経験とを有する実際家」であることは「あとがき」からも推定されるところであり、研究大会日程の最後に答申案報告がなされているところからみても、この答申案が研究大会の総仕上げ的な意味をもつものであつたことが想像されるのであつて、「将来に於ける県教育方針の基礎ともなるべきもの」として、その意義は極めて大きいものがあるといわねばならない。

ただ、この答申案が、現場の教師にどのように受け入れられ、実践の場でどのように活用されたかについては、この「研究録第一輯」だけで明らかにすることはできない。このことは、この答申案の内容の分析、その理論的背景（田上新吉氏の「綴り方教育原理」昭和二年五月刊、は、その一つであったと考えてよい。）の研究とともに、今後の課題としたいと思う。

六　結　語

この「研究録第一輯」の所論から、この当時の岡山県の綴方運動を直ちに生活綴方運動と規定することには若干の問題があろう。それは、生活指導の理論についても、実践事例についてもいえることである。しかし、それにもかかわらず、児童の生活をありのままに表現させることによって児童の生活を深めることを綴方の本質的な使命とし、生活指導を綴方教育の第一になすべきこととする見解は、この時期における岡山県の綴方教育が、そのニュアンスのちがいこそあれ、生活綴方の一つの姿を示しているとみてよいことの根拠と考えることのできるものである。たしかに、生活綴方運動が、「生活綴方」そのものとして、理論的にも、実践的にも意識的に進められるのは、雑誌「綴方生活」創刊（昭和四年一〇月）以後のことであるが、生活綴方運動の源流は、「赤い鳥」綴方（大正七年六月創刊）とみなすことができるのであって、「岡山県初等教育研究録第一輯」の所論に代表される岡山県の綴方運動を、生活綴方運動の歴史の中に位置づけて理解することは当をえていると考えられるのである。「綴方生活」の創刊よりも一年半早く刊行されたこの「研究録第一輯」に所論をのせている時本堅氏が、同じく第一回の研究大会の研究会員であった高畑稔氏（当時、真庭郡勝山校）や、小山玄夫氏（この研究大会の会員名簿にはのっていない。）などとともに、のちに、岡山県における生活綴方運動の推進者となったのは決して偶然とはいえないのである。

一一　岡山県の生活綴方運動（二）

——時本堅氏のばあいを中心に——

はじめに

本稿は、第一五回中国四国教育学会（鳥取大学）で発表した「昭和初期における岡山県の生活綴方運動」（「教育学研究紀要」第九巻所収）につづいて、岡山県の生活綴方運動を歴史的に考察しようとするものである。前回は、昭和三年四月に刊行された「岡山県初等教育研究録第一輯」を研究のおもな対象としたが、本稿では、その研究録に岡山師範訓導の立場から、「綴方教育に於ける生活指導の理論的統制とその実際展開」という論文を寄せ、その後も常に岡山県における生活綴方運動の推進者、指導者として、中心的な役割を果してきた時本堅氏の実践を中心として、戦前における岡山県の生活綴方運動の実態の考察を進めて行きたいと思う。おもな資料は、時本堅氏へのインタビュー（四〇年一〇月二〇日）の記録、および、時本堅氏執筆の「私の教育生活」である。「私の教育生活」は、昭和三六年退職した時本氏が、〃この小編を現代の青年教師諸兄に捧げます〃という副題をつけて書いた自伝的な記録で、岡山県の生活綴方運動の実態をみる上で貴重な資料である。

一　「赤い鳥」との出あい

多くの生活綴方教師がそうであるように、時本堅氏の生活綴方への目は、「赤い鳥」によって開かれた。

大正一二年、学力の低い、貧しい、そして教室に少しも精神的結合を持たぬこどもたちを前にして、精神的にも生活的にも孤独というものをしみじみと経験した時本氏が、旧正月の休みに、岡山市の吉田書店で、その表紙の美しさに心をひかれて手にしたのが、「赤い鳥」であった。童話・童謡・自由詩・自由画・作曲、それぞれに心をひくものがあったが、とりわけ時本氏を驚かせたのは、その中に「綴り方」があったことであった。「赤い鳥」をはじめて手にした時本氏は、その時の驚きと希望を、次のようにしるしている。

「『赤い鳥』に盛りあげられた童謡・唱歌・自由詩・自由画・綴り方は、なまのこども心理や生活を表現したものであり、わたしどもが師範学校で教えてもらったことのない、生きたもの、美しいもの、驚くべきものであった。（中略）わたしの受け持ちのこどもに童謡を歌わせ、自由詩を書かせ、自由画や綴り方を作らせようという希望を、わたしは、それからひそかに胸の中であたため続けた[1]」

こうして、山の村の教室へ帰った時本氏は、こどもたちといっしょに、小学唱歌「四季の雨」を歌い、河原で写生し、宇野浩二の童話を読んでやり、そして、綴方を書かせたのである。この間に、山の村のこどもたちは、少しずつ口を開くようになってきた。

「綴り方は、わたしの最も力を入れた仕事であった。『赤い鳥』作品のうち、材料が身近で印象のはっきりしたものをプリントにし、一時間話し合い、次の時間に書かせ、その次の週に読み合わせて推考し、掲示した[2]」

こうして、「教室は、テストや図画や、自由詩や綴り方、手工や理科の観察記録でいっぱいになり、天井にも、廊下にも成績物をつるした。[3]というにぎやかさになった。
「赤い鳥」綴方にならっての実践は、こどもたちを明るくし、活気づけたばかりでなく、時本氏自身に教師としての使命観を自覚させた。「生活の事物や事実について印象を書く」「自分自身のことばで書く」という、「赤い鳥」綴方の二つの焦点をとらえ、「ただその二つを念頭において、綴り方を書かせてるうちに[4]」、時本氏は、教師の使命を、次のように自覚するのである。

「こどもの生活内容になる事物・事実や、こどもだけのもつ、ものの見方、考え方、行動の仕方の単純性・純粋性・感覚性・個性――それゆえに自由で無限の可能性のあることを、実感として身につけることができるようになり、こどもがかわいく尊く、その指導に奉仕することが、何にも増して意義あることに思われてきた。[5]」

「赤い鳥」との出あいによって、ひとりの生活綴方教師、時本堅という人物が誕生したのである。

二　「鑑賞文選」

大正一四年、富山小学校に転任してからまもなく時本氏は、大野小学校でおこなわれた綴方教授講習会で、講師田上新吉氏にあい、氏から励ましのことばと、署名入りの「生命の綴方教授」をいただいた。これによって、文章の表現形態の指導について一歩を進めることができた時本氏は、前校で得た「赤い鳥」の二つの原則による方法で、時本流の「文集作り」をはじめたのであった。謄写版刷り三〇ページ、一学期に一冊ずつ、というこの文集を、時本氏は、「赤い鳥」や「鑑賞文選」に送った。時本氏は、この間の事情を、

「『鑑賞文選』には、自由詩がいくつも入選して気をよくした。当時は、中央の綴り方雑誌に送って入選することは、自分の綴り方観や指導法の評価を受けることであったから、わたしは、少しずつ自信を高めることができた。(6)」

というふうに述べている。

「鑑賞文選」は、大正一四年六月に創刊された綴方雑誌であるが、(7)その編集の中心には、小砂丘忠義氏がおり、「むんむんするような地方地方の香りと、たくましく成長するこどもの生活の意欲があふれていた(8)」雑誌であり、文芸性よりも教育的価値を重んじた雑誌であった。

時本氏の文集が、「赤い鳥」でとりあげられず、「鑑賞文選」に入選したことは、時本氏自身にとっても、岡山県の生活綴方運動にとっても重要な意味をもつものといわなければならない。「赤い鳥」によってスタートした時本氏であったが、こどもに密着した真剣な実践活動は、時本氏をしだいに「赤い鳥」綴方的なものから脱却させ、「生活綴方」への志向を決定づけたといえるのである。

「わたしは、一冊五銭の『鑑賞文選』をこどもといっしょに毎月読んで、田上綴り方や、『赤い鳥』綴り方に足りなかったものをこどもの作品にもとめた。(9)」

時本氏は、当時を回想して、「私は『鑑賞文選』に育てられたようなものです。(10)」と語っておられるが、「赤い鳥」によって目を開かれた氏は、「鑑賞文選」によって、決定的に生活綴方教師に育てられていったのである。

三　「教育・国語教育」

「鑑賞文選」は、主として、作品指導者としての時本氏を育てたのであったが、綴方教育の理論家としての氏を育てたのは、千葉春雄主宰の雑誌「教育・国語教育」（昭和六年四月創刊）であった。

時本氏は、昭和五年五月、東京高師付属の国語三科研究協議会で、「生活綴り方に正しい姿を与え、実践指導の目安を作る」という意図のもとに、「生活組織の綴り方教育理論と実践」という報告をおこなった。これは、「北方性の綴り方」に対抗する意識でおこなわれたのであったが、村山俊太郎・今井誉次郎氏らの北方の青年教師の批判や共鳴をえることができず、当時東京高師訓導であった千葉春雄氏（宮城県出身）に支持されることとなった。[11]

以来、時本氏は千葉氏の死去（昭和一四年）まで、常に公私にわたって知遇を受けることとなるのであるが、とくに、「教育・国語教育」のスタッフとして、（時本氏のお話によると、当時、千葉春雄氏翼下のスタッフは、全国各地に一二〇名ほどおり、千葉氏はそのスタッフに毎号テーマを与えては書かせ、指導したということである。）「毎号課題を指示されては、読み・考え・試み・書きつづけ・綴り方教育だけでなく、教育全体について勉強につとめた。[12]」のである。これは、時本氏の成長にとって大きな意義をもっている。この時期は、時本氏としても、最も多くの仕事をした時期であり、氏の、いわば、〝成長期〟であった。

四　大森保平氏の指導

千葉春雄氏は、時本堅氏の、生活綴方教師としての成長にとって忘れることのできない恩師であったが、時本氏には、もうひとりの偉大な指導者、大森保平氏があった。大森氏は、岡山県出身で、京都桃山女子師範から、時本氏の属する岡山師範の主事として「岡山に骨を埋めるつもりで帰った」[13]人であった。大森氏は、実験心理を専攻した学究であったが、氏の、時本氏への指導の仕方は、千葉春雄氏のそれとは対照的なものであった。千葉氏が時本氏の「生活綴り方」的姿勢を導き、鼓舞し、激励したのに対して、大森氏は、時本氏のそういう姿勢を、矯正し、たたきなおす、という方向で時本氏を指導したのである。

「君ら『生活綴り方』とか何とかいいようるけえど、ぼくがたたき直してやるからなあ、覚悟しとれえよ。[14]」

大森氏は、このことばを、「笑いながら話された[15]」というのであるが、生活綴方教師として意気軒昂たる若い時本氏にはかなりのショックであったと思われる。生活綴方に対する大森氏の考え方は、次のようなものであった。

「生活教育のパイオニアという意気込みは充分認めてよい。[16]」
「生活教育は、たしかに綴り方教師が火をつけたが、生活教育というのは教育の根本理念であって、綴り方だけがやるもんではない。ひとりのこどもが、綴り方の時間だけ生活指導を受け、残りの教科では今までどおり画一教育をやられてはたまらんではないか。[17]」
「生活綴り方の教師は、『綴り方人』などと自称し、その理論は、偏狭で独善的で、難解なことをいう。こどもがたいせつだったら、もっと『正常平易』なものにして、その生活教育の夢を、お互いの間に分け合いなさい。[18]」

時本氏は、こうした大森氏の意見を、「まったく恐れ入った。[19]」という姿勢で受けとめたのであったが、この中で、時本氏に最も大きな影響を与えたのは、「『正常平易』な生活綴り方を」という考え方であった。すでに、昭和五年五月、東京高師での国語三科協議会で、「生活綴り方の穏健な主張[20]」を唱えている時本氏としては、正常な生活綴方への志向は自分自身の中に内在していたともいえるのであるが、それが、はっきりと、自覚的に綴方教育の理論の中枢を占めるようになったのは、大森保平氏の指導を受けてから後のことである。「正常綴り方教育の実践」（昭和一一年刊）は、そういう理論を、大森氏の影響下で、世に問うたものであり、時本氏の綴方教育理論書として最も重要なものである。

五　綴り方合評の会——綴り方岡山同人会

以上、三、四で考察したのは、千葉・大森両氏の指導のもとでの時本氏の仕事についてであったが、「綴り方合評の会」（のちに、「綴り方岡山同人会」と改称）は、時本氏自身が、指導者として、県下の生活綴方教師たちを育成し、岡山県下の生活綴方を全国的なレベルにまで高めた場である。

「綴り方合評の会」は、昭和九年ごろに始められ、高畑稔・亀山茂樹・北原信一郎・小山玄夫など、「赤い鳥」「綴方学校」「佳い綴り方」などによって、全国にその作品を問うた人たちを輩出している。

「昭和八年ごろから文那事変の始まる一二年ごろまでが、文集全盛時代で、岡山の人々も文集作りに精出し、高畑稔の高等科のもの、小山玄夫の一年生のもの、亀山茂樹の調べた綴り方や働く綴り方文集、北原信一郎の生活詩集は、全国を指導する役割を果した。[21]」

「綴り方合評の会」の仲間は、時本氏や、以上四氏のほか、大林芳茂・西田弘、金光堅、卯野順平・吉元宗・木村岩治・坂本賢・鷲田重郎・福田満寿男各氏ら、四〇名ほどであった。[22]」

この会でとられた合評の方法は、

「綴り方を一文だけ印刷して配り、内容や文章を批判してもらい、その本文と批判を再び印刷してみんなに配る。その費用と手間はいっさい自分持ち、月二名を当番とする。[23]」

というもので、これは、とかく三日ぼうずで終わりがちなこの種の仕事を、三年間にわたって継続せしめた、地道な、有効な方法であった。この方法によって、「綴り方合評の会」の仲間たちは、

「生活綴り方の文章、綴り方の個性や地域性・発達の段階、中央へのつながりというようなものが、自分の指導した子どもの文章をとおして、確実に、自分のものになっていき、生活教育に対する見解や確信をも深め、ひいては同志的結合をも固めることができた[24]」

のである。そして、これらの人々は、三〇年後の今日、「筋金のとおった校長として、現在いきいきと活動している[25]」のである。

「綴り方合評の会」は、昭和一一年「綴り方岡山同人会」と改称され、作品集「綴り方岡山」を出すようになった。この間には、千葉春雄・百田宗治・国分一太郎・佐々井秀緒の各氏をはじめとして、全国の同志の応援があっ

た。[26]

このような発展的な気運が最高潮に達したのが、昭和一一年五月に開催された「全国綴り方教育研究大会」である。この大会は、講師に千葉春雄氏を迎え、鳥取の稲村謙一、宮崎の木村寿などのすぐれた実践家をはじめとして、全国から数千名の会員を集めるという盛会ぶりであった。これは、戦前の岡山県における生活綴方運動のピークをなすものといってよい。時本氏は、県下綴方界のリーダーとしての大会を実現したのであり、高畑稔氏は、大会の会計係を受け持って、経理、運営に積極的に働いたのであった。

「合同小学生新聞」の綴方欄の選、四国や広島・鳥取との交流など、時本氏の活動はその後も精力的に続けられるのであるが、戦時下および戦後の氏の活動については別稿に譲ることとしたい。

結　語

時本氏の活動の全盛時代（昭和五～一五年）は、師範学校訓導の時代である。このことが、「北方性」に対抗的な「正常綴り方」を展開させることともなり、また、県下の生活綴方教師たちを育成する立場に立つことともなった。本来、アンチ付属的な生活綴方運動の中にあって、このことは特筆すべき事がらである。

〔注（10）はインタビューの記録、その他の注はすべて「私の教育生活」による。〕

一二　山口県の生活綴方運動——師井恒男氏のばあいを中心に——

一

山口県における生活綴方実践家の中心的人物は師井恒男氏である。師井氏は、昭和五年に師範を卒業後、昭和一〇年まで宇部市の沖の山小学校に、昭和一〇年から一七年まで、宇部市の岬小学校に勤務されている。両校とも、工業都市宇部の炭坑地帯にあり、師井氏の生活綴方の実践は、この炭坑地帯のこどもとともに行なわれたのである。『炭坑地児童と綴方』（百田宗治編、「綴方教程」所収）という論文題目や、「炭車隊」「掘る」などの指導文集の名（百田・滑川・吉田共編「生活綴方代表作品ぼくの夜しごと」所収『実践家人名録』による。）が示すように、師井氏の生活綴方の実践は、「炭坑」と密接に結びついているのである。

師井恒男氏は、雑誌「生活学校」の昭和一三年一月号に、『綴方指導と若い教師の一面』という一文を寄せている。この一月号は、「最近綴方人の動向鳥瞰」という特集をやっており、師井氏もその「綴方人」のひとりとして寄稿を求められているのである。坂本礒穂（北海道）、高橋啓吾（岩手）、加藤周四郎（秋田）、松本滝朗（長崎）などのそうそうたる生活綴方人の中にまじって、当時の生活綴方教師にとって、「教育・国語教育」とともに、最も大きなよりどころであった「生活学校」に、こういう形で登場してくるところに、師井氏の、当時における位置をうかがうことができる。この『綴方指導と若い教師の一面』は、師井氏がその生活綴方の実践をふりかえって、その動機、周囲の状況・氏の姿勢などを述べたものであり、氏の実践をあとづける上で貴重な資料である。

二

師井氏は、その『綴方指導と若い教師の一面』の中で、生活綴方への動機を次のように述べている。

「若い教師である私は、情熱を注ぎこみ、精力をすりへらすなにかの仕事に飢えていたのだ。青春の過剰――と言うよりも、八方塞りのような暗い周囲、泥沼にはまりこんだような無気力な教育社会、稼がねば食えぬ余裕のない私の家を意識すればする程、私はあせりはじめるのだ。（中略）やってやって、そこで自分をつくり、自分の行くべき道をみつけ出す已の内部が『行うべきこと』を求めた。（中略）結局、私は許された教室内で綴方をみつけ出したのである。感傷さ、一人よがりの独善的精神主義さとわらわれようとも、私にとって切実な問題だったのだ。生活綴方などと思いはじめたのは後の事であって、歓喜とてない無意力な教師の現実の中で（この時代に）私の情熱を燃やすことが第一だったのだ。」（「生活学校」、昭和一三年一月号、六六ページ）

このことばの中には、閉塞的な無気力な当時の教育社会、師井氏の青年教師としての情熱と焦燥、自己を飾ろうとしない誠実さ、そして、「許された教室内で」というやや消極的な考え方、などがみられる。これらは、師井氏の、生活綴方教師としての姿勢を規定し、あるいは特色づけることがらである。

師井氏は、さらに次のように述べている。

「最初に綴方に気付いたのは、全国の綴方運動が多分に影響した。感傷的な文学好きもあったであろう。また、全国の綴方運動の中で、いい顔がしたいということも全然ないとは言い得ない。しかしこの綴方運動に私の情熱を注ぎこみ、精力をすりへらすのに最も気持の近さを感じたのだ。山口県には何もなかった。他の地方の教師の情熱的な声は惰弱な私に『教師の仕事をする喜び』を教えてくれたのだ。他の地域の切実な声は文学表現の綴方によって、具体的な共感を私にそそりたてる。自己汚辱に陥りつつあった私、教師に不信の唾をはきかけていた私に、教師の歓喜を知らされ、誇りを感じ、歓喜をもって『綴方』の中へはいっていった。」

（同上、六七ページ）

この叙述の中には、師井氏を生活綴方に導いた要因が示され、そして、生活綴方に目を開かれた氏の、教師としての喜びが率直に語られている。ここで注目すべきは、「山口県には何もなかった。」という述懐である。山口県には何もなく、「他の地方の教師の情熱的な声」によって生活綴方への目を開かれたということは、当時の山口県における生活綴方的風土のありようを端的に示しているといえよう。師井氏の周辺は、生活綴方を実践する氏にとって、暖かいものではなかったようである。

「まわりの無理解な（たとえ若いがゆえにゆきすぎているにしても）無関心さは益々、孤独な気持ちでいる私をかりたてる。今にして気付く。私は周囲への抗議として綴方への努力をしていたのだ。」（同上、六七ページ）

「山口県というところは、『防長教育』（注、山口県教育会機関誌）の精神をキチッとしなければならないとされていて、純粋な民間の研究グループが育ちにくいところです。」（師井恒男氏談、昭四二年一一月一〇日）

三

このような状況の中で、師井氏の実践は黙々と続けられている。

「用紙を切って帳面をくくらし、書きこみを職員室の電燈をつけてよみ、赤字を入れ、毎日のごとく家に学級の仕事を持って帰り、文集を発行するために、ほとんど休息を忘れた何日かをすごし指のまめをもんだりしたこともあった。」（『綴方指導と若い教師の一面』「生活学校」、昭和一三年一月号、六七ページ）

「あらゆる機会に子供の綴方作品をとおして子供の生活を示すことは、子供をとおして現実生活を示すこととなる。たとえちっぽけなものにもせよ子供への愛情、現実への愛情が、地域の喜怒哀楽をもつ行動の表現としての綴方によって、私自身育てられてきた。教師の自信たっぷりな擬姿に（私も含めて）、地域の切実な行動を知らしてくれたのだ。子供への愛情、現実への愛情から、綴方が抗議の姿をとってきたのである。文集を発行するにしても、子供自身への影響を計画することよりも、学校へ父兄へ聴いてもらいたい願いが多分にあった。（むろん、子供に抗議を意識さして綴方をやったのではない。）」（同上、六八ページ）

ここには、生活綴方教師としての師井氏の実践の姿があり、そして、その実践のねらい、実践の成果が示されている。

また、作品の処理についても、野村芳兵衛氏の方法などをとり入れようという意欲を見せている。

「野村先生の四時間一単位制の第三時分団研究、第四時学級合評をどうかして実践に移してみたい。」
（『作品処理の姿勢』、百田宗治編「綴方教程」四一三ページ）

これは、野村芳兵衛著「新文学精神と綴方教育」（昭一一・一・一八、厚生閣刊）に収められた『一単位四時間制の綴方指導』（同書二五三〜二五八ページ）によったもので、第一時――文の研究、第二時――文の記述、第三時――分団研究、第四時――学級合評、という方法である。これは、氏の実践における研究的姿勢の一端を示すものといってよいであろう。

ちなみに、当時の氏の購読雑誌類は、次のようなものであった。

「小説で橋本英吉『欅の芽立』（文学界）、北条民雄『いのちの初夜』（文学界）、『癩院受胎』（中央公論）、島木健作『転向者の一つの場合』（文学界）、『若い学者』（改造）」
（「生活学校」、昭一一・一二月号所収、『今年の収穫』による。同誌三四ページ）

「教育関係のものでは、『教育・国語教育』、『鑑賞文選』、『綴方学校』、『教育』（岩波）などを読みました。『赤い鳥』に対しては批判的でしたから、あまりその影響を受けていません。」
（師井恒男氏談、昭四二年一一月一〇日）

また、仲間と文集を出したこともある。

「わたしたちの仲間で『綴方交流』というガリ版刷りの文集を出したことがありますが（昭和一三〜一四年ご

ろ）、警察から勧告を受けて、二、三回でやめてしまいました。」（師井恒男氏談、同上）
警察からの勧告の趣旨は、そういうものは危険だから、というものであったそうである。（師井氏談、同上）。
このような実践の所産の一部が、師井氏の指導作品として、次のように収録されている。
1　母（詩）　四年　岡崎健二（宇部市沖の山校）
2　僕のくせ　四年　男　　（同　上）
（百田、滑川、吉田編「生活綴方代表作品　ぼくの夜しごと、昭二八・三・二〇　金子書房刊所収）
3　朝顔　尋六　山岡清一（宇部市岬校）
（百田宗治編、「全日本子供の文章」、昭一二・九・八　厚生閣刊所収）
この中の児童詩「母」は、次のようなものである。

母

四年　岡崎健二

父が目をまるくして
あせをながしながら
頭をなぐった。
目がまわった。
せんたんばの火
ぼんやりと見える。
母はあすこで
仕事しているんだな。

（注）選炭場

（「生活綴方代表作品ぼくの夜しごと」一六一ページ）

これは、沖の山校時代の指導作品である。炭坑地帯の中にありながら、暗くならず、力みもせず、ぐっと持ちこたえている強さ、暖かさは、その背後にある指導者師井恒男氏の姿勢を示しているように思われる。

四

師井氏は、雑誌「教育」、昭和二七年四月号所収の座談会「われらなにをなすべきか」の中で、次のように述べている。

「西南派の方ですが、いま国分さんがいわれたような考え（注、社会主義的な考えをさす。）はなかった。それは社会主義になっては危いという意識が強かったと思う。事実はそうだったのですが、社会主義的なものになってはいけない、解決するにはそうだと思うが、そういうものを感じながらこどもの生活をよくしてやらなければならん。社会主義になると危険思想になるので、ヒューマニズムというようなものになっておれば、という意識が強かったと思うのですよ。それは、なにかやはり、東北のような一つのしっかりした組織がないという面もありましょう。それから、さきほどお話のあった大きな凶作というような厳しい現実というものがなかった点もあるでしょうが、わたしたち臆病なものは、強いて社会主義と思われないようにしようという気が強かったと思う。しかし、そういうものを勉強しなければダメだということは、自分たち気がついていたわけです。こっそりやっていたわけです。」

「社会主義になると危険思想になるので、ヒューマニズムというようなものになっておれば、という意識が強かったと思うのですよ。」ということばは、よく、当時の師井氏の、そして山口県下の状況を示しているように思われる。ヒューマニストとしての師井氏の穏健な姿勢、山口県という保守的な風土、これらは、山口県の生活綴方運動の性格を大きく規定するものと言ってよいであろう。

師井氏自身、氏がロマンチックなヒューマニストであることを自認していたようである。

「感傷的人道主義としての批評をうけている位だから、大したことはないだろう。」
（『綴方指導と若い教師の一面』、「生活学校」昭一三・一月号、六八ページ）

やや自虐的な響きで語られているこのことばは、さきの座談会の氏のことばと呼応するものがある。ただ、氏のばあい、その感傷主義の抑制を常に心がけていたのであった。

「感傷的な童心擁護は極力警戒したつもりだ。」（同上、六七ページ）

「炭坑を報告さして『現実――現実だ』と大声するのは少し感傷に過ぎはしないか。『純なる童心』をひきずり廻して、『銭もうける悲惨事』を慰んではいないか。」
（『炭坑地児童と綴方』、百田宗治編、「綴方教程」、昭一三・六・一九、厚生閣刊、所収、一二六～一二七ページ）

「同情深げな目で炭坑の子を見まい。炭坑のもつ素材で感傷的な声をあげまい。『必然である現実』として、南京虫もとろう、一銭くんないやも少なくしよう、坑夫の力を知って銭を散らす弱さに抵抗しよう。そして『仲間の主張』をひっぱり出すのだ。」（同上、一三〇ページ）

炭坑という、またとない生活綴方的風土の中にあって、生活綴方教師たらんとしつつ、しかも、その「現実」の中に甘えまい、のめりこむまいとする姿勢は、単に、氏自身の感傷主義への自己抑制を示すだけではなく、同時に、上すべりの「現実」主義に陥ることへの抑制でもあったのである。

この、常に自己批判を怠らないきびしさ、誠実さ、自己抑制の強さは、生活綴方教師としての師井氏の姿勢の大きな特色である。この姿勢は、作品の処理を問題とするばあい、とくに顕著にあらわれる。

「子供たちの作品を読みながら何時も私がひどく責められるのは、この子のもつ生活態度なり生活技術なりをどれだけ『俺の仲間たちのこと』として切実に感じているかどうかである。（中略）『ひびの中に水がしみこむ』という茶碗洗いにしても、センチメンタルな人道主義がありはしなかったか。」

（『作品処理の姿勢』、百田宗治編「綴方教程」所収、四一三ページ）

「教師対児童の処理より子供と子供の作品処理の設営へと心がけてはいる。しかし、目新しい方法よりも、教師自身の生活態度を鍛えることにはげまねばならぬ。」（同上、四一四ページ）

「ともすれば出たがる教師の利己主義、社会人から逃避して童心に涙ぐもうとする弱さ、まわりの様子も入れよなどいう芸術性。それ等の作品処理にあらわれる私の生活態度を如何にして克服するか。」

（同上、四一四ページ）

師井氏にあっては、作品処理の問題は、技術や方法の問題である以前に、まず、教師自身の姿勢の問題として意識されているのである。

「全力を傾けたものなし。ある点にゆくと、いつもへなへなとなります。ただ文集と読物から『ものの考え方』を訓練しようと心掛けました。本年度の収穫は『凡ての教科は役に立つ』という平凡な出発に大にかえったこと。」（『今年の収穫』「生活学校」昭和一一年一二月号所収、三四ページ）

このような、きびしく、誠実な、常に内に向かってきびしく自己を批判し、自己を鍛える、という姿勢は、はなばなしい成果を生み出す、という点からみれば、必ずしも適したものとはいえないかもしれない。しかし、これはこれで、人間として、教師として、まさに貴重な一つの姿勢なのであり、山口県という、明治維新以来の保守的な風土（師井恒男氏談、昭四二年一一月一〇日）の中で、燃え続け、戦後二〇年たった今日まで生き続けている、筋の通った、シンの強い姿勢であったといえるのである。

一三　島根県の生活綴方運動——戦前の研究体制を中心に——

一

島根県の生活綴方運動の中心的なにな手いのひとりである宮田朝海氏は、島根県の生活綴方運動の源流を、昭和六年の成瀬武・宮田朝海氏などのサークル活動の中に求めておられる。（宮田朝海・吉儀幸吉「島根県生活綴方教育運動史——昭和六年～一二年、——」・「作文と教育」昭四一年六月号所収八八ページ）この論稿では、昭和六年におこり昭和一二年にいちおうの終末をとげたこの運動の地盤として、大正期の末から昭和五年までの研究体制をみ、また、この運動の成果として「島根綴方年刊・昭和一三年度版」をみる、という立場で、戦前における島根県の生活綴方運動の研究体制の考察を進めていきたいと思う。

二

大正末期から、昭和初期にかけて、雑誌「島根教育」（島根県教育会の機関誌）にみられる綴方教育関係の研究論文・研究発表・講習会等は、つぎのようである。

一　研究論文・研究発表

1　本校児童の実際を基調とせる綴方研究　簸川郡大社町東尋常高等小学校
2　綴方私の文話　海士郡海士村知々井小学校訓導校長　横山弥四郎
3　読方教授に立脚したる綴方科の研究　邑智郡矢上村尋高小学校訓導　山田　儔
（以上、1～3、雑誌「島根教育」大正一五年二月号、三〇七号、所収、一三一～一二六ページ）
4　私の文話概要　周吉郡東郷村飯田小学校長　横山弥四郎
（同上誌・大正一五年三月号、三七一号、一三一～一二六ページ）
5　我校の綴方　簸川郡平田町小学校
（同上誌・昭和五年一〇月号、四二四号、一六ページ）
6　研究発表・綴り方の指導体系　島根県師範学校付属小学校　山根　訓導
（同上誌、大正一五年六月号、三七四号、一三二ページ）

以上のうち、1～3は、島根県教育会蒐輯・初等教育研究調査物入賞者として、大正一五年二月七日付で発表されたもので、1は二等賞、2は三等賞、3は選外佳作となっている。4は、2の論文の概要を翌月号に掲載したものである。

5は、簸川郡教育会・簸川郡学校教員研究会の第一回懸賞論文として、甲・金賞をえているものである。

6は、大正一五年六月一二日に島根県師範付属小学校主催の第二回小学校研究発表会で発表されたものである。

以上1～6のうち、論文の内容が掲載されているのは「概要」という形をとった4だけであり、あとは、1および2に、入賞者に対する「講評」が述べられているほかは、すべて、題目の研究者の名だけがあげられている。

二　綴方講習会

1　冬季講習会・綴方短期講習会

主催　簸川郡大社部学校職員研究会
日時　昭和三年一月六日〜八日
講師　広島高師訓導　田上新吉
（同上誌、昭和三年一月号、三九二号、二四ページ）

2　夏期講習会・国語
主催　仁多郡教育会
日時　昭和三年八月一二日〜一四日
講師　広島高師訓導　田上新吉
（同上誌、昭和三年八月号、三九九号、一七ページ）

3　綴方講習会
主催　簸川郡平田職員研究会
日時　昭和四年七月二五日〜二七日
講師　東京高師訓導　飯田恒作
（同上誌、昭和四年七月、四一〇号、五〇ページ）

これらは、講習会一覧、などの形で、事前に予告、もしくは事後に報告されているが、上に整理した項目以外のことについては、内容・参加者数等、なにも発表されていない。

バックナンバーに一部欠本があるので、以上で大正末期から昭和初期にかけての研究体制の全貌をつかむというわけにはいかないが、しかし、そのおおよその傾向はみてとることができる。すなわち、雑誌「島根教育」でみた限りでは、

1．研究論文・研究発表・綴方講習会のいずれかについても、量的に多いとはいえないこと。
2．これらの具体的な内容がほとんど発表されず、発表されるばあいにも「前半は綴方教授の目的、文章の本質および創作意識等に関し新思想の潮流を汲み入れて考察せる理論的研究にして後半はこれに基づける尋常高等全学年に亘る詳細なる学年別指導案なり」（後略）と講評された「本校児童の実際を基調とせる綴方研究」（研究論文・1）よりも、「其労において必らずしも大ならざるもその価値において少からずと認む」と講評された啓蒙的な「綴方私の文話」（研究論文・2）のほうがとられていること。
3．研究論文は、懸賞募集への応募という形でおこなわれていること。
4．県下では、簸川郡が綴方教育に意欲的であること。
5．昭和三年に田上新吉氏、昭和四年に飯田恒作氏と、当時における東西の綴方教育界の代表的指導者を招いていること。

などである。綴方教育全盛の気運はまだ熟していないながらも、簸川郡を中心に、着実にその地盤を築きつつあったといってよいであろう。

なお、「綴方私の文話」という研究論文を発表した横山弥四郎氏が、宮田朝海氏の恩師であったこと、および、雑誌「島根教育」昭和三年四月号（三九五号）に、松江家政四の一浅野幸子の「貧しき人々への愛」以下、七編の綴方、六首の短歌、九つの俳句が、「学生児童作品」としてはじめて掲載され、以後はほとんど毎号に、「学生児童作品」がのせられるようになったことも、きたるべき生活綴方運動の地盤形成に培うものとして注目しておきたいと思う。

前にも述べたように、宮田朝海氏は、島根県の生活綴方運動の源流を、昭和六年の成瀬武・宮田朝海氏らのサークル活動に求めておられる。

三

「昭和三〇年『やつか作文の会』が誕生し、一〇年を経た今日まで、日本作文の会に所属して、毎月一回の定例会合を決して欠かさないという、まじめな、地についたサークル活動を続けている。

この源流をさがしていくと、昭和初期につき当たる。この八束郡の一角に、昭和六年頃から綴方を中心に、新しい教育のあり方を追求する青年教師の群像があった。それらは、機関誌を刊行し、それを中心に児童教育の開墾にあった。」（宮田朝海・吉儀幸吉「島根県生活綴方教育運動史――昭和六年～一二年」、雑誌「作文と教育」昭四一年六月号所収、八八ページ）

「昭和六年、成瀬武（出雲郷小）、宮田朝海、得能芳雄（津田小）、松浦毅（意東小）らがグループを作った。島根師範を卒業したばかりの若い層で、前田夕暮主宰の歌誌「詩歌」に属し、自由律の短歌に熱をあげたりもしていたが、学校が近接していた関係もあって、機関誌「綴方開墾」を定期的に刊行した。これは純然たる合同文集の形で出発したが、掲載作品について常に批判し合った。その中の作品は当時の「赤い鳥」に掲載もされた。」（同上誌、八八ページ）

「当時、県の綴方教育は、全県的な機構も組織もまだ見られず、リーダーマンも存在しなかったので、それぞれの地域で、このような一部のサークル活動が存続するにすぎなかった。」（同上誌、八八～八九ページ）のであるが、機関誌「綴方開墾」を刊行し、「赤い鳥」へ投稿し、掲載されるという実績をもったこのグループが、やがて、昭和一〇年に結成され、島根県の生活綴方運動を大きくもりあげていった「島根県国語教育人会」の母胎となったのである。

四

このグループの人たちの活動は、グループ内での文集相互批判ということだけにとどまらず、全国各地域との文集交換や、隣県鳥取との交流、という形で、積極的におこなわれている。

「当時（昭和六年～七年）、「綴方開墾」と、文集などの交換を行なった綴方人に、木村　寿（宮崎）、坂本亮人（北海道）、高野桑蔵（東京）、池田和夫（新潟）、下山良治（秋田）、高畑稔（岡山）、近藤益雄（長崎）らがあり、部厚い文集に記されたそれぞれの筆跡はなつかしいものであり、またそれによって綴方への闘志がかき立てられもした。」（八九ページ）

こうした交流は、隣県の鳥取のばあいはもっと強く、そこから受けた影響も大きかった。

「特に隣県である鳥取の活発な活動には、強い刺激を受けた。稲村謙一、妹尾輝雄、佐々井秀緒、峰地光重、福永昌爾氏らとは、文集・研究物の交流資料・機関誌などにより、ずいぶん教えもうけた。なかでも、峰地氏らを中心に刊行された『綴方必携』や、稲村氏、佐々井氏らの児童詩関係の著書、妹尾氏の手による『調べる綴方』の好著、福永氏の編集にかかる、あか抜けのした文集、機関紙などは、当時の若い島根の教師に強い示唆を与えた。これらによって、綴方運動への意欲をかき立てられたことは特筆すべき一つである。」（同上誌、八九ページ）

北は北海道から、南は宮崎・長崎に及ぶ全国各地域との文集交換、隣県鳥取からの強い刺激、これらによって、成瀬、宮田氏らの青年教師たちは、綴方教育への意欲をかき立てられているのである。

五

つぎのいくつかの例が示すように昭和八年から一〇年にかけては、全国的に、生活綴方運動がもっとももりあがったときであった。

(1)　鳥取：「国語人」創刊、昭和八年九月
(2)　岡山：「綴り方合評の会」の発足、昭和九年
(3)　東北：北日本国語教育連盟の結成、昭和九年一一月
(4)　鳥取：全日本綴方倶楽部米子支部・同鳥取支部結成、昭和一〇年九月

サークル内部の成熟と、周囲のこうした情勢とが、昭和一〇年「島根国語教育人会」の誕生となってあらわれたのである。

「島根国語教育人会」が誕生したときのメンバーは、つぎのようであった。

顧　問　井上赳（県出身の文部省図書監修官）、千葉春雄、百田宗治、並河亮次（県教育会主事）、木島俊太郎（島根県師範教諭・詩人）

同　人　得能芳雄、門脇真愛、中島久喜（以上、松江市）、成瀬武、吉儀幸吉、安部豊、松浦毅、上田節雄（以

上、八束郡）、岩垣一郎、安達豊、佐伯盛吉（以上、能義郡）、錦織芳夫（大原郡）、宮崎正文（安濃郡）、西尾武雄（鹿足郡）、服部松男（隠岐）ら。（以上、同上誌、八九ページによる。）

また、この会の事業内容としては、つぎのような事項があげられている。

1　機関誌「国語」発行
2　研究会、講習会、講演会の開催
3　同人の研究物出版の後援
4　児童文詩集の共同製作（同上誌、八九～九〇ページによる。）

まず「島根県国語教育人会」のメンバーで注目すべきことは、中央部の千葉春雄、百田宗治とともに、県出身とはいえ、文部省関係者を選び、また、県教育会主事を選んでいることである。ここには、東北地方などに根強い反官的な姿勢は全くみられないといってよい。このことは、この会の発足当時、すでに、島根県の生活綴方運動が、常に全県的たらんことをめざしていた一つのあらわれであり、それが、一面では、他県でおこりがちであった生活綴方運動の孤立化を防ぎ、しだいに、全県的な浸透を可能にしたのであったが、同時に、他面では、この運動が、生活綴方運動そのものとしては、ある種の不徹底さを招く原因ともなっているのである。

同人が、松江市および、その周辺の者に集中しているのも、この会の誕生期の姿を示すものとして注目しておきたい。

この会の事業内容は、上記の四事項であったが、大半のエネルギーは、機関誌「国語」の発行に注がれたようである。

機関誌「国語」は、昭和一二年九月（?）の廃刊まで、二年間に、第六号までを刊行している。この「国語」誌上における意欲的な仕事ぶりについては、これまでにしばしば引用した、宮田朝海、吉儀幸吉両氏の論稿の中で、精細に述べられている。

六

機関誌「国語」の刊行についで、同人たちの仕事の中で特筆すべきことは、昭和一二年六月に、千葉春雄氏を招いて、県下九か所で、二週間にわたる綴方講習会を開いたことである。

この綴方講習会は、それぞれの地域に大きな衝撃を与えた。「感激のあまり、翌日の会場へも押しかけ、同じ話を再度にわたって聞くという者も多く」（同上誌、九四ページ）、その一語一語に「目頭が熱くなり、身ぶるいがつくのをどうすることもできなかった。」（同上誌、九四ページ）と告白する同人もいた。

二週間にわたる千葉春雄氏の綴方行脚は、島根県の生活綴方運動史に不滅の足跡を残したのである。

七

千葉氏の綴方講習会によって意気あがった「国語」誌の同人たちは、さっそうと第六号を送り出したが、それが、この機関誌の最終号になった。日支事変の進展は、書く自由を奪い、財政的負担を増大させ、遂にこの号をもって廃刊するのやむなきに至ったのである。

そして「島根国語教育人会」結成以来の成果は、翌一三年七月島根教育会編「島根綴方年刊・昭和一三年度版」という形で示されていることになるのである。

Ⅲ　生活綴方実践・思潮史研究

一四　生活綴方における社会意識と実践の問題
――村山俊太郎のばあいを中心に――

はじめに

村山俊太郎遺稿集「北方のともしび」[1]の巻末にのせてある「村山俊太郎年譜」によると、村山俊太郎氏は、昭和七年三月、昭和一五年二月の二回にわたって検挙されている。第一回の検挙は、当時、非合法であった教員組合を結成したという理由によるものであり、第二回の検挙は、いわゆる治安維持法違反容疑によるものであった。

村山俊太郎が、同志七名とともに、山形県教育労働組合を結成したのは、昭和六年一一月七日で、これが、山形県における教育組合運動のさきがけであったこと、村山俊太郎は、同志の中の最年長者（当時、二六才）であり、また、同志のひとりである前田卯門氏の教生のときの指導教官であったこと（村山俊太郎は、当時、山形師範学校代用付属東沢尋常小学校訓導であった。）などから、同組合の中心的人物と目されたのも理由のないことではなかった。起訴猶予にはなったものの、小学校教員は免職となり、昭和一二年一月、山形市第三尋常高等小学校へ復職を許されるまで、まる五ヵ年、教壇から追放されることになったのである。

第二回めの検挙は、村山氏の主著「生活童詩の理論と実践」（昭和一一年二月一八日、啓文社）がアカであるというのが直接の名目であった。国分一太郎氏によれば、昭和一五年から翌年にかけておこなわれた生活綴方運動弾圧事件で検挙された人の数は北海道から長崎までの広範囲にわたる三百余名に及ぶが、[2]その大検挙の発端をなすものが村山俊太郎の検挙であったこと、また、その三百余名の中でも、実刑をいいわたされたのは、村山俊太郎氏と鈴木道太氏のふたりだけであったことなど[3]からみて、われわれは、村山俊太郎氏がいわゆる左翼的な思想――社会主義的な意識――の持主であり、さらには、生活綴方運動における、こうした意識の急先鋒であったのではないかと考えられること、少なくとも、検察当局からはそのように目されていたことを知ることができるのである。したがって、村山俊太郎氏の社会意識と実践の問題を究明することは、生活綴方運動のイデオロギーと実践の問題を究明する上に、一つの手がかりとなるものと考えられる。この小論ではその観点から、村山俊太郎氏の社会意識と実践をとりあげるものである。

一　村山俊太郎の社会意識

村山氏の社会意識が、どのようなものであったかを知る手がかりとしては、昭和六年一二月三〇日に発行された前述の山形県教育労働組合ニュース第一号がある。

C○団結は我等小学校教員の唯一の武器だ！
果てしもなき世界恐慌の嵐、金融・工業・農業・全経済を席捲せる慢性経済恐慌の嵐は吹き荒ぶ。戦争、疑獄、売淫、無智、頽廃、ストライキ、投獄、餓死、暗殺、失業者の洪水、世は正に暗黒的無政府だ。
○ニュース発刊万才！
一切の経済的圧迫絶対反対！
資本家地主擁護のための一切の反動教育絶対反対！

プロレタリア教育の建設万才！
国内教育労働者組合運動の戦線統一万才！
国際教育労働者組合運動の戦線統一万才！
教育労働者組合運動の自由を斗いとれ！
革命的労働者農民と教育労働者の同盟万才！
○昇給停止、強制寄付のどん底でも、忠君と勤労主義を説く青白い教員の群！
教室は機械のない工場だ、傀ライ師教員の踊り場だ。
素直にブル号外にみとれているこどもら、あやうく自己をささえる。(3)

こうした煽情的な、浅薄な表現が、村山氏自身の手になるものかどうかは明白でないが、たとえ、氏が自分で書かないばあいでも、七名の中の最有力メンバーとして、村山氏の意向が、このニュースに反映され、教師としての情熱が、うち続く教員給の不払い（一一ヵ月不払いという村も出た。(4)）や欠食児童の激増を目の前にして、こうした過激な文章を生んだものと思われる。

村山氏は、すでに昭和四年一二月、東京で開かれた新興綴方教育講習会に研究発表者として出席し、野村芳兵衛、峰地光重、上田庄三郎、小砂丘忠義等の「綴方生活」同人と知り合うことによって、「自分の教育実践の再検討の要を痛感し、生活教育への転回をした。(5)」のであったが、昭和五年八月、岐阜県当局によって弾圧された今井誉次郎氏が、全国の新人にとばした「若もので全国的な運動を」という檄文に接して、そばにいる国分一太郎氏がびっくりするほどの「ものすごい興奮ぶりを示し、(6)」それから「急速に社会科学の研究に向かったのであった。(7)」村山氏がマルクスを読み、レーニンに傾倒していたことは、「ヘーゲル、マルクス、レーニンによって確立された実証論的哲学を基礎とした社会科学的研究」について、「私は、社会科学的研究が、より進んだ科学的立場によっていることを、世界の実践により知りました。[8]」と述べ、レーニンについて、「ある人にとっては全人類の教師であり、他の人々にとっては悪魔である。しかも文化史に意義ある段階を画した彼！[9]」と「！」をつけてその意義を評価しているところからもうかがうことができるであろう。村山氏にとって敬すべき後輩であり、無二の親友でもあった国分一太郎氏も、村山氏が赤線を引きながらマルクスを読破していたことを記している。[10]「リアリズムは、細目の真実さのほかに、典型的な諸性格の伝達の正確さを意味する。」というエンゲルスのことばを、「含蓄ある創作技術上の信条がふくまれている」ものとして引用していることも、[11]同一線上の事がらと考えてよいであろう。先に引いた「組合ニュース」の四枚めには、レーニンの「唯物論と経験批判論」「帝国主義」と、「マルクス主義経済学」が、かんたんな解説をつけて紹介してあったということであるが、[12]この解説はおそらく村山俊太郎氏の手になるものではないかと思われる。「ロマンチシズムの道は自然主義的リアリズムへ、そしてプロレタリアリアリズムの道へ――歴史が示している道[13]」と書いたことばは、村山氏の当時の思想の方向を要約して示していると見ることができよう。

ともかく、「組合ニュース」における煽情的な表現は、尖鋭であったかれの社会意識の一面を示すものとして注目に値いするものである。

しかしながら、村山氏がこのように尖鋭な思想の持主であったということは、それ自体としては必ずしも全面的に教育的な問題ではない。このニュースが真に教育的に問題となるのは、それが、「ニュース」の三枚めに次のような童謡をのせているからである。

ふざけちゃいけない

石地蔵
お前は中まで石のはず
おいらは生きている人間だ
着物もかえずにふるえてる
すましちゃいけない
石地蔵
着物はこっちへとっちまえ（尋六　女）(14)

この童謡の問題点は、作者を（尋六　女）としているところにある。

教師が、個人として進歩的な思想に傾倒し、それを信奉することは許されもしよう。だが、それを、そのままの形でこどもに押しつけ、あたかもこども自身の考えでもあるかのごとき錯覚に陥らせ、こども本来の明るい、健康な夢をゆがめてしまうことの罪は断じて許されまい。もしも、これが、ほんとうに（尋六女）の作品であり、この作品を生ませたものが村山俊太郎氏であるならば、われわれは村山氏を教育者とみなすわけにはいかない。この事は、教育者たるの資格を失わせるに十分すぎるほどのものだからである。

だが、私は、この「石地蔵」は（尋六女）によって書かれたものではなく、少なくとも、村山俊太郎氏が指導してこどもに書かせたものではないと考える。こどもにまでこの思想は徹底しているのだぞ、という、いわば宣伝効果をねらって同志七人のうちのだれかが書いたのではないか、そして、そのだれかは、村山氏以外の人なのではないかと考える。なぜか――。村山俊太郎は、こういう浅薄な作品をこどもに書かせるような浅薄な教師ではないからである。村山氏は、個人としてどのような思想を持つにしても、教室の実践の中で、それをそのままこどもに押しつけるような性急なまねをする教師ではないからである。

私は、以下、主として「生活童詩の理論と実践」、「北方のともしび」によりつつ、このことを実証してゆくことにする。

二　村山俊太郎氏の実践

「生活童詩の理論と実践」の中に、「苦悶の実践」と題する一節がある。これは、村山氏によれば、「一九二一年代用教員にスタートし、一九三二年三月山形県師範学校代用付属校訓導に至る約一〇年間の私のささやかな教育記録の一部分[15]」なのであるが、その中に、「いなごせめ」という次のような詩がのせられている。

いなごせめ

一つ一つのほこりが数えられそうな
秋晴れのすきとおった田の中で
私は身軽にはねまわりながら
いなごをせめる。
稲株につまずいてころぶと
みよちゃんたちは明るく笑う。
私は土にまみれた手を
田のくろの枯草にこする。
ぴょんぴょんはねているいなごは
この秋晴れをたのしんでいたのだろう。

私はいなごをせめて
家のくらしのたしにしなければならない。
つかれてもつかれても
私は袋をおさえながらせめる。
これが米やおかずになるのだもの。
あすもお天気であってくれればよいな。

（昭和六年一〇月）（尋六女）(16)

私はこの詩が昭和六年一〇月に作られたものであること、それが（尋六女）のこどもの作品であることに注目したいと思う。

前に引いた「石地蔵」の童謡は、昭和六年一二月三〇日に発行された「組合ニュース」にのせられたものであり、作者も（尋六女）とされていた。すなわち、「石地蔵」と「いなごせめ」は、作られた時期もほとんど同じであり、作者の年令（学年）もまったく同じものである。しかも、この二つの詩はまったく異質のものなのである。「石地蔵」には、歯の浮くような「革命的」いな「破壊的」な思想が、こどもの生活とはいっさい無関係に先走っているばかりであるのに反して、「いなごせめ」には生き生きとした子どもの現実の生活がある。すきとおった秋の空があり、土があり、こどもの世界に特有の身軽さがあり、明るさがあり、笑いがあり、希望がある。

こどもの詩として、この両者のいずれが本ものであり、また、あるべき姿であるか。――いうまでもなく「いなごせめ」である。この両者のいずれがより忠実に村山氏の実践のありようを示すものであるか。――「いなごせめ」である。それは、単に、「いなごせめ」が村山氏の実践の中におけるものであることがはっきりしているのに対して、「石地蔵」では作者が、村山氏、もしくは村山氏の指導するこどもの手になるものであるかどうかの確証がえられないというような消極的理由からくだす判断ではない。この「いなごせめ」について述べている村山俊太郎氏自身のことばを論拠としてだす確信のもてる判断なのである。

村山氏は、「いなごせめ」を引いたすぐあとに、次のように書いている。

「こうした描写と構成の技術をもって生活のあらゆる方面へ生活眼を光らせるのだ。こどもたちの仕事から、家庭の労働姿態の観察から、しだいに郷土の生活機構への活眼を養うのだ。そしてこの『眼』を統一するのは、郷土更生のイデオロギーであり、日本的現実のもつイデオロギーでなければならないのだ。暗さへ追いやるための貧乏と苦悩の認識ではない。明るい生活への前進のためにのみ現実認識が必要なのだ。私の信念はここに結晶して堅かった。[17]」

「暗さへ追いやるための貧乏と苦悩の認識ではない。明るい生活への前進のためにのみ現実認識が必要なのだ。」これは村山氏の生活詩指導の根本精神であり、教育実践における「信念」である。われわれはこのことをさらに明らかにするため、氏の実践例をもう一つ引くことにしよう。

日ぐれになると私は忙しい
小さい妹の守をしながら飯（まま）じまいをする
鍋の味噌汁がぐだぐだねたつころ
父さんは土方からかえってくる
母さんと姉さんは工場からかえってくる

みんな働いてかえる
腹がペコペコでかえる
私は二分しんのランプを明るくしてまっている
私の腹もぐうぐうする
ああ、こんな時
味噌汁のにほいはとてもいいな（尋六女）[18]

これは昭和五年の作品である。題はつけられていないが、かりに「味噌汁」と呼ぶことにしよう。村山氏はこの詩に対して次のように書いている。

「働いてかえる父、母、姉のかえりを、妹の守をしながら味噌汁をつくって待っている作者は、朗らかに澄んだ明るさにいる。働くことに愉快さを持っている。この夕方の作者の行為から朗らかに呼びかけてくるものこそ、ほおえましい生活者のみが持つ愛情ではなかろうか。現実の生きた姿の形象化にこそ生活詩のあるべき方向を発見する。[19]」

われわれは、「味噌汁」「いなごせめ」の評語が、村山氏の、明るい人生肯定の姿勢によって貫かれているのを容易に見てとることができる。貧乏綴方即生活綴方とするような狭い見解は、村山氏のとるところではないのである。すなわち氏は、生活綴方が、「あるばあいには、単なる実証主義、薄っぺらな現実主義の中に自分自身の生活をあまやかし、貧乏を礼賛したりする傾向を招来した」事実を認め、「しかし、私たちは、あくまでも教育の本質は、生活の発展をいかに指導するかにあると信じ、綴方の表現指導もやはり生活指導のためであるとの基本的態度をまもりつづけてきた。そして生活指導が生活に対する態度の養成であり、生活事象の正しい理解のためにこそ綴方を役立てなければならぬと、実践の具体をくりひろげてきた。[20]」と自己の歩んできた道すじを明らかにしているのである。こうした態度は、次のような村山氏の立言の中に、いっそうはっきりと示される。

「農村の生活を暗いものにしてしまう否定的リアリズムをわれわれは棄てよう。農村の生活を描け、リアルに描けということは、苦しさを、暗さを描けということではない。その暗さを、苦しさを、悲惨さを、起ち上がる農民の肯定的リアリズムによって把握するところに、健康にして明るい農村生活詩があるのだ。[21]」「生活的現実性といい、芸術性といい、生活性というが、これはわれわれおとなの好みによって規定されすぎてはいけないことである。リアルを追求させいようとして徒らに生活の苦しみを体認させたり、冷酷な現実面のみを掘りさげろというのではない。生活の中から悲歌をさぐることがリアルなのではない。こどもの詩におけるリアルはこども性を度外視して成立しない。こどもはいつも健康に明るい肯定的生活面を持っている。そこには健康な夢がある。昔芸術至上の夢を強いたのもおとなであったが、今のこの現実的に明るい夢を否定させようとするのもやっぱりおとなだ。こどもにはこどもなりに育てるべき生活面があり、主観性があり、夢があってよい。そしてこのいずれもが社会の現実的進行に反抗するものでなく、正しい進行譜でなければならないのだ。[22]」

このように引用してくると、われわれは、ここで一つの顕著な事実に気がつく。すなわち、リアリスト村山俊太郎氏の心を底流するロマンチシズムが見てとれるという事実である。

三　村山俊太郎氏のロマンチシズム

しかり、村山氏は本来ロマンチストなのである。マルクスを読み、レーニンに傾倒し、エンゲルスを引用する急進的な思想の持主村山俊太郎氏は、同時に、真の意味におけるロマンチストなのである。ここに、村山俊太郎氏と、「プロレタリア綴方指導理論」（昭六・五・三〇、自由社）を書いた田部久氏や、「少年戦旗」や「ピオニール」のいわゆるプロレタリア児童詩との間の明確な相違がある。

むろん、村山氏もマルクスやレーニンの洗礼を受けているにはちがいない。前に引いた「組合ニュース」はその一側面を示すものと考えられるし、「生活童詩の理論と実践」の中にも、その傾向を示すことばがないわけではない。

「叫びは、個人の感情を、集団の感情を、民族の感情を昂揚させる。詩はこの感情を組織する一手段である。[23]」

「われわれは、いまの世代における詩の形態として、リアリズムの詩、すなわち、生活の真を組織するための詩、とくに生産関係、労働生活等に表われた感情を政治的に昂めるための詩をも生産し、また生産させなければならない。[24]」

この二つは、「生活童詩の理論と実践」におけるもっとも社会的、階級的意識の強い部分である。そして、このような意識の持主である村山氏の実践する生活詩指導というのは前述のごときものであったのである。

村山俊太郎氏は、少なくとも教室の実践においては、田部久氏のように、

「ブルジョア綴方教育が、観念の世界へ、奴隷の国へ児童を輸送するのに反して、プロレタリア綴方教育は現実の闘争へ児童を参加させるための指導であり、教育である。
それゆえに、プロレタリア綴方教育は、プロレタリア児童に対して、その不平、不満、反抗、要求をアジ・プロするものでなければならない。[25]」

といった向こう見ずな大見えを切ることはできなかったし、また、

デンデン虫

一　デンデン虫虫
つの出せやり出せはさみ出せ
にくいブルジョアつかみ出せ

二　デンデン虫虫
えらいなみんな揃って加勢して
にくいブルジョアつかみ出せ[26]

のような浅薄な詩を作らせることもできなかった。それは、村山俊太郎氏が真の意味におけるロマンチストであったからである。

村山俊太郎氏は、ほとんどすべての生活綴方教師がそうであったように、かっては熱烈な文学青年であった。

「『赤い鳥』を恩師石山吉郎先生に見せてもらい、発表機関としては当時の『日刊山形』新聞の婦人とこども欄

で師範学校の橋本賢助先生が児童詩の選をしてぼくらをはげましてくれ、付属小学校に浅黄俊次郎先生が童謡曲の指導で音楽方面から芸術教育をたたえていた。

私はこうした環境にあってすべてを美しく眺め、借金の累積に悩む自分の家すら頭の中にはなく、芸術至上の夢に酔い、文学を読み、詩歌創作にふけっていた。(27)」

これが一八、九才、大正一三年、四年のころである。大正一五年作の「日暮れの踏切」は、当時の文学青年ぶりをうかがうにたる代表的所産である。

赤い空です、日ぐれです
踏切番です、赤い旗
お馬も、車も、私も
だまって待ってる、汽車ぽっぽ
シグナルかたりと、おりました
もう、それくるぞ　汽車ぽっぽ
踏切番です、赤い旗
夕やけ空です、日暮れです(28)

この「日暮れの踏切」は、村山氏自身、「著しく白秋氏の影響を受けた作品[29]」であるとしており、野村芳兵衛氏などからも好評をえ、氏自身にも気に入った作品であった。

この「日暮れの踏切」を流れるみずみずしいロマンチシズムは、新興綴方教育講習会や、今井誉次郎氏の檄文や、こどもの作った詩などによって、生活教育への転向を決意したのちも、常に村山氏の心の底を暖かく流れ続けているのである。富原義徳氏の推す児童詩を「だに」（傍点原文のまま）と酷評し[30]、かつての恩師（直接師事したわけではないが）北原白秋に対して、「三重吉や白秋氏の歴史的任務は、とうの昔に終ったものである。[31]」とし、「浦島のごとく、激情を狂人のごとく発散させ、教育実践家を侮辱している童心主義の権化白秋こそ、私たち日本教育人の邪魔になる。[32]」ときめつけたとしても、それは、富原氏や白秋のロマンチシズムの質に関する論難であって、ロマンチシズムそのものを否定し去ったわけではけっしてないのである。村山俊太郎氏にとっては、ロマンチシズムは、遠きかなたの、霧のベールに包まれた幼き日への郷愁ではなく、もっと積極的、意欲的な「詩的精神」である。

「いつも時代の先に立ち、脈々と波打つものこそ詩的精神であり、一つのロマン精神でなければならない。[33]」

村山氏は、ロマンチシズムをこのように定位し、「最近の生活童詩が、あまりに客観的生活を求め、リアルを追求した結果、徒らに旧来の自由詩型にこども生活を鋳型に流しこんだり、児童性や、新しいロマンチシズムを喪失した羅列詩作品」すなわち、「詩精神の喪失した生活童詩」を批判すべきことを提唱しているのである。[34]

村山氏によれば、

「生活詩の叙事的性格の中には、生活の明白を意欲するロマンチシズムを要素としてのみ正しさが求められる。[35]」

のであり、

「現実理解のたかさは、常に高いロマンチシズムを含む。[36]」

ものであるからである。こどもは、どのような生産的環境においても、こどもらしい夢と空想を持つ。したがって、現実生活に立脚した生活の夢、常に夢を追い求める生活方法、この中に生産的綴方の向うべき基本方向があるように思われる。[37]――村山氏はこのように考える。

けれども、いうまでもなく、村山氏は単なるリアリストでないように、単なるロマンチストでもない。村山氏の真の立場は、ロマンチシズムとリアリズムの両者を止揚したところにあるのである。

村山氏は「芸術性」と「生活性」の二元論を認めない。氏にあっては、「『芸術性』こそは『生活性』である。[38]」

「詩精神の極致こそは、自己の感情をそのまま歌い出すという程度の詩的精神ではなく、より客観的になろうとする散文精神と相通ずる精神でなければならない。客観的にリアルな生活の描写精神と、主観的に燃焼する感情的なロマンチシズムとが、発展的に止揚されたところに求められる詩形態の創造を実践的に追求さるべきであって、そこから現在の様々な形態し叫びの詩も、写実の詩も、叙事詩も、長い詩も、散文詩も、完成された形態としてでなく、生活行動の創造性の立場から実践されなければならないと思う。[39]」

これが村山氏の求める生活童詩の姿である。

これを要するに、村山俊太郎氏の社会意識は、かなり尖鋭な面を持ちながらも、それが実践の場においては、けっしてゆきすぎる、ナマのままで押し出されることなく、生活の現実にくい入るエネルギーとして働いているということであり、そうして、それを可能にしたのは、村山氏の心を底流するロマンチシズムであったのである。

村山氏の社会意識と実践の問題の考察が、生活綴方運動全体の社会意識と実践の問題の究明にいくぶんでも手がかりとなることができれば幸いである。

注

（1）山形県児童文化研究編　一九五七年八月一日刊
（2）国分一太郎著「生活綴方ノート」三七七ページおよび同氏編「石をもて追われるごとく」二五三ページ
（3）国分一太郎編「石をもて追われるごとく」二五四ページ
（3）前田卯門「教員組合をつくって」（国分一太郎編「石をもて追われるごとく」八四〜八六ページ）
（4）同書八六ページ
（5）「生活童詩の理論と実践」一三四ページ
（6）国分一太郎「『綴方生活』と民間教育運動」（「生活綴方の伝統」三六七ページ）および、前記「北方のともしび」二九〇ページ参照
（7）「北方のともしび」二九〇ページ
（8）昭和七年一一月二四日付、荒木ひでへの書簡
（9）前出、荒木ひで　あて書簡
（10）前書「北方のともしび」二八七ページ
（11）昭和九年「綴方生活」第六巻第七号（「北方のともしび」六四ページによる。）
（12）前田卯門「教員組合をつくって」（前出「石をもて追われるごとく」八七ページ参照。）
（13）村山俊太郎氏の「山形詩人」創刊号批評のことばの一部、昭和七年八月二七日の日付がある
（14）前出、前田卯門「教員組合をつくって」「石をもて追われるごとく」八六ページ
（15）同書一一九ページ
（16）同書一四二〜一四三ページ
（17）同書一四三ページ

(18) 前書七六～七七ページ
(19) 前書七七ページ
(20) 昭和一二年「実践国語教育」第四巻第一〇号（「北方のともしび」所収　一四四ページ）
(21) 「生活童詩の理論と実践」一三六ページ
(22) 前書　二〇二～二〇三ページ
(23) 同書　二五～二六ページ
(24) 同書　三七ページ
(25) 田部久著「プロレタリア綴方教育指導理論」七六ページ
(26) 「ピオニーロ夏休み帳」昭和七年八月発行
(27) 「生活童詩の理論と実践」一一三ページ
(28) 同書一二六ページ
(29) 同書一二五ページ
(30) 同書一六五ページ
(31) 「綴方教育における童心主義の復活」昭和一一年「工程」第二巻第一一号（「北方のともしび」一二九ページ）
(32) 前書（「北方のともしび」一三三ページ）
(33) 昭和一一年「工程」四二巻四三号（「北方のともしび」一〇七ページ）
(34) 前書（「北方のともしび」一〇七ページ）
(35) 「生活童詩の理論と実践」（八六ページ）
(36) 昭和一一年「実践国語教育」四三巻第四号「北方のともしび」一一五ページ
(37) 昭和一一年「実践国語教育」第二巻第一〇号「北方のともしび」（一一七ページ）
(38) 「生活童詩の理論と実践」六九ページ
(39) 昭和一一年「工程」第二巻第三号（「北方のともしび」一〇七ページ）

参考文献

1．村山俊太郎著「生活童詩の理論と実践」（昭和一一年二月一一日　啓文社）
2．村山俊太郎遺稿集「北方のともしび」（昭和三二年八月一日　山形児童文化研究会）
3．国分一太郎編「石をもて追われるごとく」（昭和三一年一一月三〇日　英宝社）
4．国分一太郎著「生活綴方ノート」（昭和三二年八月一五日　新評論）

一五　生活綴方と時局綴方との接点
──「綴方教育の諸問題」（山形県・昭和一三年）を中心に──

はじめに

戦前に、村山俊太郎・国分一太郎・後藤彦十郎の各氏をはじめとする多くの実践家を生み、戦後に「山びこ学校」を生みだした山形県は、秋田県、宮城県などとともに、東北地方における生活綴方運動の中核をなす地域である。昭和九年一一月の「北日本国語教育連盟」結成は、東北地方における生活綴方運動の画期的な躍進を意味するものである。だが、昭和一二年、日支事変がはじまって以後は、この運動に対する圧迫もしだいにきびしくなり、それとともに、綴方教育にもしだいに戦時色が強まってくる。

本稿では、山形県小学校教育協議会発行の「綴方教育の諸問題」（昭和一三年一〇月二五日刊、A５判・四〇八ページ）によって、昭和一三年一〇月の時点における生活綴方と時局綴方の接点の問題を考察し、生活綴方教育史への位置づけのための手がかりをえようとするものである。

一

「綴方教育の諸問題」（山形県小学校教育協議会・昭和一三年一〇月二五日刊・A５判・四〇八ページ）は、昭和一三

年一〇月二九日から三日間、山形県女子師範学校講堂でおこなわれた小学校教育協議会（綴方）での「協議問題並に研究発表集」（同書・サブタイトル）である。一五の協議問題をとりあげ、一三の研究発表をおこなったこの協議会の日程は、つぎのようであった。

小学校教育協議会（綴方）
会期　昭和一三年一〇月二九日・三〇日・三一日（三日間）
会場　山形県女子師範学校講堂
日程
△第　一　日……一〇月二九日（土）
開　　会……………………………………午前　八・三〇
　唱歌　君ヶ代　宮城遙拝
　黙　　禱　会長挨拶
協　　議……………………………………午前　九・〇〇――全　一一・五〇
協　　議……………………………………午後　〇・五〇――全　二・〇〇
研究発表……………………………………全　　二・〇〇――全　三・三六
△第　二　日……一〇月三〇日（日）
勅語捧読式…………………………………午前　八・二〇――全　八・三〇
協　　議……………………………………全　　八・三〇――午後　〇・一〇
講　　演……………………………………午後　一・〇〇――全　三・〇〇
　（講師　法政大学教授　波多野完治先生）
△第　三　日……一〇月三一日（月）

協　議……………………………午前　八・三〇——仝　一〇・三〇
研究発表…………………………仝　一〇・四〇——仝　一一・四〇
閉　会……………………………仝　一一・四〇
　会長挨拶　来会者代表挨拶
　唱歌　「最上川」　散会

この協議会は、つぎのような、県教育界の戦時体制を背景としておこなわれたものであった。

「昭和一三年度山形県統計書教育篇を見るに大要次の如くである。昭和九年四月三日、聖上階下全国小学校教員代表者御親閲の際下し賜りたる勅語の聖視に副い奉るべく、教育興国の徹底にむかって力をそそいだ。昭和一二年七月日支事変勃発以来管内教員で応召した者が数十名に及び、銃後における教育報国の凛冽たる熱情は急激に高潮し、教職員・児童・生徒共に緊張自戒し、各々その職分に専念する気風を馴致した。

初等中等教育の実際に於ては、時局の認識を深め、国策に順応して、長期聖戦の決意を固めさせ、和協一心、資源愛護、堅忍持久に努力し、学校経営もまたこの見地から検討を行なった。七月二五日から四週間に亘って、西村山郡三山神社々務所に於て行なった県下教育者の国民精神文化長期講習会は第五回を重ね、八月初旬に開催された国民精神文化短期講習会及び女教員の第三回国民精神文化講習会とともに、国民精神文化を行的に研究体得させ、更に日本精神の普及に一段の効果を及ぼしたことと信ずる。」

（上倉裕二編「山形県教育史」・昭和二七年三月三〇日刊、『昭和一三年頃の学事状況』四三九ページ、による。）

昭和九年一〇月二七日から三日間、西尾実氏を講師として迎えて、同じ山形県女子師範学校講堂でおこなわれた山形県小学校教育協議会（読方）では、「唱歌君ヶ代」「宮城遙拝」「勅語捧読式」という式次第はみられないものであり、これは、右にみたような教育界の戦時体制が、協議会の日程へも反映したものとみることができよう。

このような戦時色は、この協議会の協議問題の題目や、研究発表の題目の上にもみることができる。

二

○協議問題

一、時局に鑑み綴り方指導上特に留意すべき点如何……………南置賜郡教育会提出…イ一………二〇
二、綴方教育に於て時局生活の指導を如何にすべきか……………飽海学事会提出………ロ一………一二
三、綴方教育の現状に鑑みこれが向上策如何……………東置賜郡教育会提出…ハ一………二九
四、綴方成績向上策如何……………西村山郡教育会提出…ニ一………二八
五、現代綴方教育の欠陥と其の向上対策……（二五―三九―別刷）…東田川郡教育会提出…ホ一………三九
六、綴方教育の難点と其の対策……………東村山郡教育会提出…ト一………一三
七、綴方教育の実践を如何に強化すべきか……………鶴岡市教育会提出……チ一………一九
八、綴方教育の本道如何……………両師範附属提出………リ一………三四
九、郷土に立脚したる綴方系統案……………山形市教育会提出……ヌ一………三五
一〇、農村児童の綴方教育と其の実施方案……………北村山郡教育会提出…ル一………一一
一一、綴方科指導に於ける作品処理を如何になすべきか……………西置賜郡教育会提出…ヲ一………二一
一二、児童文の評価基準如何……………米沢市教育会提出……ワ一………二五
一三、綴方に於ける取材と表現の指導を如何にすべきか……………南村山郡教育会提出…カ一………三四
一四、新読本教材と綴方教育との聯絡を如何にすべきか……………最上郡教育会提出……ヨ一………二六

まず、協議問題についてみると、一と二は提案の全体を通じて、「時局綴方」を問題にしたものであり、三と五とは、内容目次に「時局」に関する項目を設けたものである。七・八・一一・一三・一五には、結語もしくは、その箇所に、「時局」に関する立言がみられる。

これらの内容については、あとでとりあげることにするが、ここでまず注目しなければならないのは、「時局綴方」に関するものが冒頭におかれていることである。研究発表のばあいにも、同じく「時局」に関するものが最初におかれており、ともに、この協議会における戦時色の反映とみることができよう。

なお、研究発表者一三名のうち、東置賜郡吉野校の田中新治、最上郡新庄校の三浦克巳の両氏は、「生活綴方代表作品 ぼくの夜しごと」（百田完治・滑川道夫・吉田瑞穂共編・昭和一八年三月二〇日、金子書房刊）の巻末の「実践家人名録」にのっている生活綴方教師である。反官的姿勢の強かった東北地方の生活綴方教師が、女子師範講堂でおこなわれたこの協議会で研究発表をおこなったということは興味ぶかいが、とくに、三浦克巳氏は、最上郡の代表者として参加していることは注目してよいであろう。

「綴方教育の諸問題」の巻末につけられている「出席員名簿」によれば、この協議会に参加したのは、全部で一六三名であり、この中で、わずかふたりだけが「実践家人名録」にしるされている生活綴方教師であるわけである。

国分一太郎氏は、相沢とき氏との共著「教室の記録」（昭和一二年刊）のことがもとで、この年（昭和一三年）の三月にクビになっており（国分一太郎編「石をもて追われるごとく」昭和三一年一一月三〇日、英宝社刊、二五〇〜二五一ページ参照）、村山俊太郎氏は、いわゆる「色あげ講習」（赤化教員の再教育講習）を受け、前年（昭和一二年）一月に復職、この協議会があったときは、山形市第八尋常高等小学校に在職していたが（村山俊太郎遺稿集「北方のともしび」（昭和三二年八月一日、山形県児童文化研究会刊）所収、『村山俊太郎年譜』参照。）、この会には参加していない。後藤彦十郎氏の名も「出席員名簿」にはみえない。

これらの、山形県生活綴方運動の中心的人物が参加しない、もしくは参加できない協議会であったことが、この会の性格の一面を示しているといえよう。

三

昭和一三年一〇月という時点での、山形県の戦時綴方の実態を示す代表的な事例として、まず、南置賜郡の「時局に鑑み綴り方指導上特に留意すべき点如何」についてみていきたいと思う。

南置賜郡（注、町村合併により、昭和三三年四月に、この郡名は消滅した。）は、昭和九年一〇月の山形県小学校教育協議会（読方）のとき、「日本精神を顕現せる教材の取扱方案如何」というテーマで協議案を提出している。この協議案の中の、「日本精神を顕現せる読方教材一覧表」には、「崇神」「祖先崇拝」などと並んで、「忠君愛国」「武士道」の項目があり、すでにこのころから、戦時体制への積極的な身がまえができていた地域であったようである。この協議案の提案者のひとりである宮田稔氏が、綴方の協議会に参加していることも、このような姿勢の一貫性とかかわりがあるとみることもできよう。

このような、戦時体制へ積極的な身がまえを示す地域における時局綴方はどのようなものであったか、以下、協議題の論稿にしたがって、その実態をみていくことにする。

まず、この論稿にみられる協議題提案者の「時局認識」はどうか。

「世界大戦以来支那一部軍権のとれる容共連欧排日の政策は、其の誤れることを悟らざるため遂に今次の支那事変を醸するに至る。芦溝橋に端を発し、我が不拡大方針の一擲せられ断乎膺懲の聖戦開かれてより茲に一年有余、今や破邪顕正の鋭鋒実に目覚しきものありと雖も戦局は長期の態勢に移り、特に未曾有の超非常時に直面しているというべきである。（中略）

皇軍は先に上海を略し首都南京を陥れ、更に不落を豪語した徐州会戦に彼の心胆を寒からしめ最後の運命を賭し、あらゆる近代的陣地を構築せる漢口に其の精鋭を進めている。（中略）帝国は斯の如く個々の会戦に於て大捷を獲得しつつあるも『戦はこれから』の意気を以て飽く迄も聖戦所期の目的を達成し、八紘一宇の精神を宣揚して世界の平和人類の幸福を計らんとしているのである。」（「綴方教育の諸問題」イ・九ページ）

当時の大本営発表を、地でいくような文章である。軍国主義の最も忠実なる信奉者の立言といってよいであろう。このような時局認識に立つ提案者は、時局と綴方教育との関係について次のように述べている。

「時代の気運があらゆる諸文化諸思潮に反映することは過去の歴史が如実に我等に教えている。教育の思潮に位置づけられる綴り方教育も常に時代と共に展開して行く。殊に綴り方教育が表現を通しての生活構成であり、児童はまた時代の児であり祖国の重要な一分子であると考える時、時局と綴り方教育とは実に不可分の関係に置かれてあると思う。（中略）要するに生活に根底を置く綴り方教育は、常に時局の脚光を浴びなければならない。斯くすることによって綴り方はいっそう其の真価を発揮するであろうと言うのである。」

（同上書、イ・一一ページ）

注・「綴り方教育が表現を通しての生活構成」であるとし、「生活に根底をおく綴り方教育」というふうに発想していくゆき方には、滑川道夫氏の「生活構成主義の綴方」の立言によるところがあると思われる。滑川氏は、昭和一三年五月、岩波の「教育」第六巻第五号に、「生活綴方の問題史的検討」という論文をのせているが、その中で、綴方教育史を次の六期に区分して問題史的に検討を加えている。

一　型式主義の綴方
二　自由発表主義の綴方
三　写生主義の綴方
四　文芸主義の綴方
五　生活主義の綴方
六　生活構成主義の綴方

南置賜郡の協議題提案の中には、「時局の概観」「時局と綴方」という章に先だって、「綴り方教育の史的発展」という章がおかれているが、この時期区分は、

第一期　型の時代
第二期　自由発表の時代
第三期　写生主義の時代
第四期　文芸主義の時代
第五期　生活主義の時代
第六期　綴り方教育の現況

となっており、それぞれの時代の概観は、おおむね滑川氏の所論を要約したものである。直接、滑川道夫氏の名をあげてはいないが、これが滑川氏の所論をふまえていることはまちがいないところだと思われる。なお、「第六期　綴り方教育の現況」の概観の中には、西原慶一氏の名が見えており、滑川氏や西原氏の所論を、いちおうはふまえた上で、「時局綴方」を論じていると考えられるのである。

「時局の現状が綴り方教育の上に如何に反映しているか、別言すれば時局が児童生活の中に如何に浸潤し認識され動きつつあるか。（中略）支那事変の勃発と共に郷土の父兄が第一線に次から次へと勇躍し国民精神総動員はあらゆる部面を透して我等の生活を揺り動かし、非常時局は眼前にある感を強くして来たと思う。児童は郷土の父兄を送迎し学校の掲示板に戦局ニュースや将士の便りをきき銃後の奉仕作業に心力を注いでいる。従って時局と綴り方教育とは可なり活発な関係を見るに至っていると思う。（中略）茲に於いて時局と綴り方教育とは帝国の現状と児童教育という語に置き換えられる程の重要性を持って来ることになるのである。」（同上書、イ・一一～一二ページ）

提案者は、時局と綴方教育との関係を、このように重視し、綴方教育上特に留意すべき点を、「一、教師方面」「二、教材並指導方面」の二面にわたって述べている。

まず、「教師方面」に関しては、教師みずからの時局認識を確立し、日本精神の体得者となり、銃後における実践者の使命を果たすべきだと述べているが、この中で注目すべきは、「教師の態度」として、つぎのように述べていることである。

「時局下における社会の動きに対しては積極的に注意するとは言うものの是にのみ捉われる事なく綴り方教育の本質即ち国語教育本来の使命達成に邁進し国民としての文化向上を図る大なる使途を没却してはならない。」（イ・一二ページ）

「教材並指導方面」に関する留意点にも、このような教育的配慮は示されている。

「時局下に於ける綴り方教育乃至生活指導は急変革を要すと考えるものでは勿論ない。時局生活による時局綴り方の強調は当然行なうことであるが、それと共に特に日本精神の宣揚、国民精神の涵養、銃後国民の志操鍛錬に努め、社会の要求に添う生活の実践をなさしめんとするのである。即ち単に消極的な時局綴り方のみ偏せずして綴り方本然の姿に違背せざらんことを充分警戒精進するものである。」（イ・一三〜一四ページ）

「時局綴り方をより多く強調し過ぎる余りこの児童の悠然たる生活まで食い入ることは賛成できない。特異性をもつ児童生活を脅かさざる限りに於て即ち児童生活を根源として綴り方指導を致したいものである。ここが充分の注意と研究とを要する処であり教育実際家が非常時局を児童生活の上に認識させ実践させるために一般の教育技術を要する処であると考える。」（イ・一四ページ）

しかし、このばあい、「綴り方本然の姿に違背せざらんことを充分警戒精進する」といい、「児童生活を根源として綴り方指導を致したい」といいながらも、こうした生活綴方的教育配慮も、けっきょく、「非常時局を児童生活の上に認識させ実践させるため」のものであることは動かない。いちおうは教育的配慮を示しつつも、なお、時局綴方を積極的におし進めていこうとするこのような態度は、「補充教材」について述べたつぎの立言の中にもっともよくうかがうことができるのである。

「出征兵士の陣中便り、第一線将兵の戦時美談、其の他慰問文並びに各種の激励事実等補充教材に適したものが幾多あるが故に機会を失せず是を児童生活の糧としなければならない。感激に富む児童は必ず感奮して自ら自己生活の上に効果的な現象となって現われ、更にこれが児童作品となって現わされるであろう。

又国民精神総動員運動実施に依って、幾多の美しい事実が凡ゆる方法によって世上に紹介されているが、是等の事実も補充教材として取扱うことに依り児童の時局に対する観念を深め銃後国民としての覚悟を致し実生活の上に移されるのである。

要するに時局に関係ある文章並びに美談は須らく之を補充教材として生かし、児童の時局生活から時局綴り方へ更に児童生活へ時局認識へと致したきものと思うのである。」（イ・一六〜一七ページ）

さらに、南置賜郡の提案の最後には、「学年による時局教材」として、国語読本における関係教材、参考文題例、生活訓練教材をあげ、時局綴方の徹底を期している。次に示すのは、この中の、尋一から尋四までのものである。

学年による時局教材

1、尋一、二

(1)　国語読本に於ける関係教材

尋一、サクラ　ヘイタイ　ヒノマルノハタ　ヒカウキ　モ、タロウ

尋二、国びき　牛若丸　一寸ボフシ　富士の山　早鳥

海軍のにいさん　大江山　ニイサンノ入営　百合若

(2)　参考文題例

日の丸の旗　兵隊さん　兄さんの出征　兵隊送り　てつくづ拾ひ　うま

神様まゐり　おてつだい　慰問文等

(3)　生活訓練教材

新聞雑誌ニュース等によるもの　陣中だより　銃後美談　学校掲示並に時局訓話等

2、尋三、四

(1)　国語読本に於ける関係教材

尋三、天の岩屋　参宮だより　天長節　八岐のをろち　鯉ノボリ　少彦名のみこと　天孫　犬のてがら　二つの玉　神武天皇　日本武尊　神風　軍旗　千早城　潜水艦　東郷元帥

尋四、兵営だより　錦の御旗　乃木大将の幼年時代　大演習　小さい伝令使　扇の的　弓流し　広瀬中佐

(2)　参考文題例

国旗　祈願祭　愛国貯金　がまん　けんやく　ありがたい日本　千人針　慰問文等

(3)　生活訓練教材

新聞雑誌ニュース等によるもの　陣中だより　銃後美談　学校掲示並に時局訓話等

四

つぎに、「綴方教育に於て時局生活の指導を如何にすべきか」という協議問題を提出した飽海郡のばあいについてみることにしよう。

飽海郡の提案者は、綴方の本質と時局綴方の指導との関連について、つぎのように述べている。

「綴方はその表現過程の反省と総合とに於いて、事象または生活に対して児童相応の解釈をして目的の方向

を与え、その雑多なるものに対して体系を持たしむるものである。そしてまたこの体系を持たしむる事は個々の事象、個々の生活はそれ独自の目的を有すると同時に、同じく非常時国家の一要素としてその一分担を持つものであるという自覚にまで導くものである。」（ロ・七ページ）

このような時局綴方の生活指導観を具体的に示すのがつぎの事例である。

「『私たちが御飯を食べて居ると役場の小使さんが「召集令来た」と言って来た。家ではびっくりして皆御飯をやめて集った。おじいさんが「兄ちゃんは行くあでしていねがったのや」と言った。……隣近所では餞別を持って来る。その度に「家ではもじゃねのや、馬もだのや」と言って来る。』

我々は「兄ちゃは行くあでしていねがったのや」と言う老爺の言葉は、ひたすらに天恩のかたじけなさを思う老爺ではあるが、先には馬を送り、更に一家にとって第一の働き手である息子を戦場に送らねばならない老人の思わずもらす極めて本能的な然も衝動的な嘆息であって、明日は死んで帰れと励ます老爺であることを知っているものである。また「家ではもじゃねのや馬もだのや」と言う村人は一村一家、田植も稲刈も人手のない家には無報酬で手助けに行くことを当然のこととする純朴な人々であることも知っているものである。このような人々の間にこそ一身を国家に捧げて悔ゆることなき帝国軍人の生れるものであり、このような人々こそ、一村一家、一国一家の理想を体現するみたいからである。

然し、それ等の言葉自体の意味内容が児童の時局認識の出発となるとすれば、児童は国民生活の経験と内容を持たざるが故に、過去幾一〇年の生活に天恩のかたじけなさを知った老爺のごとき本質を有せざるが故に、時局の認識を誤り、その生活に於ける態度の純正なるものを失う危険性を持つものである。

綴方は児童各自の偽りなき生活をその内容とするものであるから時局を素材とする児童の綴方は、児童各自が如何なる時局に関連する生活をなしつつあるか、如何に導くべきかを明示するものである。」(ロ・六ページ、圏点は原文のまま。)

右の文章で、冒頭に引かれている綴方は、まさしく、戦時下における生活綴方である。すでに働きの原動力の馬も徴収され、働き手の中心である兄も、いま、このように召集される。「兄ちゃは行くあでしていねがったのや」と嘆くおじいさんのことばは痛切である。これは、書き手であるこどもの生活から生まれた、生活の綴方である。このような、戦時下の、ぬきさしならぬ生活の真実にふれた綴方に対して、飽海郡の提案者のとっている態度は、極めて「時局的」である。大本営の発表のスタイルを地でいくような提案者の文章が、どれだけ教師の真実をこめて書かれたものか、それを十分に判定することはできない。しかし、おじいさんの嘆きを「老人の思わずもらす極めて本能的な然も衝動的な嘆息であって」とし、「家ではもじゃねのや、馬もだのや」と同情する近所の人を、「一村一家、一国一家の理想を体現するみたいからである。」とすることばの中には、時局への認識を義務と心得ている教師が、生活の真実を綴ったこどもの文章を前にして体験する動揺と、その動揺を「時局的」なことばでカムフラージュし、それをそのまま、綴方の生活指導へ結びつけていこうとする性急な、不安定な論理がある。この論理の性急さ、不安定さは、とりもなおさず、飽海郡の提案者の、「時局綴方」に対する性急さ、不安定さを示すものではないかと思われる。そして、この性急さ、不安定さは、生活綴方的教師が、時局綴り方教師になろうとして、まだなりきれていない、そういう意味で、生活綴方と時局綴方との接点を示す事例の一つではないかと考えられるのである。

生活綴方と時局綴方との接点を暗示する事例は、提案者が、「実際指導の留意点」としてあげたつぎのことばにもみてとることができる。

「児童の綴方は生活そのままを最も率直に表現することを本体とすべきである。時局に関連する児童生活は本来児童をその出発とするものではなく社会事象との関係において生ずる生活であって、事象の持つ意義なり目的なりというものは児童にとって可成り縁遠い存在であるものが多い。従って、かかる意義・目的を直ちに児童の作品の上に求めようとすることは児童の生活と遊離する抽象的な認識に導き、偽善的な態度をも馴致する傾向を含むものである。故に時局的事象、または時局的事象による児童生活を素材とする綴方に於いても児童生活に立脚し、児童の認識を出発として常にその目的への方向を指示する指導を怠らず、その目的の自覚に導くべきである。」（ロ・七～八ページ）

「児童の時局生活はその感覚的生活を仲介として認識にまで導かれることが多い。出征兵見送りに於けるラッパの響、万才の旗の波というような感覚的なものは勇壮活発なるものの認識となり、遺骨迎えに於ける静寂な行列、しめやかに誦する読経の声というようなものは悲しみの感情の氾溢となり、哀悼を捧ぐる心となるものである。

このような児童の感覚の上に於ける認識を克明に表現するよう指導することは事象そのものに対する正確な豊かな観察を養い、児童の自然性に立って時局的な生活の本質・国民性・国民精神の認識に導く最も自然な道ともなるものである。」（ロ・八ページ）

その目的とするところは、時局的事象の自覚であり、時局的な生活の本質・国民性・国民精神の認識であるが、その自覚や認識へ導くためには、児童の生活、児童の自然性に立脚し、児童の認識を出発点とすべきだという立場をとっている。児童の感覚的認識を尊重するのは、「赤い鳥」綴方を受けた生活綴方の重要な手法であり、それが、ここでは、そのまま、時局綴方へ適用されているのである。

さらに、児童の思索的生活を重視して、つぎのように述べていることにも注目しておきたい。

「高学年児童に対して時局的事象、諸生活の内容・傾向等に対する批判的観察を養うことは、時局の姿を知的に把握する指導となると同時に、児童各自の人生観・社会観をつくる基礎となるものである。児童の日常生活に於ける批判には、ものの本質を把握する我々にとっても大きな暗示となるようなものも少なくない。

然しそれが綴方となるに及んで、特に議論文的形態をとる時に於いて、極めて一般的・抽象的な記述に終り、空疎な迫力のない表現となる傾向を持つものである。この故に時局事象に関する批判も自己生活の反省・批判を発足として社会的一般的なものに及ぶ正しき批判的観方が指導されなければならない。」（ロ・九ページ）

国分一太郎氏らがとなえ、実行した「概念くだき」が、そのままに受けつがれているとはいえないとしても、少なくとも、それからの影響をみてとることができるであろう。また、時局事象への批判的観察力の養成が、時局の姿を知的に把握し、児童の人生観・社会観をつくる基礎となるものだとする立言は、たとえ、それが、時局認識の指導という枠の中でおこなわれるものとしても、この時点における教育者の良識を示すものとみてよいであろう。

以上、要するに、飽海郡の提案においては、綴方教育の本質を考慮し、生活綴方の中の受けつぐべきものは、いちおう受けついだ上で、積極的に時局綴方に向かっていこうとするのが、その基本的な姿勢であるということができよう。

時局綴方に徹しようとする南置賜郡の提案に対して、これは、生活綴方と時局綴方の接点をより具体的に暗示する一つの事例と考えることができるのである。

五

つぎに、昭和一三年当時の時局綴方の実態を示す事例として、鶴岡市朝暘第二小学校の「綴方教育記録」と、酒田市亀ヶ崎小学校の慰問文発送数をあげておくことにする。前者は、大田良雄氏の研究発表「時局と我校の綴方教育」の中にあるものであり、後者は、斉藤勝彌氏の研究発表「慰問文の反省」の中に収められているものである。

綴方教育記録　――鶴岡氏朝暘第二小学校のばあい――

月暦	学校行事	綴方記録
昭和一二年度 七　月 ○芦溝橋事件突発（七日）	○訓　話	一、主なる題材 1、兵隊送り　2、家族近親者の応召 3、千人針　4、慰問袋　5、愛国蝗捕り 6、鉄屑集め　7、神社清掃 8、新聞、ラヂオ等より
八　月 ○応召兵歓送	○出征兵見送り	
九　月 ○応召兵歓送	○九月二二日より四回にわたり愛国蝗捕り ○童謡集「銃後の声」発行（九月二五日）	二、童謡集「銃後の声」発行 二年以上全校児童に時局に関する童謡を課題し中二三篇及教師作二篇を謄写し各級児童文庫に一五部づつ配布した外慰問袋に入れ出征兵に発

一〇月		送。尚その中九篇には曲を附し他の軍歌と共に軍歌集を作り児童に愛唱せしむ。
○国民精神総動員第一次強調週間（六日－一二日）	○国民精神総動員に参加	
○全上、第二次強調週間（一三日－一九日）	○慰問袋作成発送（一八日）愛国蝗捕りの純益三六円余にて慰問袋三五個作製	三、慰問文指導 慰問袋作成を機とし全児童に「皇軍への感謝慰問」の文を作らせ慰問袋に同封す。
	○文集「杜の華」特輯号「銃後の声」発行	四、文集「銃後の声」発行 内容 詩二八、散文四七、標語二八
○上海陥落	○上海陥落祝賀旗行列（二八日）	
一一月		
○国民精神総動員第四次強調週間（一〇日－一六日）	○国民精神総動員に参加	
	○出征家族慰安学芸会（一四日）	
一二月		
○南京陥落	○南京陥落祝賀旗行列	五、「南京陥落の歌」を作詩、作曲
○国民精神総動員第六次強調週間（一五日－二一日）	○国民精神総動員に参加	
二月		
○国民精神総動員第七次強調週間（一一日－一七日）	○国民精神総動員に参加	
	○童謡集「新興日本の歌」発行（一五日）	六、童謡集「新興日本の歌」発行 三年以上に課題し中一五篇を謄写し配布、その中一篇に作曲
一三年度		
四月		
○天長節	○出征家族慰安学芸会	
五月		
○国民精神総動員第八次強調週間（一七日－二三日）	○国民精神総動員に参加	七、三年以上健康日誌作成（形式一定）日記の指導

○徐州陥落	○徐州陥落祝賀旗行列（二一日）	八、「徐州陥落の歌」を作詩、作曲
六　月 ○国民精神総動員第九次強調週間（二一日―二七日）	○国民精神総動員に参加 ・廃品蒐集 ・貯金の奨励	九、全児童に感想文を作らせる
七　月 ○支那事変一周年記念日（七日）	○訓話 ○記念式 ○出征家族の在学児童記念撮影―出征兵に贈る	一〇、支那事変一周年の感想文又は事変に関する文（全校児童） 一一、慰問文を作らせ出征兵に発送

（研究発表要項一～四ページ）

酒田市亀ヶ崎小学校の斉藤勝彌氏の研究発表「慰問文指導の反省」によれば、同氏の学級の一年間（注・年次の記載はないが、昭和一二年九月から、昭和一三年九月までのものと推定される。）の慰問文発送数、および依託の状況は、つぎのようである。

(イ)　月　　別

九月　三二　　一〇月　五〇　　一一月　四〇　　一二月　四〇　　一月　三〇　　二月　四八

三月　六七　　四　月　四五　　五　月　三一　　六　月　二四　　七月　二五　　九月　三一

計　四五九（在籍五七名）平均　三八

(ロ)　依　託　別

学校発送　一六〇　　同　窓　会　四〇

新　聞　社　六〇　　奉公義会　三〇

国防婦人会　四八　　直接依託　四〇

（研究発表要項・五ページ）

六

以上、二つの提案と、二つの研究発表は、直接、「時局綴方」を問題としてとりあげたものであるが、このように、直接「時局綴方」を題目としてはかかげないで、その内容の中で、「時局綴方」もしくは、「時局」に言及しているのは、次の各郡である。

東置賜郡・東田川郡・鶴岡市・両師範・西置賜郡・南村山郡・西田川郡

このうち、東置賜郡は、発表項目の中に、「時局に処する綴方」の項を設け、東田川郡は、「時局上よりの省察」の項を設けている。鶴岡市と南村山郡および西田川郡は、「結語」の中で、時局と綴方との関連について述べ、両師範と西置賜郡は、本文の中で、数行これに触れている。

いま、「結語」の中で、時局と綴方との関連について述べているものの中から、南村山郡と鶴岡市のばあいを引用してみよう。

「綴方指導も結局するに、よりよい日本人創造の故に尊い。

吾々実際家は、綴方教育の大潮流の中に己の身を委ねながらも、与えられた児童の生命をしっかりと背負い、理論の前に最も謙譲なそして素朴な指導者であると共に、実践の前には最も果敢な一兵士でなければなるまい。あたかも生命を捧げて異郷の空に奮闘する皇軍勇士のそれのように。」（南村山郡、カ・一三三ページ）

「現今我が国の教育は、近時の時局を契機として国体観念の涵養を目標とし、これを統一的原理として国民教育の中心に立たしめ、只一筋の坦々たる大道を歩んでいる。国民教育の立場から見てこの重大時局は最もよき環境である。教師の修養から（注・一字欠字）てもまたそうであり善き機会である。然し教育全野をすべて時局化し千遍一律な教育を施そうとしてはならない。例えば事変だからといって慰問文や標語のみを綴らせる綴方が若しあったらその愚を思わねばならない。綴方に於ける独自の目的使命を明識し誤らざる実践を遂げねばならない、今の場合なればこそ、遙かに彼の地の将士を思い燃ゆる児童愛と教育道に対する堅い信念と実行力とを以て万難を克服しつつひたむきにこの道に精進することこそ我々に与えられた教育報国の道であると信ずる。」（鶴岡市、チ・一九ページ）

南村山郡のばあいも、鶴岡市のばあいも、ともに、戦地の勇士に思いをはせ、実践へのエネルギーをかきたてようとしている点で、「時局」とのかかわりを持っているといえるのであるが、その基本的な姿勢は、南置賜郡や飽海郡のばあいとは根本的にちがっている。すなわち、南村山郡のばあいは、時局の流れの中にではなく、「綴方教育の大潮流の中に己の身を委ねながらも、与えられた児童の生命をしっかりと背負」おうとするのであり、鶴岡市のばあいは、「事変だからといって慰問文や標語のみを綴らせる綴方が若しあったらその愚を思わねばならない。」と断言するのである。

南村山郡の提案の中には、綴方の取材調査の結果を示す「取材比率表」がのせられている。調査範囲は明確に示されてはいないが、「取材の調査と考察」とする項目が、「以上の立場から本郡では現状を改めて熟視し其の動向を考察する事が意義深い事を思推した。」という文ではじまっているところから判断して、南村山郡全体におよぶものと推測してよいように思われる。「取材比率表」はつぎのようなものである。

取材比率表

項目＼学年	尋二	尋三	尋四	尋五	尋六	高一	高二	合計
動物	七、一	七、三	一五、一	一二、六	一二、四	七、八	一〇、一	一〇、三
植物	二、六	二、〇	三、二	二、四	三、七	一、五	三、一	二、六
自然	二、四	三、八	六、四	八、九	一四、一	二一、九	二六、二	一一、〇
人物	一〇、〇	一、九	五、八	七、六	七、五	五、四	七、四	六、三
人事	九、八	一六、九	八、二	一八、一	二一、一	一九、六	二一、九	一六、〇
物品	二、七	五、八	四、二	六、〇	二、四	一、九	二、四	三、七
社会	一、五	〇、八	〇、六	一、一	—	一、五	五、一	一、四
労働	三、二	六、一	六、〇	八、五	一一、三	一一、三	六、〇	七、四
遊び	五八、二	五四、〇	四八、一	三二、一	三二、〇	一八、九	一三、七	三六、八
事変	一、二	〇、九	一、五	一、〇	五、一	七、四	三、六	二、八
学び	一、三	〇、四	一、四	二、〇	〇、七	二、五	一、四	一、四

（カ・四～五ページ）

この表の中で、「事変」の比率は、合計で二、八パーセントにすぎず、「社会」「学び」などと並んで、取材の中で最も少ない部類に属している。「取材比率表」を揚げたあとで、提案者は、「数的な計算はともあれ、ここに現れた結果が吾々の指導を最も雄弁に立証してくれている。」（カ・五ページ）と述べているが、「事変」の比率二、八パーセントと、このことばは、さきにあげた「結語」に表われていることばとは無関係ではあるまい。

また、鶴岡市の提案の中には、「指導系統案」(尋一〜高二)、「題材配当表」(尋一〜高三)、「生活暦と文題表」(四月)がおさめられているが、この中のどれにも、「事変」「時局」に関する取材・題材・文題は皆無である。「結語」のことばは、このような実績を背景としての立言であることが理解されるのである。さきにあげた、鶴岡市朝暘第二小学校の「綴方教育記録」のことを考慮に入れると、鶴岡市の中には、「時局綴方」を実施しているところもいくつかあったはずであるが、鶴岡市全体の協議題として提出されるときには、右にみてきたような形でなされているわけである。

西田川郡の「結語」も、申しわけていどに時局的なことばを四行ほど書いたものであり、西置賜郡は二行、両師範付属は、九〇枚にもおよぶ協議題の中で、三行だけ、時局的なことばを述べているにすぎず、提案の大勢には全く影響を及ぼしていない。

七

このようにみてくると、鶴岡市・南村山郡・西田川郡・西置賜郡・両師範付属などは、「時局綴方」のことに全く言及していない西村山郡・東村山郡・山形市・北村山郡・米沢市・最上郡のばあいとともに大勢としては時局綴方には属さない綴方教育をおこなっていることになる。

すなわち、時局綴方に関するものを、協議題、研究発表の冒頭においた協議会ではあったが、時局綴方は協議題および研究発表全体をおおうものとはなっていないのである。このことは、とりもなおさず、昭和一三年一〇月という時点における山形県の綴方教育のありようを示すものと考えてよいであろう。

八

ところで、時局綴方が山形県全体をおおうものでなかったとして、それでは、それに代わるものが生活綴方であったかというと、必ずしもそうではない。

生活綴方発祥の地ともいうべき山形県において、当時の生活綴方に対する評価は、賛否あいなかばするもであって、昭和一三年一〇月当時、すでに、生活綴方全盛の時代ではなくなっていたのである。

この間の事情をみるために、生活綴方に対する評価のことばを引用してみることにしよう。

まず、生活綴方に対する肯定的な評価のことばは、つぎのようなものである。

「東北の農村として我々の文化環境は、それに於て生きる我々と深いかかわりを持つ。児童の生き方を、環境へのつき方を問題とせずにはいられぬ綴方では、これは真剣に考えねばならぬことである。近来北方性の問題が問題とせられ、地方よりの叫びが注目せられるに至ったことは、綴方が自らの立場を獲得したる所以として喜んでいい。」（東置賜郡・八・一一ページ）

「最近の綴方教育を大観するに、一般に不振なりと評するもの、或は混乱の状態にありと批判するもの、或は行き詰ったと悩むもの、或は成績不良と嘆声をもらすもの等種々の声を聞くも、それは一小局部よりの見解であって従来の形式本位の綴方と今日の生活本位の綴方と比較した場合、大局的には躍進的発達を遂げたことを吾人は確信するものである。」（米沢市・ワ・一ページ）

「綴方教育は他教科に比していっそう総合的であり児童の全野をその領域としている者から時代思潮には最も鋭敏であり且つ活発である。自己の生活を表現して真に自己の姿を認識し自己の生活の構成を企画する生活主要の綴方教育そのものは本質的にこうした思潮から生まれたものであり、郷土主義の綴方都市或は農村の綴方土の綴方北方の綴方といわれる地域性を重視する綴方も、児童の科学性に立った調べる綴方も、均しくここに根拠を置いたものと言えよう。今や生活主義の綴方教育は教育の広野に位置し毅然たる存在を示し綴方が落着く処に落着いたの感を持つのである。」（鶴岡市・チ・一二〜一三ページ）

生活綴方の一面を肯定し、一面を批判する、という立場でなされたものは、つぎのようである。

「綴方教育に於ける思潮は種々雑多にして枚挙に暇なき程であるが、大別して形式方面を重視するものと内容方面を重視するものとに分れよう。更に内容方面を主とするものの中には、芸術的価値を主とするもの、科学的価値を主とするもの、生活教育を主とするもの、人間教育を主とするもの等種々の方面より強調せられたけれども、就中最も根強いものは、児童の生活を指導し生活を表現せしめねばならぬとする所謂生活綴方であろう。これは久しく消極的であった綴方教育界に革新の気と、人間的な考察とを加え、活気を呈せしめはしたが、しかし綴方教育の全論ではなかった。

従来ややもすれば理論の研究のみ重視し、目的論の究明に努力せる割合に実績の伴わなかったのは蓋し事実であろう。」（北村山郡・ル・一二ページ）

「前期の内面的心理的なもの、神秘的天才的なるものの後を受け、且つは一時世上にやかましかった社会科学の進出と相俟って、生活重視、現実尊重の傾向が作品処理の上に表われた。生活に足場を置くと、現実をよく観察しゆくことは勿論正しき指導態度であって、気分情調を偏重する前期の欠点を矯めるに充分であるが、惜しい哉、その生活は経済的生活とでもいうべき一面に偏し、その現実は醜悪にして暗黒なる闘争的側面を偏重するに至った。つまり、生活といい現実というも唯物論的社会科学的傾向を以て把握し偏重した結果、茲に由々しき問題の発生を憂慮せざるを得ぬに至った。」（西置賜郡・ヲ・三ページ）

また、生活綴方を批判する立場で書かれたものはつぎのようである。

「而してこの郷土の地域性に立って綴方を指導するものの中に、農村の実状より取材し、且観察するに当り、積極的に教育せんとする熱意のあまり、おのずと社会の裏面のみに捉われたものがある。茲に吾々が教育の衝に当るものとして、その正しき道を誤らざるようにしなければならぬ。」（両師範・生活主義の綴方・リ・五ページ）

「児童文における表現形式の評価は、従来とかく表現内容（生活）よりも軽視され易い風潮をとって来た。あまつさえ生活一点張りの評価基準さえ生活綴方の威令下にかざされたりした最近の風潮を見及んでいる。もともと、生活主義の胚胎は、児童に卒直にその生活を表現した作品を書かせようとしたところにあった。つまりは極めて皮相な見地に立つ芸術教育から蝉脱させねばならぬという叫びであった。綴方は芸術科ではないから、もっと広い人間生活についての、然も一般的な訓練を志ざさねばならぬという点に、その主張は向けられた。そして終には、ある事がらを生活観で批判させ、真実を発見させ、表現構成を通して生活を新しく組織させようとし、或は生活は基本的には生産だから「働き」の綴方をこそ希むべきである。としたりした。然し前者に於ては、「生活の真実とは如何なるものであるか」、後者では「児童は働くのがその本質の姿であるか」の解答を怠っている点に、なお一層の論議をよびさますであろう。然したとい、それらが解明し尽くされたとしても、生活の綴方が特殊生活のために駆使されたり、文の具体から離れて「身の上相談」的になったりしては、何も生活教育は、綴方教科をかくまでに撹乱しなくてもいいはずである。」（米沢市・ワ・一三ページ）

また、直接、「生活綴方教師」と名ざしてはいないが、生活綴方教師への批判と考えられるものに、西村山郡のつぎのようなことばがある。

「これまでとても綴方普及運動など皆無だったわけではない。然るにその何れもが成功に到らなかったのは、

⑴　綴方一科さえよければという偏狭な情熱　と、

⑵　他人の人々の怠惰を責める如きゆとりのない態度　とが強すぎて、

⑶　己自らの内省が足らない思い上り

のためだったといって過言ではない。

それに、比較的年若い人々は純情の赴くままにとかく妥協を許さず、長上との論議が多く、往々にして校内の秩序を乱す如くに思われた傾もあった。若い人々の純情と誠意は大いに買うが、大事をとげるにはその表現にかけるもののなかったか、内省の要なしとしない。」（西村山郡・一一・九〜一〇ページ）

「この方々と話し合ってみると、綴方のみを知って他を知らないのではないかという感を抱かせられることが多い。その知り方も観念的で、ただわけもなく興奮しているのみで、現在の自己の周囲の冷静な観察、それに対する独自な対策などというものはなく、他人の仕事の真似を急いでいるだけなのが多い。綴方は各科の統

制的位置にあるべきだ、などとはいっても、具体的に算術修身などをどうするか。という点になると、他人の仕事を二三あげるだけで、土台その教科そのものの指導に何程の努力を注ぎ、何程の意見があるか、その肝心の点が甚だ疑わしいのが一般ではないか。文学に趣味を持つとはいうものの、多少の作品をよんだというだけ、詩など二三作ってみたというだけの話で、それ以外に何程の深いものを持っているか。」（西村山郡・二一・一一ページ）

これら、賛否あいなかばする生活綴方への評価は、山形県全体の生活綴方観を代表するものとみてよいであろう。そして、積極的に生活綴方を支持する鶴岡市のばあいを除いて、この時点における県下綴方界の大勢は、むしろ、生活綴方批判の側へかたむきつつある、という印象を受けるのである。とくに、米沢市のばあい、一面では肯定的な評価をくだしつつも、「何も生活教育は、綴方教育をかくまでに攪乱しなくてもいいはずである。」というように、強い批判のことばを述べているのは、その顕著な事例である。

村山俊太郎・国分一太郎・後藤彦十郎の各氏らが参加しない、もしくは参加できない協議会であったことは、前にも述べたところであるが、このことは、ただ、三氏の個人的な事情を示すものではなく、山形県における生活綴方運動の命運を象徴するものということができよう。

九

しかし、生活綴方の全盛期が過ぎ、時局綴方が頭をもたげてきたとはいうものの、県下全体の綴方教育は、まだ、生活綴方の影響を残しており、その余燼の中で、受けつぐべきものは受けつぎ、否定すべきものは否定するという姿勢で、綴方教育をおし進めているのである。

以上述べてきたことから、昭和一三年一〇月の小学校教育協議会（綴方）は、山形県における生活綴方と時局綴方の接点を示す会であったとみることができるのである。

一六　昭和初期の綴方教育研究――「長野県小学校児童綴方」を中心に――

はじめに

教育県として自他ともに許している長野県の綴方教育がどのように営なまれ、どのような成果をあげているか、その特質と意義と問題点はなにか――。この小論では、昭和4年五月に刊行された「長野県小学校児童綴方」を中心に、これらの問題を考察していきたいと思う。

〈資　料〉

	書　名	体　裁	収録作品数	編集・刊行者	刊行年月日
1	長野県小学校児童綴方（尋一）	A5・三七ページ	一六七	長野県小学校	昭和四年五月一〇日
2	長野県小学校児童綴方（尋二）	A5・一七八ページ	五三二	同　右	同　右
3	長野県小学校児童綴方（尋三）	A5・二二一ページ	五三二	同　右	同　右
4	長野県小学校児童綴方（尋四）	A5・二五三ページ	五二四	同　右	同　右
5	長野県小学校児童綴方（尋五）	A5・三〇五ページ	五四〇	同　右	同　右

6　長野県小学校 児童綴方（尋六）　A5・三三八ページ　五五一　同右　同右
7　長野県小学校 児童綴方（高一）　A5・三二三ページ　四五六　同右　同右
8　長野県小学校 児童綴方（高二）　A5・三九二ページ　四七二　同右　同右

一　「長野県小学校児童綴方」の成立

(1)　成立の動機

「長野県小学校児童綴方」の成立の動機は、各巻の「はしがき」によって知ることができる。

一　この綴方集は昭和三年一〇月開催の長野県小学校児童成績品展覧会に出品せられたるものである。

一　児童の原稿を尊重してそのまま印刷に付した。ただし明瞭なる誤字および脱字等のあるばあいは訂正を加へた。

一　受持教師の添付した意見書は大いに価値あるものであったが、印刷費の関係上これを割愛した。

(2)　成立の背景

年	論文総数	綴方教育関係論文数
明治19	7	0
20	29	0
21	31	0
22	56	1
23	56	2
24	63	1
25	46	1
26	60	1
27	72	0
28	62	0
29	84	0
30	83	1

年	論文総数	綴方教育関係論文数
明治31	110	6
32	92	0
33	97	0
34	93	2
35	87	1
36	89	0
37	63	0
38	69	2
39	62	0
40	67	1
41	109	1
42	79	1
明治43	63	2
44	96	5
45	95	2
大正2	112	2
3	197	12
4	240	11
5	191	7
6	188	0
7	172	1
8	153	0
9	108	0
10	96	1
大正11	108	1
12	103	1
13	114	1
14	150	0
15	125	0
昭和2	118	0
3	103	0
4	160	0
5	214	0
6	147	1
7	195	2
総計	4900	70

（信濃教育会編「信濃教育目次集」昭和七年九月一五日発行による）

〈備考〉
1　明治一九年は一〇月から一二月まで、昭和七年は一月から九月までの論文の数である。
2　大正三年の一一月号は綴方教授特集号になっている。

この表は、「長野県小学校児童綴方」の成立の背景を考える一つの手がかりとして、信濃教育会が編集した「信濃教育目次集」（昭和七年九月一五日刊）の論文の数と綴方教育関係の論文の数とを調べてまとめたものである。明治一九年一〇月に「信濃教育」が創刊されて、この目次集が発行される昭和七年九月までの四七年間に発表された綴方教育関係の論文の数は七〇。明治の末期から大正五年くらいまでが最も盛んにおこなわれており、それ以後はきわだって少ない。とくに、「長野県小学校児童綴方」が発行された昭和四年前後は、六年間続けて一つの論文も発表されていない。「信濃教育」の論文の数がそのままに反映しているとはいえないとしても、長野県が教育県と呼ばれており、「信濃教育」がその理論的支柱であることを考慮に入れるならば、上の表が一つの意味をもつことは指摘することができよう。すなわち、かつてはかなり意欲的であった綴方教育が、そうした伝統を受けつぎつつも、前面からやや後退した時期に、この「長野県小学校児童綴方」は成立した、とみることができるのである。

二　五味義武氏の「綴方成績審査の所感」

「長野県小学校児童綴方」（尋二）には、五味義武氏（明治二〇年長野県諏訪郡宮川村に生まれ、長野県師範卒業後、長野師範訓導となる。のち。東京女高師訓導、東京府視学）の「綴方成績審査の所感」と題する文章が、二六ページにわたってのせられている。この文章は、長野県小学校児童成績品展覧会における講演を記録したものである。この中で、五味氏は、次のように述べている。

「心易い仲から悪口をいうを許されるならば、これで果して一生懸命に綴方指導が行はれているかどうかが疑はれる。他の教科はいざ知らず、綴方教授はややまじめな指導を欠きはせぬか。児童尊重のかげにかくれて、体裁のいい放任を敢へてやってはゐないだらうかと思はれる節がある。」（「長野県小学校児童綴方」（尋一）三ページ）

そして、このことは、外形的の欠陥がいちじるしいことからも、そして、低学年では児童性がありのままに、自由に、潑剌として、発揮されているのに、上級に進むにしたがっていっこうに伸びた形跡がないところからもはっきりといえることだとしているのである。

「思想的に最も進んでゐるといはれる長野県において、さういふ教師の下に指導が行はれながら、上級において見るべき成績がないということは、いささか期待の裏切られたやうな気がする。」（同書三ページ）

これが、長野県とはとくにゆかりの深い五味氏の率直な所感である。

三　作品の実例

今は紙数のつごうで、次の三つの作品だけを示すこととする。

①　ユフヤケ（自由作）

南佐久郡田口小学校　尋二男

キノウ私ガ、ガクカウカラ、カヘッテキテ、ベースヲ、ヤッテアソンダノチデ、ニシノソラヲ、ミルト、マッカニ、ナッテヰマス。ソノマッカナ、ユフヤケガ、タノミズニウツッテ、タノ中ニモ、ユフヤケガシテヰルヤウデス。ソウシテ、キレイデス。ソノユフヤケガ、ガラスニウツッテ、チヤカチヤカト、ヒカッテヰマス。ユフヤケコヤケトダレカガウタッテヰマス。ダンダンクラクナッテユキマス。

②　いやだった子もり（自由作）

下伊那郡富草小学校　尋二女

私ががくかうからかへってみさをおぶのにいつもへたにおばしてくれるもんで私はいやだもんで私はみさのおけつをつみきったりしましたそしておかあさんがみさおろしてくれるときにつねきったあとがあるもんでもうすこしあばでおろしてくださいといひましたらおかあさんがおちちをのましてからおびなさいといひました。いますこしおんでゐてあとでおろしておちちをのませたらいひといったらおかあさんがそんなにはあるかおんでおればみさがはらがへっていのけないやうになってしまふではないかといひました。ので私はしかたなしおろしてもらひました。そしておかあさんがおしんめをあてかへるときにわかりましたそしておかあさんがつるやみさのおけつのあとはなにのあとなのといったから私はへんじをしなんでかなしいやうなかほをしてゐましたらおかあさんが私におまへがつねきったのでせうといひましたから私はこうおもいまいてそして私はこんなことをせなきゃよかったとおもひましたそしておもへばおもうほどこころでなげきました。

③　学校のかへり道（自由作）

南佐久郡北牧小学校　尋六男

ある日、私たちがあるいて来ると、大きい学生たちが犬をいぢめたりかまったりしてゐました。私はいそいでいって見ました。犬はなみだっぽい顔をして、私たちをながめました。私はおやけなくなったからたすけてやらうとおもってかんがへました。それは私が、犬をおれにかしてみ。といって犬のつなをとってわざと犬がにげたといふようににがしてやりたいとおもったのです。それから犬をもってゐる人に『犬をかしてみ』といひました。けれども私をばかにして『なんしるだ、なんしるんだ』といってかしませんから、私は犬をもっている人のすきをうかがって、つなをひっぱりますと、きうをくらって犬をもってゐた人はびっくりしてあっけにとられてゐるところを、犬は一生けんめいに、にげて見えなくなりましたから私は安心しました。それはよいが私は大そう犬をもってゐた人に、どうづかれて『犬をつれてこう、この野郎』といはれました。私はこまってなきますと、犬をもった人は行ってしまひました。犬はどこへいったかわからなくなりました。私はその犬をもう一度見たくなりました。

四　作品の分析

(1)　題材

西筑摩郡および東筑摩郡の三年生七八、六年生七九の作品の題材を分類すると次のようになる。

	尋三	尋六
①　動物などを題材とするもの	二三	六
②　できごと遊びなどを題材とするもの	二一	三〇
③　自然現象を題材とするもの	一一	二三
④　兄弟、友人などを題材とするもの	六	六
⑤　草花を題材とするもの	四	三
⑥　労働を題材とするもの	四	四
⑦　食物を題材とするもの	二	〇
⑧　その他	八	七

三年生では、うさぎ、すいっちょ、雀などの動物、鳥、虫などが最も多く、「栗ひろひ」「きのことり」「すながせの火事」など、できごとや遊びのことを題材にしたものも同じくらい多数を占めている。六年生では、身辺雑記的な「できごと」が最上位を占め、「夕立」「秋の夕」「初秋の夜」「空」など、自然現象や季節感を表わすものがこれに次いでいる。しかし、この分類で気づく一番大きな問題は、三年生のばあいも、六年生のばあいも、「労働」を題材にしたものがそれぞれ四で、全体の約五%しか占めていないという点である。山村であり、労働生活とは切っ

ても切れない関係にあるはずの長野県の小学児童が、その綴方作品において、ほとんど「労働」を題材としてとりあげていないということは、生活綴方のばあいとははっきり異なっている面だと思われるのである。

(2) 生活意識――生活意欲

「労働」を綴方の題材として選びとらないという態度からすでに予想されるように、「長野県小学校児童綴方」の作品には、生活綴方にみられるような「生活意識」あるいは、たくましい「生活意欲」というものはほとんどみることができない。たとえば、「私たちの村」（北佐久郡三都和小学校尋六男）という作品については、いわゆる「郷土主義綴方」のつもりで書いたのではないかと思われるのであるが、叙述の形式の平板なこと、表現力の乏しいこと、そして、対象である郷土「私たちの村」を皮相的にしかとらえていないことなどの点を指摘することができるし、同じ傾向の作品「私の村」（南佐久郡小海小学校尋六男）も、その作為的、観念的な叙述や美文意識のために、〝村の綴方〟でありながら、土のにおいのしない、足の浮きあがった作品となっている例の一つである。強く、たくましく生きぬく、という「生活意欲」の欠如、ということも、「長野県小学校児童綴方」の多くのものについていえることである。しかし、こうした作品の中にも、生活意欲の旺盛なもの、こどもの生きかた心が躍動している作品もないわけではない。たとえば、三作品の実例であげた③「学校のかへり道」がそれである。「犬はなみだっぽい顔をして、私たちをながめました」にみられる、作者のしみじみしたいたわりの心。なんとかしてこの小動物を救おうと、こどもなりにけんめいに考え、そして、それをやってのける意志的な行為。表現力自体からいえば決してすぐれていないこの作品は、その中を流れるヒューマニズムと生活意欲とによって、あるべき綴方の方向を示しているということができるであろう。

(3) 感性

「長野県小学校児童綴方」には、「赤い鳥」綴方にみられるごとき目のさめるような感覚的表現はほとんどみられない。全体として心情は大まかであり、素朴である。三作品の実例の(1)「ユフヤケ」（尋二男）などはその一例である。「ソノマッカナ、ユフヤケガ、タノミズニウツッテ、タノ中ニモ、ユフヤケガシテヰルヤウデス」この一文は、「長野県小学校児童綴方」の感性のありようを、もっとも端的に示しているように思われる。これは、見たままをそのままに書き表わしたものである。なんの飾りけもない、誇張もない。「赤い鳥」綴方にみられるような情熱的な感情移入もない。平凡といえば、まことに平凡である。しかし、ここには平凡なままでの真実がある。素朴な、洗練されていない姿での純粋な感性。「長野県小学校児童綴方」にみられる感性は、こういうものとしてあるように思われる。

(4)　構想力

構想力は概して貧弱である。ほとんどが事象を一つずつ羅列していくという形になっている。作品の多くが五〇〇字前後の短文であることも一つの原因であろうが、根本的には、主題が明確でないこと、すなわち、何を中心にすえて書くか、ということがはっきりしていないことからきているのである。尋五、尋六の高学年においても低学年とほとんど変りがないというのは問題であろう。

(5)　表現力

五味義武氏の「低学年に於て伸びて、上級に進むに随ひ、いつかな伸びた跡がない。」（前出、「綴方成績審査の所感」所収）ということばは、そのまま表現力に対してあてはまると言ってよい。問題を表記の面だけに限ってみても、句読点の脱落、引用符の用法の不適切、かなづかいのあやまりなどが非常に多い。たとえば、三作品の実例であげた(2)「いやだった子もり」（尋二女）のばあいについていえば

ア　句読点の脱落　　　　　　一四
イ　引用符の脱落　　　　　　六
ウ　かなづかいのあやまり　　三

となっている。これは、接続助詞の頻用にみる屈折した文章であることとあいまって、表現力が十分でないことを示しているのである。このマイナスの面は尋五、尋六にいたって、低学年における稚拙美のような要素が存在しえなくなると、いっそう大きく表面化してくるのである。

五　「長野県小学校 児童綴方」の意義

(1)　全県下全学年にわたる綴方文集であること。

全県下全学年、収録作品総数三七六二という綴方文集はその規模の大きさと、作品数のぼう大であることにおいて、綴方教育史上貴重なる資料である。

(2)　発行の時期が、生活綴方の台頭とほとんど時期を同じうしていること。

この綴方文集が発行されたのは、昭和四年五月である。この年一〇月には、小砂丘忠義氏らによって、「綴方生活」が創刊されている。すなわち、「赤い鳥」綴方でもなく、生活綴方でもない、「児童綴方」が、前二者と時期を同じうしながら、特定の綴方選手や、情熱的な野生児の手になるのでない、いわば、一般的な綴方の実態を知るための貴重な資料である。

一七　鈴木三重吉の綴方教育論——生活綴方の方法の源流としての——

一、生活綴方の源流としての「赤い鳥」

滑川道夫氏は、「生活綴方の発展」[1]の冒頭で、「生活綴方は『赤い鳥』の文芸主義的リアリズムにその発祥がもとめられる。」と述べている。このように、「赤い鳥」を生活綴方の源流とみる考え方は、国分一太郎氏・寒川道夫氏らの立言にもみられるところであり、[2]さらに、峰地光重氏や鈴木道太氏の記すところによれば、[3]後には、いわゆる生活綴方教師と呼ばれる人たちが、ある時期において、どのような形で「赤い鳥」を取け入れていたかを、かなり具体的に知ることができるのである。

ところで、滑川氏・国分氏をはじめとする諸氏が、このように「赤い鳥」をもって生活綴方の源流とみなすのは、いかなる点においてであるか、換言すれば、生活綴方が「赤い鳥」から継承したものは何であるか。——結論を先にいえば、それは、「赤い鳥」綴方におけるリアリズムの方法である。このことは、さきに引いた滑川氏の立言からも推察されるところであるが、次に引用する国分・滑川両氏のことばは、より積極的にそれを示している。

「生活綴方では、『赤い鳥』で鈴木三重吉がたいせつにした写生主義をやはり継承した。[4]」

「(『赤い鳥』綴方における) 精緻に陰影的に、するどく感覚的にとらえることのリアリズム的方法は、その後の生活綴方が遺産として継承したものである。[5]」

むろん、国分一太郎氏が「写生主義」といい、滑川道夫氏が「リアリズム的方法」と呼んでいることからもうかがえるように、それはあくまで綴方におけるリアリズムであって、文学におけるそれではない。児童によって、目に見えるように、ありのままに描き出されるということ、それが綴方におけるリアリズムである。鈴木三重吉が、「赤い鳥」綴方において、もつとも強く主張し、また要求したのも、この意味におけるリアリズムにほかならない。綴方におけるリアリズム、これが、方法としての鈴木三重吉の綴方教育論における中核である。生活綴方は、この「赤い鳥」綴方におけるリアリズムの方法を、遺産として継承し、さらにそれを発展させていったのである。以下、鈴木三重吉の綴方教育論を、リアリズムの方法論としての観点から考察してみることにする。

二、鈴木三重吉の綴方教育論

リアリズムの方法論としての観点から三重吉の綴方教育論を見るばあい、その手段としては、

㈠表現の態度について
㈡題材について
㈢用語について

の三つが考えられるが、いまは、三者のうち、もっとも根本的な問題である〝表現の態度について〟を中心に考察してみたいと思う。

表現の態度について

1　実感の尊重

三重吉が、「赤い鳥」綴方において意図したものは、当時のこども向き雑誌類にみられる「いやにこましやくれた、虫ずのはしるような人工的な文章」を排して、「少しも虚飾のない、真の意味で無邪気な、純朴な文章ばかりを載せ」、それによって、こどもの文章の標準を与えるということであった。(6)

「『赤い鳥』は、世の中の人の作文に対する考えが非常にまちがつているので、どういうのがほんとうのよい作文かということを教えるために、とくにこの欄（筆者注・作文の欄）を設けたのです。(7)」

こうした意図のもとに発足した「赤い鳥」綴方の、創刊号における入選作品は八つであったが、それに対する三重吉の選評は、「赤い鳥」綴方の表現態度をみる上に極めて重要なものである。すなわち、

「みんなこういうふうに、文章は、あったこと感じたことを、ふだん使っているままのあたりまえのことばを使って、ありのままに書くようにならなければ、少なくとも、そういう文章をいちばんよい文章としてほめるようにならなければまちがいです。」

「赤い鳥」創刊号の選評におけるこの態度、すなわち、「あったこと感じたことを、ふだん使っていることばで、ありのままに書く」という態度は、その後の「赤い鳥」綴方を貫くもっとも基本的な姿勢を示している。三重吉の、この態度は、主としてその選評においてみられるのであるが、(8)これを集約的に見ることができるのは、かれの「綴方読本」（昭和一〇年一二月三日発行　中央公論社）においてである。

すなわち、三重吉は、「綴方読本」の「作品の到達標準」という節において、

「綴方の作品としての価値は、当面にはむろん芸術的の価値そのものである。」（同書五一五ページ）とし、「その芸術的価値とは、それを実感的にかいた価値である。実写の値である。これが綴方の製作の到達標準である。」（同書五一七ページ）と述べているのである。三重吉は、この「実感」を、「実さいにまざまざと目に見るような感じ」の意味で使っており、この意味において「実感的」であるか否かが、三重吉の、綴方を評価する基準となるのである。


「綴方読本」に収めた作品に対する選評では、
それぞれ実感がうかんでいます。

切迫的な実感がおどつています。

実感がまざまざと出ています。

などの評語が、再三再四用いられ、さらに、
いかにもまざまざと活き出ています。

いかにも目に見るように活きうかんできます。

など、「実感」に関する評語は、この書の選評におけるもっとも大きな特色をなしている。とくに、「赤い鳥」綴方の代表的な作品として、しばしば引き合いに出される「およめさん」（尋三・女）においては、二〇文からなる選評のうち、一二文までは「実感」に関するものであって、三重吉の関心がいかに強く「実感」に向けられていたかを端的に示している。


三重吉が、「煙」（高二・男）を、「無用な扮飾と誇張とに充ちた、全然排斥すべき悪どい駄文」と、口を極めて非難しているのも、「そのあくどい、または、うそらしい誇張的な表現」のためであり、したがって、「真実感に乏しい」という理由からであり、「海水浴」（尋五・男）その他の、三重吉の批判の対象となつた作品も、比喩の不適

切、きざな作為などのために、いきいきした実感がないという点にその批判の要点がおかれている。
また、三重吉が課題の弊害を強調するのも、課題で、こども各自の相異なる興味を無視し、かれらの対象に束縛を加える結果、綴方を苦行と考えるようになるとともに、もつとも忌むべき弊害たる捏造と模倣を生むことになるという懸念からきているのである。[9]
綴方の用語として、こどもの日常用語をあげているのも、それによつて、こどもの純朴な、真実味のある文章を期待するからであり、いわゆる文章語や、難渋な漢語などだ全然排除すべきであるとするのも、それらが真実感をそぐという理由にもとづいている。[10]
作品の対話の中に方言を用いるべきことを説いたのも、同じく、「作品に出てくる人物のことばは、その人そのままのことばでなければ不自然で実感がこない」（同書五二七ページ）という理由からである。
このように、あらゆる点において、「実感」が問題とされるのは、三重吉が求めたものが、けっきょく、芸術作品としての綴方であり、その綴方の芸術的価値を定める基準が「実感」の有無におかれているからにほかならない。
そして、この基準にかない、「この要求をみたして入選したものが、」いわゆる「赤い鳥」綴方であり、それらの中からさらに選りぬかれたものが「綴方読本」に収められた五六篇の作品である。「はだし足袋」（尋六・女）、「富岡」（尋五・女）、「お見まひ」（尋四・男）、「およめさん」（尋三・女）など、三重吉が、「あるいは世界中にも例のない、文化的成果として、日本独自の民族的な誇りであり得るのではないかと想像される。」（同事・序文）と自負するに足る作品が、三重吉の理論のみごとな結晶として生み出されたわけである。

2　感覚の重視

「実感」の尊重とともに、「赤い鳥」綴方のリアリズムの態度を示すもうひとつのものが、「感覚」の重視である。

三重吉は、「綴方読本」に「叙写の深度」という一節を設け、その中でかれの「感覚」についての考えを述べている。かれによれば、「感覚的」とは、単に「感覚の働きから得来つた叙写」という意味ではない。ただ事実の表面をふつうの感覚のひとつなる視覚によつてこまかく見たというのとちがい、「もっと奥まつた叡智と、細化した感情とのたすけを併せた、鋭尖な感覚から得た叙写」ということを簡約した名称である。[11]

世上の、いわゆる「感覚」ということばに満足できず、理性や感情をもあわせもつものとして、かれのいう「感覚」を定義づけているところに、三重吉の「感覚」重視の態度が端的に表われているということができよう。三重吉のこうした「感覚」重視の態度は、感覚的叙写のすぐれた実例としてあげた「魚とり」(尋六・男)に対する評語の中に、いっそう具体的に示されている。すなわち、かれは、この作品の「とろ道から、かげろうが立っていて、どこからか何か小さな音が、みじみじというようにしている。」という一節について、

「中でもトロッコ線路の、かげろうの立っている、かわいた斜面の砂が、ほろりほろりとずり落ちる、その、みじみじという音をとらえたのは敏感である。私も二〇数年前の作品において、トカゲのとまっている、炎暑の午後の砂が、ほろりほろりとずり落ちる動きをえがいたことがある。それだけの感覚は、私でもたまたま持ち合せていた。しかし、私のは砂の動きはえがき得ても、みじみじという音は出し得なかつた。「みじみじ」は奥秘的な感受である。この音の点出によつて情景の静寂さがくっきりと浮かんでくる。」と述べ、最後に、「とてもかなわない」と讃嘆の声をあげている。(同書五四五〜五四六ページ)この作品については、別の箇所で、同じく自分の作品と思いくらべ、「この点では私よりもうまいのだから頭が下ります。」と述べているのであるが、さらに、「富岡」(尋五・女)、「房州」(尋五・女)、「鋸山」(尋五・男)、「奥多摩」(尋四・女)などの諸例についても、「この諸例の中での、とくにすぐれた実感的な表現は、ふつうの人々の言つている精緻な観察だの、

微細な観察だのという、常套的なことばでおおうには、あまりにも貴い。」（同書五四七ページ）と、最大級の讃辞を呈している。

三重吉がこのように「感覚」を重視するのは、ひとつには、かれが、近代におけるもっとも感覚的な作家の一人として評価されるような素質を、自らの中にもっていたことによるのであろうが、さらにいまひとつの理由としてあげられるのは、かれが、人間性の向上にとつて、感覚の敏性が、批判の正確さや、感情の細化とともに、大きな意味をもつと考えているという点である。すなわち、かれは、綴方教育の第一の重点を、「芸術的な価値ある作品を作り出すまでのプロセスにおいて、物の批判の正確さと、感情の細化と、感覚の敏性とを得る効果、および、さらに製作の反復によつて、それらが、ますます加つていく効果」とにおき（同書五六三ページ）、「人間としての、かかる性能の備わりと、その欠如とは、その個人の品性と生活の深みの上の差異となり、したがって、他人や社会におよぼす影響の分差となり、ひいて人間全部の生活の価の上下となる」（同書五六三ページ）とまで極言するのである。

綴方を人間教育の教科とみる立場からなされるこれらの立言は、生活綴方の側からのはげしい攻撃にもかかわらず、あくまでも「感覚」の重視を主張しつづけた三重吉の態度を理解せしめるに十分であろう。

三、生活綴方の「赤い鳥」批判

以上、生活綴方の源流としての、すなわち、生活綴方によって継承されたものとしての「赤い鳥」綴方の理論を、リアリズムの方法論としての観点から見てきたのであるが、こうした「赤い鳥」綴方の理論（すなわち、鈴木三重吉の綴方教育論）はけっして無条件的に継承されたわけではない。雑誌「綴方生活」（昭和四年一〇月創刊）が、その発刊の動機を、「赤い鳥」綴方の文芸主義（作品主義）ないしは童心至上主義に対する反撥という点にもっていたことからもしられるように、生活綴方「赤い鳥」に対する態度は、少なくとも意識としては、極めて批判的であつた。そして、その批判は、主として、三重吉の綴方選評が表現面に関するものに終始しているということ、つまり、三重吉が求めたのは「作品」であって、作品の主体者たる児童の指導、とくにその生活指導という面は全く無視されている、という点に向けられている。芸術的価値をもって綴方作品の到達標準とする三重吉と、綴方を生活教育のための手段として用いようとする生活教育の立場とは、ここに全く対立的なものとして示されてくるわけである。

しかしながら、生活綴方の側からの「赤い鳥」批判が、はたして本質的なものであるかどうかについては、高倉テル氏や熊谷孝氏などの立言[12]を考慮に入れた上で、なお精細な検討が加えられねばならない。この点の考察に関しては、また別の機会を得たいと思う。

注

（1）金子書房編「生活綴方と作文教育」三四ページ・昭二七

（2）イ、国分一太郎著「生活綴方ノート」三一五ページ・昭三二

　　ロ、荒・平野・本多・佐々木共編「日本プロレタリア運動史」一五七ページ・昭三〇

（3）イ、峰地光重・今井誉次郎共著「作文教育」六六ページ・昭三一

　　ロ、峰地光重著「はらっぱ教室」二一一ページ・昭三〇

　　ハ、鈴木道太著「北方教師の記録」五九ページ・六二ページ・昭三二

（4）小川太郎・国分一太郎共編「生活綴方的教育方法」八九ページ・昭三〇

(5) 日本作文の会編「生活綴方の伝統」三五三ページ・昭二八
(6)「赤い鳥」創刊に際して募集のために配布したプリント「童話と童謡を創作する最初の文学的運動」
(7)「赤い鳥」第一巻第二号における「作文募集」の欄
(8) イ、「赤い鳥」第一巻第二号綴方選評
ロ、「赤い鳥」第三巻第二号綴方選評
(9) 鈴木三重吉稿　坪田譲治編「綴方先生」三八二〜三八三ページ・昭一四
(10) 鈴木三重吉著「綴方読本」五二五ページ・昭一〇
(11) 鈴木三重吉著「綴方読本」五四七ページ・昭一〇
(12) イ、高倉テル「綴方教育の本質」(『日本児童文学大系(6)』一〇八ページ・昭三〇)
ロ、熊谷孝著「文学教育」一二ページ

一八　「赤い鳥」綴方の実践記録
――「綴方の書」（木村不二男著、昭和一三年）を中心に――

一

「綴方の書」（昭和一三年四月二一日　刀江書院　四六判、四一三ページ　定価壱円五〇銭）の著者、木村不二男（明治三八―昭五二年）は、鈴木三重吉の門弟として自他ともに認ずる「赤い鳥」綴方教師であった。巻頭に三重吉の「序（遺稿）」をおき、「綴方の書」の本文の末尾を『鈴木三重吉氏研究』の章でしめくくるというこの書の構成の上に、そして、「この書を鈴木三重吉先生の霊に捧ぐ」という献辞の上に、このことは明瞭に示されている。

三重吉は、その「序（遺稿）」の冒頭で次のように書き記している。

○こゝに纒められた綴方作品は、木村君が北海道石崎小学校で五箇年、ついで東京市矢口東小学校で三箇年指導された間の収獲（ママ）の代表的なもので、そのうち三〇篇[1]は私が『赤い鳥』に選出したもの。中でも「お見舞」「奥多摩」「富岡」等の如きは『赤い鳥』の最近の高潮した水準上で特選を誇り得た作品である。

木村君はとくから私の綴方教育の主張に共鳴されて、私と親しく来往されて直接愚見をも聞いて下さつてゐる熱心な指導者である。（「序（遺稿）」一ページ）

また、木村不二男はこの三重吉の「序（遺稿）」に触れつつ、その「自序」の中で次のように言う。

○この書こそ随分長い間の計画であつた。最初の意図は鈴木先生の遺稿に語られてゐる如く、綴方作品集の刊行に在つた。それは既に昭和九年の秋である。種々の故障からして、実現が遅れ、漸くいまかゝる形で世に見えることとなつたのである。

私の感慨無量の中に最大の痛惜は、これを奉り、喜こんで（ママ）いたゞくべき恩師三重吉先生のもはや存世せられぬことである。

「この序文がいけなければ幾度でも書直して上げる」と余白に小さく鉛筆で附されて送られたその遺稿を掲げて涙を新にする。（「自序」三ページ）

それぞれに師弟のこまやかな交情がしのばれる文章である。とくに、あの、傲岸をもって知られる三重吉が、「この序文がいけなければ幾度でも書直して上げる」とまでいうのは、木村不二男に対する三重吉の信頼や情愛がよほどのものであったからこそであろう。

「綴方の書」は、三重吉を師と仰ぎ、多くの「赤い鳥」入選作を出した木村不二男が、その作品を語り、そのこどもたちを語り、教室を語り、また、こどもたちをとりまく社会の現実について語るという、「赤い鳥」綴方教師の実践の記録である。

二

「綴方の書」の刊行の目的について、木村不二男は、「自序」の中で次のように述べている。

〇子供の実体が彼等がとぼ〱綴り上げた綴方に現れることは意外な程である。彼等の芽の性質、伸びゆく方向の暗示、子供の心理、伝統の消化程度、彼等なりの時代意識、それ等はまことに正直に、その儘の形で綴方作品の中に確かめられる。それは私の十幾年の体験に基づいていさゝかも誇張ではないと断言したい。私はその意味で、綴方こそ彼等の内部をうかゞふ聴診器、教育の鍵であると思つてゐる。だが、この科は在来教育上の一教科として専門的に扱はれてきた為に、限られた人達以外には殆ど顧みられないできた。子供の正体は此処にあるものを、あゝでもない、かうでもない、と駆け巡つてゐるかに見える世間に、このことを一寸でも知らせてあげたいもどかしさを感ずる。この書の意志は此処にある。世の子供の親がたにそれ〲その後継者の明白な正体をお知らせするよすがにもと。（「自序」二ページ）

一〇幾年の実践の体験から、子供の内部をうかがう聴診器であり教育の鍵であると信ずる綴方を通して、子供の明白な正体（実体）を、世間や世の親たちに知らせることが、この書の目的だというのである。教師ではなく、世間一般や子供の親たちを読者として予想しているところが「綴方の書」の特色の一つである。したがって、これは、たとえば、「綴方教室」（大木顕一郎・清水幸治共著、昭一二・九・三　中央公論社）などのように、いわゆる実践記録ふうではないが、しかし、全体を通して見れば、やはり、木村不二男による「赤い鳥」綴方実践の記録であることにちがいはない。

最初は「綴方作品集」として意図されていた本書が、「此処には北国の寒村からはじまって、現在に及ぶかなり長い間の私の教育生活と子供等がのぞかれる。」（「自序」二ページ）というような教育実践の記録として刊行されることとなった経過については、十分な説明はおこなわれていないが、大木・清水両氏の「綴方教室」が一つの契機になっているだろうことは想像にかたくない。(2)

「綴方の書」は、次の九つの章と附録の佳作集によって構成されている。

序　尾高豊作(3)
序（遺稿）　鈴木三重吉
自序

ある少年記
今の子供
子供の現実
教室経営
文章論
人間性
都市の綴方
村の綴方
鈴木三重吉氏研究
附録　佳作集

「綴方の書」の中にとられている綴方作品は、本文中に三一編、附録の「佳作集」に一二編、合計四三編である。本文中の三一編の中には、著者以外の人の指導作品六編が含まれている。

「綴方の書」は、これらの綴方作品を核にしながら、その作者やその他の子供たちについて語り、それらの作品を生んだ教室の状況を述べ、さらには、子供たちをとりまく「現実」を解剖し、それらを通して、著者の児童観・綴方観・教育観・社会観を披歴していくという手法がとられているのである。

以下、これらの章の中から、教室経営、綴方観、小林映子と笈川求女、の三点をおもな考察の観点として、「綴方の書」を見ていくこととしたい。

三

まず、木村不二男の教室経営の理念と方法を見てみよう。

「教室経営」の章は、1教室気風　2組織　3小景　4同級会　の四つの節から成るが、この中、2組織　で氏の経営組織について述べている。

静坐法　毎日朝の一時間目の一部を割き最も大切な根本的方面へ沈省せしめたい。その前に静坐法五分。(中略)効果は相当あった。後、教育勅語拝誦。月、木の修身の時間には一節宛解義、時々教室、学校、時には社会時事等に基づく簡単な現実批判。

四人一組分団　掃除配当、教室事務分担、教便物使用等の便宜の為。組長を一人、これは適当な時期を見て交代、なるべく全児に及ぼす。綴方の鑑賞等は主に分団を一単位になされる。

学級新聞発行　各分団交代、材料は学級全部より提供、それを当番分団が組長支配の下に選択整理、教師の補導に依つて謄写にする。週一回発行。その週の鑑賞文はこの中に印刷される。(後略)

雑誌回覧　一人が一日だけ使用。これは教師の寄附に依る『赤い鳥』その他の綴方雑誌である。
綴方副読本使用　これは郷土社発行故小砂丘忠義氏編輯『綴方読本』を主として使用した。価格も五銭で全児購入し得るのと、内容も頗る良心的、且つ子供等の作品も殆ど毎月掲載されてゐたからである。（附記しておきたいことは小砂丘氏は隠れた偉大な綴方界の権威であり恩人であつた。綴方を現在の水準にまで押出した貢献者の中に当然入るべき人である。その為に病を得て昭和一二年秋他界されたことは惜しんでも余りある。）
自治会　級長が会長副級長が副会長。前者は男児、後者は女児であった。その際教師は参考的な指導位置にあるのみ。この決議は重要視した。月一回、放課後一時間位を当てた。
小遠足　これは月一回の学校行事である。
クラス会　学期末にさゝやかな茶菓に依つて一回開催。隠し芸百出、まことに面白いものがあつた。この際、分団単位で、彼等が余暇を偸んで練習した児童劇が上演されるのである。
唱歌会　唱歌の時間を利用して月一回、全児が必ず何かに出ることが約束されてゐた。
児童劇の会　クラス会と前後して学期末一回。多くは児童の持ち寄り創作である。（中略）特別な指導をした訳でもないが、日頃の遊戯半分の彼等のたしなみの故か、子等の児童劇は巧みであつた。（後略）
図画会　綴方と深刻な連関をみせて発展していつたものに図画があつた。どんな子もある程度深め得ることは色彩感覚にも依らうが綴方よりも楽なものがある。然もその感覚に於て、ぴつたり文表現と合致するのも面白い。例へば小林映子の写生は、その綴方作品を色で表現したやうなものであり、笈川求女にも同じことが言へた。これは毎週一回放課後希望者を募つて方々へ出かけた。
赤い鳥社訪問　これは二回しか出来なかつた。遠いので全部の子供を連れてゆく訳にもいかず希望者のみを募つたら二回目には二五名程あつた。その大部分は自分の綴方が雑誌に掲載されて特に興味をよせてゐた子供達であつた。

鈴木先生はこの日を一日千秋の思ひで待ち焦れてゐたものらしく、非常なお喜びで、茶菓を用意して待兼て居られた。この日は丁度明治大正文豪展覧会に掲げた漱石氏の写真を夏目家から贈られた日であつたさうで、よいことがふたつ重なつたと仰せられ、その写真を高く掲げたお座敷で、文豪漱石の書画や原稿等を持出されしみ〴〵と解釈を試みられた。かうしたことが子供等の精神に及ぼした好影響は甚大なものがある。先生は幾度も学校への訪問を計画なされたが実現し得なかつた中に御逝去となつた。(『綴方の書』一〇九〜一一三ページ)

かなり多角的、意欲的な教室経営である。これらの一つ一つが、直接的・間接的に綴方指導と結びついているわけである。

四人一組のグループを、学級活動にも学習活動にもその核として積極的に活用し、できるだけ子供たちの自主性を尊重し、唱歌や図画や児童劇などの表現活動をたいせつにするという学級経営のあり方が、木村不二男の綴方指導を、全学級的な表現活動たらしめているのである。

これらの中で、直接的に綴方指導とかかわりの深いものは、学級新聞の発行、『赤い鳥』その他の綴方雑誌の回覧、綴方副読本の使用、図画会等であるが、とくに注目しておきたいのは、綴方の副読本として、主に、小砂丘忠義氏の「綴方読本」を使用していることである。鈴木三重吉の門弟をもって自ら認ずる木村不二男が、生活綴方に対してほとんど生理的な嫌悪感をさえ示した三重吉とちがって、小砂丘忠義を「隠れた偉大な綴方界の権威であり恩人であつた。」と述べ、綴方の向上のための「貢献者」と評価し、業なかばにして他界したことを深く惜しんでいる点である。ここには、作家もしくは審美家三重吉と、教育者木村不二男の根本的なちがいがみられるのである。

図画が綴方と深い連関があったことを述懐しているのも興味あるところである。この項に名前の出てくる小林映子と笈川求女は、「赤い鳥」入選者を輩出した不二男学級の中でも傑出した存在であった。この二名の子供をめぐる問題については、のちに節を改めて考察することとしたい。

四

以上は、主として木村不二男の教室経営における「形式面」であるが、それらの「形式」を貫く指導の理念はどうであったか、また、そこから生まれる教室の状況・雰囲気はどのようなものであったか。

○教室を如何に家庭的に整へようかとは私の最も腐心したところである。教室は何時も青空の下のやうに……それは勿論不可能なことであるが。それをモットーとして経営にかかつた。

（「1　教室気風」、同上書、一〇六～一〇七ページ）

○私は自分の全力をあげて何時も健康状態に整へて置くことに最も努力を致した。代表の健康児の心身が理想で、百パアセントの吸収力ある強靱な胃腸を目標にした。随つて綴方の営為も、これに基づいて為された。子供各自が家庭その他の環境から附けてきた畸形箇所の矯正も、新らしい栄養素の吸収も、子供各自の自然的な同化作用も、この空気の中に晒して後に正常なものとさせる。（同上書、一〇八ページ）

○各自の自然的な同化作用……これこそ、教師の力を凌駕して素晴らしい効果をもつものであるとは私の極力主張するところである。遂にはそれこそ、どの子も〳〵いい子になるのである。それがまた学校全体へ伝播され、家庭へも香を運んでゆくことは何とも楽しいものではないか。（同上書、一〇八ページ）

○この快い教室気風を忘れ兼ねるものと見えて、転校していつた子供達は何時までもそれ〴〵の遠くから近況を問ふたり知らしたりする。かうした通信が何時も教室の掲示板の下に二三枚は貼られてゐた。また新入生がきても持上りの伝統的な気風に子供ながらの素早い感染を見せて二日もすると肩の凝りを去り、遂には最初からこの学校に学んできたもの、やうな気持になる。だから教師の方でも特に新といふ意識を働かす必要もなく、何時も同じ調子で学習を続けていけた。蒲田では四年の最初から持上つた六〇名の男女児は、卒業間際には三分の一以上も入れ換つたが、私の子供に接する気持は首尾一貫してゐた。（同上書、一〇八〜一〇九ページ）

まさに、自信にみちた教室経営である。これらは、東京蒲田の矢口東小学校時代のことを述べているのであるが、木村不二男のあたたかい人柄、温厚な指導ぶり、楽しそうな教室の状況が目に見えるようである。このような教室の状況を、木村不二男は、別の箇所で次のようにも述べている。

○受持は四年の男女組であつた。男児半分女児半分、これをその新学期から持ち、六年卒業までまる三箇年指導した。勿論その間には多少の出入りはあつたがその六〇人の子供達、どの子もい、子であつた。其処には小さな楽土があつた。一軒の家であつた。誰か一人病気で欠席した者があると、その心配は全級に及んだ。一人の幸福は全員の幸福となつた。（『都市の綴方』、二〇六ページ）

「其処には小さな楽土があつた。」――こういう言い方は、ふつう、そうやすやすといえるものではない。やはり、これは、「赤い鳥」綴方的風土とでもいうべきであろう。

木村不二男のこのような教室から、小林映子、笈川求女をはじめとする「赤い鳥」入選者がぞくぞくと生まれたのである。(4)

次にあげるのは、「赤い鳥」に入選した一六編の綴方のリストである。

	題名	作者	「赤い鳥」への掲載年月	入選の種類	「綴方読本」(昭10)への掲載	「綴方の書」への掲載	備考
1	もとゐた家①	尋四　小林　栄子	昭7・10②	佳作	×	○	
2	夫婦乞食	尋四　竹口　広子	昭8・1	佳作	×	×	
3	奥多摩	尋四　小林　映子	昭8・3	特選	○	○	
4	お見まひ③	尋四男④　笈川　求女	昭8・5⑤	特選	○	○	
5	お寺まゐり	尋四　小林　映子	昭8・7	佳作	×	○	
6	お花さん	尋四　判治　信雄	昭8・8	佳作	×	×	
7	氷とり	尋四　鈴木　武子	昭8・9	入選	×	×	
8	鋸山	尋五　笈川　求女	昭9・1	佳作	○	○	
9	お父さんのこと	尋五⑥　柏倉　縣七	昭9・2	佳作	○	○	
10	兄さんのお嫁さん⑦	尋五　堀　重子	昭9・3	佳作	○	○	付録
11	房州	尋五　竹口　広子	昭9・4	佳作	○	○	付録
12	栄ちゃんの病気⑧	尋五　朝比奈正雄	昭9・5	佳作	×	○	付録
13	富岡	尋五　小林　映子	昭9・6	特選	○	○	
14	当番	尋六⑨　村野　賢哉	昭9・8	佳作	×	○	
15	上野公園⑩	尋五　下尾　保子	昭9・9	佳作	×	○	付録
16	小さいとき	尋五　鈴木　武子	昭9・10	入選	×	×	

①「綴方の書」では、「もうせんゐた家」。不二男教室入選第一作。

②この号、小林映子のこの作品の前に、尋四豊田正子の「うさぎ」がのる。豊田正子としてもこれが初入選である。豊田正子の作品は、不二男教室の子供たちの作品とほぼ並行して「赤い鳥」に登場するわけである。

③「綴方の書」では「お見舞」。

④笈川求女は男児である。三重吉は初出の際、わざわざ挿入したわけである。

⑤五月にはすでに五年生になっているのであるが、木村不二男からあらかじめ受けとっていた作品を逐次掲載していくために、学年は尋四となっている。昭和九年四月以降も尋五となっているのも同じような事情によるものと思われる。

⑥「綴方の書」では「尋三」となっているが、これは木村不二男の校正ミスであろう。

⑦「綴方の書」では「お嫁さん」。付録の佳作集に収めている。

⑧「綴方の書」では「栄ちゃん」。

⑨「綴方の書」では「尋五」。これは三重吉の思いちがいか校正ミスであろう。

⑩「綴方の書」では「動物園」。

持上り学級三か年の指導のうち、最後の一年間（六年生。昭和九年四月～昭和一〇年三月）は、上級学校準備のために、さすがの不二男教室も綴方に徹することができず、「赤い鳥」入選作は尋四・尋五の二か年間の指導のものに限られている。しかし、それにしても、これは壮観である。木下紀美子氏の調査(5)によれば、第二期「赤い鳥」入選綴方のうち、東京の作品数は、昭和六年五編、昭和七年六編、昭和八年一二編、昭和九年一八編、であるから、昭和八年・九年の二年間は、不二男教室の作品でその半ばを占めていたことになる。三重吉が、「赤い鳥」綴方二〇年間の集大成として誇りをもって刊行した「綴方読本」（昭一〇・一二・三、中央公論社）全五六編のうち、同一教室から七編選ばれていることもりっぱといってよい。

五

ところで、このような教室経営の中で、木村不二男が抱いていた綴方観はどのようなものであったのであろう。彼の綴方観の一端はすでに「自序」の中にも見てきたが、ここでは視点を少しかえてその綴方観をさぐることにしよう。

「都市の綴方」の章に、「5『作文一課目』提唱」という一節がある。これは、中等学校の入試課目として「作文一課目」がとりあげられるかにみえて立ち消えになったことに関連して述べた、熱のこもった文章である。木村不二男は、現今の熾烈な中等学校入試の受験地獄を緩和するためには、作文を入試課目として課することが絶対に必要であるという。

◯「尋常六年の読方算術」の他に他の一課目として断然、作文を課すべきである。更に「算術・作文」とすべきである。模様に依つてはこれを暫く継続して、作文の足跡をみつちり研究すべきである。然る後、始めて「作文一課目」時代が来、即ち受験地獄は昔話となるであらう。（「綴方の書」二六七ページ）

ここにみられるように、「作文一課目」とは、作文を他の課目に加えて課するというのではなく、ただ「作文一課目」のみを受験課目とする、という意味である。まず、現状の「読方・算術」に作文を加えるところから出発し、やがて「算術・作文」とし、しばらく研究期間をおいた上で、最後には「作文一課目」にしぼるべきだというのである。

木村不二男がここまで強く「作文一課目」を提唱する根拠は、彼が、作文（綴方）を「全子供の総和」であるとみるところにある。

○小学校に於ける綴方には、全教科、子供の全生活が網羅されて、側面にうかがはれる。手つ取り早く言ふならば、全子供の総和である。読方教育がよく行はれてゐるか、否かもこれに明瞭に證明される。嘘字当字、語句の言ひまはし、熟語の使用。語意を誤られて使用された語句、新出文字のマスター程度、六年位になつて三年程度の漢字しか使用出来ぬ子もある。読文による内容把握深度も、綴方に逆に表はれる。書方教育が如実に綴方に書かれる文字に依つて表はされることは言ふ迄もない。それに依る精神生活程度も、個性も、書かれた文字に依り、書き様に依り、書き癖により、且文自体により一見される。修身教育は言ふ迄もなく文を一貫する人間道徳線に依つて察せられ、国史も地理も、理科もその見解が広い程に表れた文の豊饒味、或ひは表れたことに依つて更に表れぬ方面まで暗示させる。情操の貧富、健康の程度も直覚させる。（中略）
　文を一読して最後に残るものは何か、全子供の評価である。この評価こそ文を統一し、全子供の価値を結晶させたものである。（同上書、二六九ページ）

「全教科」といいつつ、この中に「算術」についての言及がないところが木村氏らしいといえようか。木村不二男は、さらに熱っぽくことばをつづける。

○都市に於ける生産と消費の経済的根底の深い認識、それは都市生活者にとつては有力な舵となるであらうが、人はパンのみに生きる者に非ず、これのみでは全人間生活に必要なものが多分に欠けてゐる。算術のみに依る考査等はこれに類する。在来用ひられたどの科目に依るもこれと大同小異。どうも、一本の腕、一本の脚、それ等と全人間を代表させて考査し、子供の一生の使命を葬り去つた感が深い。綴方は此等の欠点のすべてを補ひ、いま述べた最も生活的なものを目標に置く点から理想的なものと見られるのである。

（同上書、二七〇ページ）

○在来の試験制度による試験勉強とは、中なる本陣を目標に置くことなく、塀や、石垣のみに当てられた砲弾であつた。人間を考へぬ、科目のための科目試験。それに伴ふ科目倒れの悲劇。これ等はすべて、中等学校本位、人間の正しい成長を無視した、教育に逆行する姿勢の故による。（同上書、二七一ページ）

○中等学校は小学校を土台に、小学校の良き延長となつてこそ自然であり、理想的なものであつて、教科本位の前に人間を見ることなく、これ〳〵の知識をこれ以上持つてゐぬものは入場まかりならんと、徒らに試験問題を難解に構へて学校の箔をつけようとする輩のなかに行はれる教育こそ、生活向上を阻害する唯一の代物であらう。（同上書、二七一～二七二ページ）

この強烈な糾弾・告発の姿勢は、彼自身の生々しい体験からきている。

昭和七年四月、北海道から東京へ出て来た木村不二男は、四年の男女組を受持ち、六年卒業までの三か年、持上りで指導した。みんないい子で、教室経営もしあわせいっぱいの雰囲気で進めることができた。教室は小さな楽土であった。（「綴方の書」二〇六ページ、『都市の綴方』の章。前に引用した箇所参照）それが、最上級の六年生になると状況が一変するのである。

○其処には小さな楽土があつた。一軒の家であつた。誰か一人病気で欠席した者があると、その心配は全級に及んだ。一人の幸福は全員の幸福となつた。だが都市の学校の常は卒業学年に入ると勢、上級学校入試準備の問題が起る。かうした悩みが待伏せてゐることは承知の上ながら、これ程であるとは知らなかつたことである。随つて坦々と進んでいつた最初の教室経営のプランも、せい〲四、五年の二箇年で、最後の一箇年は尻切とんぼの形となつた。(『都市の綴方』、二〇六～二〇七ページ)

○その卒業の時に上演された「試験地獄」なる一作は彼等の体験を籠めて深刻なものがあつた。傍道に入るが、Hといふ子は府立第○高女の第一次試験に合格して、教師も親も本人ももう入つた気持でゐたのが、第二次に振落とされたのである。この悲報には真実、全級慟哭したものであつた。第一次に合格さしておいて、第二次には振落とすといふ風な甚大な悪影響を及ぼす制度は出来るならば避けられたいものである。その犠牲者である所のH自身の創作であつた。

試験てふ悪魔が丁度衛生の活動写真の肺結核菌のやうに諸所を横行する。深夜までの猛烈な勉強、親共の半狂乱の焦燥その他、あらゆる場面が展開される。悪魔は散乱した髪、鍵にまげた指を拡げて摑みかゝり、あらゆる子供を喰つてゆく。こんなものはやらすべきではない、これをみて、しまつた!こんなものが出て来て……と思つたが後の祭であつた。[6]

(『教室経営』2組織、[児童劇の会]の項。前の引用の際、(中略)とした部分。一一一～一一二ページ。)

「悪魔は散乱した髪、鍵にまげた指を拡げて摑みかゝり、あらゆる子供を喰つてゆく。」――「試験地獄」の犠牲者である子供自身の創作劇であるだけに、木村不二男が受けた印象は強烈だつた。「私の教育生活の前半は村落で後半は都市に於てゞある。だが特に悩んだのは後者のそれである。」(『都市の綴方』、二〇二ページ)というときの、「悩み」の最たるものは、この「試験地獄」の問題であつたのである。

この、教師の「悩み」、そして子供たちの「悩み」を、理想的な形で解決する方法は、入試における「作文（綴方）一課目」の採用しかないというのが木村不二男の主張である。

○綴方一課目のために、小学校に於けるあらゆる教科目は、在来の入学試験によつて歪曲され勝の姿勢をその本来の健康状態に復帰させ、将来の生活に血となり肉となる着実自然な消化作用を営むことが出来る。

綴方一課目となつたとて、競争はどうしても避け得られないと言ふ人もあらう。然し、それは既に、在来の血を絞り、肉を削る、無意義有害な試験競争ではない。勉強は綴方そのものに向けられるよりも、それが良き土壌たるべきあらゆる教科目、あらゆる生活の良き準備にこそ注がれねばならぬ。然もかゝる勉強はとりも直さず遠く人間の本陣を目標にし、よき社会生活の予想をこそ伴ふ。それは当然、人間のよき日常生活につながる所のものである。如何なる人間もせねばならぬ向上競争でこそあれ、断じて試験地獄ではないのだ。

（『都市の綴方』一七二ページ）

○以上はほんの仮初の一投石にすぎぬかも知れぬが、熟考するに、在来の試験地獄を退散させ、教育をその本位に復帰させ、子供の正しい成長を期するにはどうもこれ以外の方法は目下無さそうに思はれるのである。

（『都市の綴方』一七二ページ）

以上が、木村不二男の『作文一課目』提唱」の要点である。

試験地獄の不毛を嘆き、その非人間性を告発する声は、今日にもそのまま通用するものといえようが、しかし、これほどの深い信頼を綴方に寄せ、これほどの情熱をもって「作文一課目」を提唱する人は、今日見あたらない。木村不二男の教室から「赤い鳥」入選者が輩出した所以である。

六

「綴方の書」には、小林映子と笈川求女の作品がそれぞれ四編ずつ収められている。

もうせんゐた家	尋四	小林映子
お寺まゐり	〃	小林映子
奥多摩	〃	小林映子
富岡	尋五	小林映子
お母さんの帰られた日	尋四	笈川求女
お見舞	〃	笈川求女
弟	〃	笈川求女
鋸山	尋五	笈川求女

先にも見たように、小林映子は四作品全部が、また、笈川求女は「お見舞」と「鋸山」とが「赤い鳥」入選作である。（このうち、「奥多摩」「富岡」「お見舞」の三編は特選）

小林映子と笈川求女は、ともに、木村不二男の教室を代表するすぐれた書き手であったが、[7] 中でも、小林映子は、その表現の密度の高さからいって、単に不二男教室といわず、「赤い鳥」綴方二〇年間の作品の中でも第一級の綴方といってよいであろう。

このうち、「もうせんゐた家」は、北海道から東京へ出てきたばかりの不二男にとって、極めて意義ぶかい作品であった。

○次の文（北岡注、「もうせんゐた家」をさす）は四年一学期終頃に出てきたものであるが、私にとつては記念すべき第一作品である。『赤い鳥』にもこの組からこれが初めて載つた。（『都市の綴方』二〇三ページ）

陰に陽に、父文助の感化を受けつづけ、自らも北海道時代かなりの実績を積んで、下地が十分にできあがりつつあった不二男が、東京という新天地を得て、都市の教師たることに徹する決意をしてから、「もうせんゐた家」の「赤い鳥」入選をきっかけにして、一挙にその綴方魂を噴出させた観がある。その噴出も、子供たちが「試験地獄」に血眼にならざるを得なくなるまでのわずか二年間（昭和七年四月から、昭和九年三月まで）に限られてしまつたのは惜しまれることだが、ともかく、その噴出のきっかけを作ったのは小林映子であり、「奥多摩」「富岡」などによって、「赤い鳥」綴方の頂点を極めたのもまた、小林映子であった。

しばらくすると、お父さんは「お湯に入つて来よう」と言つて浴衣を着て出ていつた。廊下を曲つて風呂場に来た。きれいな白レンガの風呂場であつた。私は洋服をぬいで湯の中に入つた。私は少しあまつたれるやうに「ね、お父さん明日はあそびたいわ」と言ふと、お父さんは「それぢゃ明日潮干狩でもしよう」と言つた。風呂から上つて外を見ると、もう、まつ暗であつた。

先に出てゐたお父さんは、黄色いやうな青白いやうな電燈の下で、首をかしげながら字引をひいて、本を読んでいらつしやつた。私は廊下の前にある手すりにつかまつて海をながめた。暗い室と暗い海、波が来るのか、海面がときぐくきらくと光る。上を見ると小さな三日月のお月さんだ。ざぶんざぶんといふ音が、なぎさへ来るとさあツと言ふ音にかはる。とても寒い音である。お父さんが「映子、もう勉強すんだのか?」と言つたので、ひろい部屋のすみで又宿題をひつぱり出した。何だかあんまり気がすゝまなかつた。ごう〳〵海が鳴る音のまん中でしてゐると、とき〴〵気が遠くなるやうだつた。

これは、「富岡」の一節である。よくもわるくも、文芸主義綴方といわれた「赤い鳥」綴方の典型がここにはみられる。三重吉の評語も、「うまいものです。」「すばらしい感覚です。」「実感がにじみ出てゐます。」「貴い傑作です。」というように最大級の賛辞に満ちている。たしかに、散文詩といってもいいほどの詩情がここには読みとれるのであるが、木村不二男のこの作品を見る目は「賛辞」とはほど遠いものである。

木村不二男は、「お父さんが『映子、もう勉強すんだのか?』と言つたので」以下を引用し、「ごう〳〵海が鳴る音のまん中でしてゐると時々気が遠くなるやうだった。」にはわざわざ傍点を付したあとで、次のように言う。

○この一節幻想風な詩情に騙されてはならない。これは外から感ぜられる詩感で、子供自身にとつては詩どころではないのだ。

この状景こそ、都市と自然との争闘である。すなはち、大人に表れた都市と、子供に表れた自然とが対抗してゐる格構である。（中略）

都市性は此処まで来ても子供の自然性を奪取して自分に同化させることを忘れない。都市の学校の五年六年とは一般に上級学校の入学試験準備の為に血眼にならねばならぬ時である……とされてゐる。作者の立場は丁度この時に当面してゐる。（中略）この間には親に対する気兼ねやら、つゝましき怨み、ほつとしたさ、等が混入してゐて、誇張して想像を加へるとうんざりした、呪はしい眼つきが見えてくる。

（『都市の綴方』二五三～二五四ページ）

「富岡」のような作品に、「都市と自然との争闘」を見、海鳴りをききながら宿題をしている作者の目を「呪はしい眼つき」とまで言うのは、やや神経質に過ぎるようにも思えるが、不二男としては、それほどまでに都市のいわゆる「生活競争」をきびしく受けとめていたということであろう。不二男のいう「都市性」の一面である。

木村不二男は、この一節のみでなく、「富岡」の作品全体を流れる調子についても「都市性」の不安定さを指摘している。

○まづ全体の調子として、この一文の中には、何かしら読者の眼をちら〱かすつていつても、心底にしつくり響いてこないものがあるに相違ない。（それはこの前の例文に於て殊に甚だしかった。）それは渓谷を流れる水の如く、落着かないし、且つ忙しとも忙しい。作者の性格とも見られ、私から言はすれば都市性が、敏感正直な子供を透写して、綴方に現れたものである。都市の呼吸の音なのだ。それが都市ならぬ違つた場所へきていとゞ明白になつたものである。」（同上、二五二～二五三ページ）

「この前の例文に於て」というのは、「奥多摩」をさしているのだから、不二男氏は、小林映子の、この二つの特選作に対して単に秀作と呼んで喜ぶような心境にはなかったわけである。第二作の「お寺まゐり」も、第一作の「もうせんゐた家」との比較で、

○前者（北岡注、「もうせんゐた家」）はその詩的な純感とたど〱しさの故に読者の愛好を呼ぶ作品であったが、

これ（北岡注、「お寺まゐり」）は反対に、行きとゞきすぎ「チャッカリ」を見せ、喋舌も加つて、むしろ愛好とは遠い作品であらう。（同上、一二三ページ）

という評価を受けているのである。この不二男の評語の中に、不二男の、都市の綴方に対する本音が端的に表れている。都市の子供たちによる都市性に根ざす綴方、すなわち、都市の綴方、の樹立を真剣に志向しつつも、[8]自らの「愛好」の心情は、必ずしも十全にそれに共鳴しえないでいる不二男の、ナマの声がここには聞けるのである。

七

小林映子の作品にはもう一つしっくりしないものを感じていた不二男であったが、いま一人の「赤い鳥」特選児童、笈川求女にはほぼ全面的な共感を以てあたっている。

笈川求女は、悪童の評判の高い子供であったが、不二男は、その乱暴な外貌の底にこの子の「純」なるものを見届けていた。笈川求女の「お見舞」についての解説の文の中で、不二男は次のように述べる。

○彼は自分の正当と思はぬことに決して頭を屈しない。だが彼のした行為等を静かに分析し批判してみせるとそれが悪いと解つた場合にはぼろ〳〵泣きだす。泣いてその子に謝罪にゆく。その外貌を飾る乱暴、猪突、皮肉、涙、ねばり、激憤、頗る変化に富む外形は、その何れにもこの文（北岡注、「お見舞」）に見られるやうな純粋の分子が明瞭な頭のひまひまに働いてゐるかの観があつた。（『今の子供』の章、「綴方の書」一一七ページ）

○悪童とこの文とは一致しない。読者は私のすつぱぬき等を信じないかも知らぬ程にこの文は純情なものがある。実はこれがこの少年の奥底なのであつた。子供の観察を此処まで届けねば本当の生活指導は生まれぬのでは無からうか。（同上、二八ページ）

笈川求女を受持った四年の新学期のはじめに、三年の時の教師から、「笈川ですか……あれはね、何と言ひますか、乱暴といふんでせうね、訳が解らんですよ」というふうに紹介された、その笈川求女の奥底を、綴方指導を通して確かに見ぬきえた不二男の、自信に満ちたことばである。ここで、「本当の生活指導は」と述べていることに注目したい。

五年生になってからの作品「鋸山」に対しても、不二男の目はあたたかい。「鋸山」は、夏休みのある日（八月六日）、家族全員で房州の鋸山に登ったときの様子を書いた綴方である。

山はそこいらから急になつて、石段を上つては休み、石段を上つては休むやうになつてゐる。両方の山は丁度屏風を立てたやうでしげりにしげつた青葉の中から蟬が嵐のやうに鳴き立てゝゐる。かなり登つてから、休んで向かうを見ると、海ががらす板のやうにすべ〳〵して見える。正男は、と思つて見たら、いつのまにかお父さんにおんぶしてもらつてゐた。お父さんもふうふう汗をかいてゐる。麓の方へ目をやるとお母さん達が小さく、腰をまげて砂でもかむやうにやつとやつと登つてくる。僕は大きな声で、「お母さん、大丈夫?」とさけぶとこつくりしてゐるのがかすかに見えた。そのひまに僕たちを追ひ越して二人の若い男の人が何か話しながら、元気よくぐん〳〵登つていつた。（中略）

「やあ、これはいゝ景色だなあ」と言つて、お父さんはセメントの腰掛に腰をおろした。僕も英二も並んで腰かけた。丁度飛行機から見たらこんな景色であらうか。空も海もひとつになつてしまつて、空のなかに白帆がうごいてゐるやうだ。人の家は手のひらにのせられるほど小さい。山の木々からは蟬がしぼりだすやうに響いて、さつきは暑苦しかつたが、いまは下に聞くせいか、とても涼しい気持である。お父さんは「せつかくこゝまできて、お母さんにこの景色を見せてやりたい」と言つて下へかけをりた。

　しばらくしてから、お母さんたちがそろ〱上つてきた。僕は「お母さん、もうじきだよ、じきだよ」と、どなつてはげましてやつた。頂上に登りつくとお母さんは良い景色も見ないで、へた〱と腰掛にへたばつてしまつた。「い、景色でせう？」と聞いても、黙つてふう〱してゐるので、「お母さん、なんともないの？」と聞くと、「あ、大丈夫だよ。そろ〱上つてきたから」と言つて、やつとはれ〲した顔になつたのでうれしかつた。みんなでおむすびをとてもうまく食べた。食べ終つて後をふりかへつて見ると、そこにあつた立札に、「名も高き鋸山に来て見れば安房と上総をひきわけにけり」と書いてあつた。

　鋸山―三百三十一M

約三六〇〇字ほどの「鋸山」の、最後の部分である。木村不二男は、この作品についても、克明に解説をおこない、自分の所見を述べている。
〇子供によつてはひたすら我が足跡のみを追ひ、その記述に余念のない程他は一切お構ひなし、たとひ他を文中にとり入れても木石の感あるものが尠くない。この子の場合はその反対である。自分を深める程他人の気持が有機的なつながりをもつて全貌の網を拡げてゆく。やはり「純」をつきつめる程に鏡が澄んできてみんな正体をさらけてくるのではなからうか。（『ある少年記』の章、「綴方の書」四九～五〇ページ）
〇この作は、何か作者の前途を暗示して私には快いものを感じさせる。作者が生活道に於て着々眼が開けてき、難険をよじ上ることに依つて人生の試錬と清浄化が交互し、純粋な頂上にたどりつくことに依つて、我の中なる吾をキヤツチした姿。結尾の歌がまた達観の境地を語つてゐる。実際この文を地で行けば理想的であらうが、それは遙かの彼方であらう。彼はいま中学三年生である。（同上、五〇ページ）

同じく「赤い鳥」綴方の秀作でありながら、「奥多摩」や「富岡」の洗練された作品の中に都市の子供の落ち着かなさや「呪はれた眼」を見、「お見舞」や「鋸山」の中に〝悪童〟の純情と前途の明るさを予見するところに、綴方教師木村不二男の面目があるように思われる。

一見粗暴だが、正義感が強く、行動力があり、頭もよく、母思いで、根は純情な笈川求女少年は、不二男にとって、村野賢哉少年（「当番」で『赤い鳥』佳作入選。）とともに、頼むに足りる人物であった。笈川求女のよさを十全に把握し、また伸長させることができた木村不二男の、綴方教師としての充実感が、「彼はいま中学三年生である。」のことばの中にこめられている。

木村不二男によれば、笈川求女の綴方は、これ以上進みえないまでに内部的絶対の純粋境をかち得た「赤い鳥」綴方が今後進むべき方向を示す指標ともみなすべきものであった。

○人間を内省的につきつめて純粋をかち得た『赤い鳥』綴方は今後はその発展の矛先を外部へ向けて赤い鳥の世界ならぬ一般社会へ臨むべきである。（中略）笈川求女的なもの、一般的達成にまで――これこそ三重吉先生一代の念願であつたにも拘らず、これに着手されかけて御他界されたことは痛惜耐へ難きものがある。不肖等に託された任務も此処に在る。（『鈴木三重吉氏研究』、三五七ページ）

「笈川求女的なもの、一般的達成にまで」が三重吉の念願であつたし、今はそれが「赤い鳥」綴方教師たちに課せられた任務であるというのである。

木村不二男は、右のことばをもって「鈴木三重吉氏研究」の章を閉じている。笈川求女を中心に叙述した「ある少年記」の章にはじまった「綴方の書」の本文も、これをもって完結しているのである。

木村不二男の教室からは、小林映子や笈川求女のようなすぐれた書き手が育っていったが、不二男には、才能に恵まれた綴方優等生だけを特別視する姿勢は全くなかった。彼は第一の章である「ある少年記」を次のように書きおこしている。

八

〇回顧すれば、私の十年余りの教育生活に、指導に当つた子供の数は直接受持でなかつた者をも含めて八百人は超えようか。

先づその中で、特に代表的な進展を示した子供（北岡注、笈川求女）を取り上げて綴方に於ける縦の成長方向から述べた方がよいと思ふ。

断つておきたいことは、これは特に個別指導をしたその記録ではないといふことである。人に依つては綴方に才ある子を見出すと、他の者の指導を怠つてもその一人に教師の情熱を傾注する向きもある。それは既に厳正な教育道を踏み外した者であることは言ふ迄もない。あるべき教師の態度とは太陽の如く公平でなければならぬ。ある一人が公平に撒かれた太陽の光にその素質を対応させてぐん〱伸長し、その伸長が全級を刺戟して他をも動かすことは宜しい。然し、光がある一方にのみ偏して他に及ばぬことはいけない。

また教育全般を特に綴方の方面からのみ取上げた書に就いては、その著者が他の一切を放棄してもたゞそれ綴方にのみ終始してるかにもとられるものである。

綴方とは全身に於けるひとつの眼で、何処までも教育全般の一部分である。

着実な人間教育こそよい綴方の母胎であることは、健全な親の子が健全であると同様である。

（「綴方の書」一一～一二ページ）

ここには、著者の、綴方指導についての基本的な考え方が明確に語られている。小林映子や笈川求女のほかに、数多くの「赤い鳥」入選児童が育っていったのも故なきことではないのである。この小論を閉じるにあたって、一言、このことを指摘しておきたいと思う。

九

「綴方の書」は、形式的に見れば、決して十全な実践記録とはいえない。内容の上からいっても、叙述の上からいっても、かなり奔放な調子がみられる書きぶりである。緊密な文章とやや散漫な文章が混在している。しかし、二年の間に、合計一〇名、のべ一六編の「赤い鳥」入選作を出し、小林映子や笈川求女のような、「赤い鳥」綴方の頂点をきわめ、または、「赤い鳥」綴方の今後の指標ともなるべき書き手を育てた木村不二男の、子供を語り、教室を語り、綴方観を語り、試験地獄を語る筆の中から、彼の「綴方教室」が彷彿としてくるという点で、これはやはり、「赤い鳥」綴方教師による貴重な実践の記録といってよいであろう。父文助の「村の綴方」（昭和四年、厚生閣）、大木顕一郎・清水幸治共著の「綴方教室」（昭和一二年、中央公論社）などとともに、「赤い鳥」綴方実践記録の一つとして、歴史的・教育的意義を主張しうる一書といえるのである。

注

（1）実際には、「綴方の書」に掲載された「赤い鳥」入選作は一六編である。

（2）「綴方の書」の末尾の章『鈴木三重吉氏研究』の一節に、次の一文がある。

○「私は『赤い鳥』の伝統精神を時代に濾しながら何とかして新しい形式を産み出さうと努めてゐるもの、一人である。私と同じ意図を有し且つ三重吉氏の指導精神を伝へてゐる人に先輩大木、清水両氏あり、氏等の合作になる名著『綴方教室』がある。（『綴方の書』三二三ページ）

（3）尾高豊作氏は、「綴方の書」の発行者。

（4）木村不二男教室の「赤い鳥」入選作品――東京蒲田・矢口東小学校時代――

（5）野地潤家編「作文・綴方教育史資料上」（昭四六・五・五桜楓社）所収、雑誌「赤い鳥」に掲載された入選作品――地域別調査――、同書二二八ページ。

（6）木村不二男は、「後の祭であった。」につづいて、「それに卒業式後の開演でもあるし、各自は一段成長した気持でもあったから、予めこの度の催しだけは一切彼等に委（ママ）せてゐたのである。」と述べている。

（7）木村不二男は、「都市の綴方」の章を小林映子の四編のみによって、また、冒頭の「ある少年記」の章を、笈川求女の四編のみによって構成している。木村不二男は、綴方に才能ある子供を特別扱いにして個別指導するようなことは厳に戒めていたようであるが、それでもやはり、この二名の子供のできばえは別格であった。

（8）都市児童を支配してゐるところの絶対のものを知り、それに基づいて生活指導法を案出し、斯くも難物視される都市の綴方をも地つゞきに樹立せしめ得るのではなからうかと思ひ立つた。私の綴方生活といはず全都市生活はこの眼によつて一貫されてきたのである。（傍点は原文のまま。『都市の綴方』二〇四ページ）

あとがき

ようやく「あとがき」を書く段取りとなった。昨年九月、病気見舞いにわざわざ東京での発表の帰りに前橋まで来てくださった橋本暢夫先輩に励まされて、長年の気がかりであった生活綴方研究の仕事を一書にまとめる気持ちになってから半年、二〇日間におよぶ苦しかった初校（通常ならば、この三分の一の時間で終わるところであろう）をなんとか終え、再校も終えた今、ようやく、「あとがき」を書く段取りとなったのである。

野地潤家先生からは、すでに、昭和五〇年代のはじめごろから、まとめるようにとのご指導をいただいていたのであるが、怠惰な私は、なかなか決心がつかないでいた。怠惰な私にこの仕事をまとめる気持ちにさせてくれたのは、皮肉にも私の腰痛体験であった。

昨年（平成二〇年）一月、私は、突然、激しい腰痛に襲われた。起居も歩行もままならなくなり、このまま寝たきりの生活になるのか、と不安な日々が続いたが、いろいろ検査した結果、この腰痛は、胸椎一一番に転移した癌細胞が骨破壊を起こし、脊柱管を圧迫していることに起因するものであることがわかった。昭和四九年五月、手術で完全に摘出されたはずの甲状腺癌の細胞が、三〇年以上たって、胸椎一一番に転移してきたのであった。七月から八月にかけての五週間、連続二五日におよぶ放射線治療を受け、腰痛が小康状態になった時、私は、これから先、どうなるのかと考えた。その時、ふと頭をよぎってきたのが、長い間、手つかずのままになっていた生活綴方研究の仕事のことであった。野地潤家先生のご指導をいただいて、どうまとめるかについてのおよその見当はついていた。ただ、まとめる決心がつかないままで今日まで来ていた。それが、自分の体調のことを本気に考える事態になって、はじめて、このままではいけないと思えてきたのである。私は、仕事の出来不出来はともあれ、ともかく、この際一冊の本にしようと考えた。が、これが研究書として公刊するに値するかどうかというためらいが、この期に及んでもなお消えなかった。そのためらいを打ち消して、ぜひとも出版するようにと背中を押してくれたのが橋本先輩であった。病気見舞いに来てもらった橋本先輩に、「生活綴方実践史研究」というタイトルと、構想表（これらについては、すでに野地潤家先生からご指導をうけていた）、一八編の論文原稿を見てもらった時に、出版を強く勧めてもらったのである。

こういうわけで、この書が出版されることになったのは、腰痛と橋本先輩と野地潤家先生のおかげである。腰痛と先輩と先生に、改めて感謝したいと思う。

さて、本書に収めた一八編の論文の初出は、次のとおりである。

『生活綴方実践史研究』の論文の発行年・掲載誌

Ⅰ　生活綴方実践史研究（その一）――鳥取県のばあい――

一　鳥取県の生活綴方運動（一）――谷口友好氏の文集活動を中心に――
昭四五・一二　「鳥取大学研究報告・教育科学」第一二巻第二号

二　鳥取県の生活綴方運動（二）――文集「漁り火　第一輯」（谷口友好氏指導）を中心に――
昭四四・三　「教育学研究紀要」第一四巻　中国四国教育学会

三　鳥取県の生活綴方運動（三）――学校文集「いかり」（東伯郡赤碕小学校）を中心に――

昭四五・三　「教育学研究紀要」第一五巻　中国四国教育学会

四　鳥取県の生活綴方運動（四）――日野郡・吉岡敬氏の文集活動を中心に――

昭五四・三　「群馬大学教育学部研究紀要・人文・社会科学編」第二八巻

五　鳥取県の作文教育――文集「ひえづの子」（西伯郡日吉津小学校）のばあい――

昭四七・三　「教育学研究紀要」第一七巻　中国四国教育学会

六　調べる綴方――峰地光重を中心に

昭四七・六　「鳥取大学教育学部研究報告・教育科学」第一四巻第一号

Ⅱ　生活綴方実践史研究（その二）――広島・岡山・山口・島根県のばあい

七　広島県の生活綴方運動――昭和十年代における県東部地区の運動を中心に――

昭三六・七　「教育学研究紀要」第一〇巻　中国四国教育学会

八　広島県の生活綴方運動の実態――深安郡「児童文集」の分析を通して――

昭三八・一二　「国語教育研究」第八号　広島大学教育学部光葉会

九　広島県の作文教育の考察――「芸備教育」のばあい――

昭三九・一二　「研究紀要」一一　大下学園

一〇　岡山県の生活綴方運動（一）――「岡山県初等教育研究録第一輯」を中心に――

昭三九・一　「教育学研究紀要」第九巻　中国四国教育学会

一一　岡山県の生活綴方運動（二）――時本堅氏のばあいを中心に――

昭四一・二　「教育学研究紀要」第一一巻　中国四国教育学会

一二　山口県の生活綴方運動――師井恒男氏のばあいを中心に――

昭四三・三　「教育学研究紀要」第一三巻　中国四国教育学会

一三　島根県の生活綴方運動——戦前の研究体制を中心に——

昭四二・四　「教育学研究紀要」第一二巻　中国四国教育学会

Ⅲ　生活綴方実践・思潮史研究

一四　生活綴方における社会意識と実践の問題——村山俊太郎のばあいを中心に——

昭三五・五　「研究紀要」三　大下学園

一五　生活綴方と時局綴方の接点——「綴方教育の諸問題」（山形県）を中心に——

昭四一・一二　「研究紀要」一一　大下学園

一六　昭和初期の綴方教育研究——「長野県小学校　児童綴方」を中心に——

昭三七・四　「教育学研究紀要」第七巻　中国四国教育学会

一七　鈴木三重吉の綴方教育論——生活綴方の方法の源流としての——

昭三三・五　「教育学研究紀要」第三巻　中国四国教育学会

一八　「赤い鳥」綴方の実践記録——「綴方の書」（木村不二男著、昭和一三年）を中心に——

昭五五・一一　「国語教育研究」第二六号（下）　広島大学光葉学会

このリストの中に、一つ忘れられない思い出がある。Ⅱの一〇、「岡山県の生活綴方運動（一）——『岡山県初等教育研究録第一輯』を中心に」についてである。

昭和三八年一一月一六日、第一五回中国四国教育学会。会場は鳥取大学教育学部であった。当時、私は、大下学園祇園高校に在職中であったが、学校の仕事や、雑事に追われて、研究発表の準備がほとんどできていなかった。

発表資料も発表原稿もできていなかった。やむを得ず、私は、研究発表の前夜に、鳥取の宿舎で発表資料を作ることを思いついた。広島大学の前の店で、謄写用の道具一式（謄写版、インク、ローラー、など）を買い求め、ガリ板、鉄筆も揃えて、鳥取の宿舎へ持ち込むことを考えたのである。私は、大きな風呂敷にそれらを包み込んで、鳥取までかついで行った。鳥取の宿舎（白兎荘）で、夕食後、ガリを切り、印刷し、ホチキスで綴じた時には夜が明けていた。発表原稿を書く時間はなかった。当然のことながら、研究発表はメロメロであった。その大失敗の研究発表のことを、私は、今でも昨日のことのように、はっきりと思い出すのである。

その四年五ヶ月後、私は鳥取大学教育学部に赴任した。奇しき因縁である。

これほどのことではないにしても、これらの一八編には、大なり小なりの思い出がある。私にとっては、私なりの意味を持つリストである。

最後になりましたが、野地潤家先生、橋本暢夫先輩、ほんとうにありがとうございました。

野地潤家先生には、学部、大学院で、そして高等学校、大学へ就職後も、常に厳しく、温かくご指導をいただきました。研究発表の際には、多くの資料をお貸しいただき、その資料のおかげで発表にこぎつけたことも一度や二度ではありませんでした。国語科の学生としては、大学院の第一回生（修士課程、博士課程とも）でありながら、まさに不肖の弟子でありつづけた私を、今日まで温かくお導きいただいたご恩の深さは言葉には尽くせません。ほんとうにありがとうございました。

橋本暢夫先輩にも心からお礼を申し上げます。橋本先輩は、広島大学で私の二年先輩で、和歌山から広島の高等学校へ転じてこられて以来、公私ともに、いろいろとお世話になってきました。大分大学の時、鳴門教育大学の時、また、大村はま先生とのこと、数え上げればきりがないほどお世話になってきました。特に、昨年、私が病気になってからは、心配して絶えず電話や手紙で励ましてもらい、この度の出版のことについても、喜び、強く励ましてもらいました。校正については、二校、三校なら私でもお手伝いできるから遠慮しないで言ってくれるようにとまで言ってもらいました。体力、気力ともにかなり自信を持てなくなっていた時に、橋本先輩の励ましにどれほど元気づけられたかわかりません。ほんとうにありがとうございました。

溪水社の木村社長、編集部の方々にもお礼を申し上げます。木村社長には体調不十分な私のことをいろいろとご配慮いただきました。編集部の皆さんには、仕事の遅い私に親切に付き合っていただきました。ありがとうございました。

平成二一年三月一八日

北岡清道

著者紹介
北岡　清道（きたおか　きよみち）

1929年（昭和４年）広島市に生まれる。1956年広島大学教育学部国語科卒業。1958年広島大学大学院修士課程（教科教育）修了。1958年から1965年まで広島県大下学園祇園高等学校教諭。1968年３月広島大学大学院博士課程（国語教育学）を終え、同年４月から鳥取大学教育学部講師（国語科教育）。1973年同大学助教授。1975年４月、群馬大学助教授。1980年同大学教授。1989年から1993年まで付属幼稚園園長（併任）。1995年同大学定年退職。現在、群馬大学名誉教授。1999年大村はま賞受賞。

主な著作

１　共著

「徒然草学習指導の研究」（土井忠生編、昭37、三省堂）

「世界の作文教育」（野地潤家編、昭49、文化評論出版）

「作文・綴方教育史資料」（野地潤家編、昭61、桜楓社）

「教科書からみた教育課程の国際比較」１、総集編、２、国語科編（教科書研究センター編、昭59、ぎょうせい）

２　論文

「鳥取県の生活綴方運動――谷口友好氏の文集活動を中心に」（昭46）

「調べる綴方――峰地光重を中心に」（昭47）

「生活綴方における社会意識と実践の問題――村山俊太郎のばあい」（昭47）

「鈴木三重吉の綴方教育論――生活綴方の方法の源流としての」（昭33）

「赤い鳥」綴方の実践記録――「綴方の書」（木村不二男著、昭13）（昭55）

「言語教育論の研究――ファイストの言語教育論」（昭36）

「西ドイツにおける詩の指導――ハウプトシューレ用の Lesebuch（読本）（Klett 社、1981年～1988年）の詩教材を中心に」（昭63）

「西ドイツの小説指導――小説教材を中心に」（昭64）

生活綴方実践史研究

2009年５月８日　発　行

著　者　北岡　清道

発行所　㈱溪水社

広島市中区小町1－4

電話（082)246-7909／Fax（082)246-7876

Eメール:info@keisui.co.jp

ＩＳＢＮ978－4－86327－062－6　C3081